电子商务

（医药类）

主　审　王永利

主　编　张　华　司　洁

副主编　蔡纪平　李小雷　张博雅　闫素旺

西安电子科技大学出版社

内 容 简 介

本书共八章，主要内容包括电子商务概述、电子商务技术、电子商务的三大模式、新兴电子商务、网络营销、电子支付、电子商务物流及供应链管理、电子商务法及电子商务安全等。书中系统介绍了 B2C、C2C、B2B 及新兴电子商务和电子商务安全，简单介绍了网络营销和电子支付，着重介绍了医药电子商务及其商业模式、医药电子商务相关的法律规范。为了培养读者的分析与应用能力，帮助读者掌握所学内容，每章开篇都有引导案例，每章结尾设有巩固与练习。

本书可以作为医学院校医药类、职业院校信息管理类学生的教材，同时也可作为医药行业电子商务从业人员的培训教材。

图书在版编目(CIP)数据

电子商务：医药类 / 张华，司洁主编. --西安：西安电子科技大学出版社，2023.8
ISBN 978-7-5606-6892-5

Ⅰ.①电… Ⅱ.①张… ②司… Ⅲ.①电子商务—教材 Ⅳ.①F713.36

中国国家版本馆 CIP 数据核字(2023)第 112166 号

策　　划　李鹏飞
责任编辑　李鹏飞
出版发行　西安电子科技大学出版社(西安市太白南路 2 号)
电　　话　(029)88202421　88201467　　邮　　编　710071
网　　址　www.xduph.com　　　　　　电子邮箱　xdupfxb001@163.com
经　　销　新华书店
印刷单位　陕西天意印务有限责任公司
版　　次　2023 年 8 月第 1 版　　2023 年 8 月第 1 次印刷
开　　本　787 毫米×1092 毫米　1/16　印张　15.5
字　　数　362 千字
印　　数　1～3000 册
定　　价　50.00 元

ISBN 978 - 7 - 5606 - 6892 - 5 / F

XDUP 7194001-1

＊＊＊ 如有印装问题可调换 ＊＊＊

本书编委会名单

主　审　王永利

主　编　张　华　司　洁

副主编　蔡纪平　李小雷　张博雅　闫素旺

编　委(以姓氏笔画为序)

王彦哲(石家庄医学高等专科学校)

王　烨(石家庄医学高等专科学校)

司　洁(石家庄医学高等专科学校)

闫素旺(石家庄医学高等专科学校)

李小雷(河北省疾病预防控制中心)

李　阳(河北省人民医院)

李　学(石家庄医学高等专科学校)

张小凤(石家庄医学高等专科学校)

张巧立(石家庄医学高等专科学校)

张立娣(石家庄医学高等专科学校)

张　伟(石家庄医学高等专科学校)

张　华(石家庄医学高等专科学校)

张博雅(河北资源环境职业技术学院)

林拴宝(石家庄医学高等专科学校)

孟卫华(石家庄医学高等专科学校)

胡锦平(石家庄医学高等专科学校)

蔡纪平(石家庄医学高等专科学校)

谭英丽(石家庄医学高等专科学校)

默　风(河北省人民医院)

前　言

　　数字技术迅猛发展并广泛渗透和应用于经济社会各产业领域，人类经济社会正沿着技术革命、产业重构、融合应用和制度改造的路径，向数字经济新形态演化发展。进入新时代以来，我国数字经济发展也进入了新阶段，实现了数字经济与实体经济不断融合，有力地促进了供给侧结构性改革。党的二十大报告明确提出，加快建设"数字中国"，加快发展数字经济，促进数字经济和实体经济深度融合，打造具有国际竞争力的数字产业集群。电子商务是数字经济的重要组成部分，也是数字经济最活跃、最集中的表现形式之一，电子商务不仅在国家发展战略中发挥着重要的作用，而且已经渗透到人们生活的各个领域，成为主导社会经济发展和改善民众生活的重要形式。2022 年 10 月《国务院关于数字经济发展情况的报告》提出，建设 21 世纪数字丝绸之路，建立"丝路电商"双边合作机制，发展数字商务，持续推进"数商兴农"，这些都给电子商务行业的发展提供了新的机遇。跨境电商、移动电商、农村电商、共享经济、新零售等都将成为电子商务的新发展。

　　医药行业是关乎国计民生的重要产业，是我国国民经济的重要组成部分。数字化将为整个医药行业的发展提供新动力。在数字经济背景下，数字经济基础产业与医药业的产业融合呈现出不可逆的趋势。通过电子商务技术，可以建立一个覆盖整个医药购销过程的虚拟市场，使得药品流通中的买方和卖方平等地面对一个公平透明的市场渠道。而在这个渠道中进行的所有的药品购销行为，都会通过现代化的信息采集手段记录下来，并经过相应的信息处理后成为各级相关政府部门执行监督的依据。这样一种市场渠道以及相应交易模式的形成，不仅可以提高药品流通的效率，降低药品流通的成本，而且对于规范我国药品生产、流通、销售中的不正当竞争行为有着重要的意义。

　　国家食品药品监督管理局为了推进医药电子商务，先后颁布了《关于加强药品监督管理促进药品现代物流发展的意见》《互联网药品信息服务管理办法》等。中共中央、国务院印发的《"健康中国 2030"规划纲要》中提出，加强药师和中医药健康服务、卫生应急、卫生信息化复合人才队伍建设。医药界的人员迫切需要对电子商务的基本原理、运作模式有所了解。为了让医学院校医药类的学生和职业院校信息管理类的学生系统学习电子商务的理论知识，编者组织相关高职高专院校、单位和企业具有丰富教学与实践经验的专家、教师精心编写了本书。

　　本书定位清晰，特点鲜明，主要体现在以下几个方面。

　　• 新思想：落实立德树人，体现课程思政，将价值观塑造、知识传授和能力培养融为一体。

　　• 新目标：以岗位需求为目标，以就业为导向，培养德、智、体、美、劳全面发展的社会主义接班人。

·新内容：依据《药品注册管理办法》《药品生产监督管理办法》以及现行相关法律法规的要求，根据行业发展趋势，编入最新内容。

·新模式：体现工学结合，强化技能培养。本书邀请了医疗机构和药品监管部门相关人员参与编写，内容体现了医药电子商务岗位人员的素质要求，与医药电子商务岗位工作结合紧密。

本书配套有教学大纲、电子教案、习题参考答案、等教学资料，扫描以下二维码即可获得。

本书的出版，要感谢所有编者的辛苦付出，还要感谢石家庄医学高等专科学校、河北资源环境职业技术学院给予的大力支持，感谢河北省人民医院、河北省疾病预防控制中心给予的技术支持。

由于编者能力和时间所限，本书难免存在不妥之处，欢迎各位读者批评指正。

编　者

2023 年 2 月

目录

第一章 电子商务概述

1. 掌握电子商务的概念及概念模型。
2. 理解电子商务的分类。
3. 掌握电子商务的基本框架。
4. 了解电子商务的产生和发展及其对社会经济和企业的影响。

阿里巴巴——电子商务的创新者

阿里巴巴是我国最早一批涉足电子商务的企业之一，目前已发展成为我国最大的电子商务企业，阿里巴巴的发展可以看作是我国电子商务发展的一个缩影。

1999 年 6 月，马云等 18 人在杭州创办了阿里巴巴网络有限公司，经过两年多的努力，至 2001 年 12 月，阿里巴巴在线注册用户超过 100 万人。2003 年 5 月，购物网站——淘宝网正式创立，次年淘宝网发布了让买家与卖家进行即时文字、语音及视频沟通的通信软件"阿里旺旺"。该软件的出现让买家逐渐放下对网上购物的"戒备"。至此，阿里巴巴完成了初步电子商务模型的构建，为后期的不断发展奠定了基础。

2004 年 12 月，阿里巴巴推出支付平台——支付宝，为淘宝用户网上购物的资金安全提供了保障，同时也为阿里巴巴提供了强大的现金流，并为其各方面的发展与投资奠定了基础。2005 年 10 月，阿里巴巴接管中国雅虎。2007 年，阿里巴巴网络有限公司在中国香港联合交易所主板挂牌上市，并成立网络广告平台"阿里妈妈"。2008 年，淘宝网推出专注于服务第三方品牌及零售商的淘宝商城，然后成立阿里云计算，并且收购中国领先的互联网基础服务供应商——中国万网，此时阿里巴巴开始从平台型电子商务向更多的电子商务活动领域进行拓展。

2010 年，淘宝网推出团购网站——聚划算，并推出手机淘宝客户端。2011 年，阿里巴巴集团宣布将淘宝网拆分为 3 家公司——淘网、淘宝网、淘宝商城。2012 年，阿里巴巴集团宣布调整公司组织架构，从原有的子公司制调整为事业群制，把现有子公司的业务调整为淘宝、一淘、天猫、聚划算、阿里国际业务、阿里小企业业务和阿里云 7 个事业群。2013

年，阿里巴巴集团对业务架构和组织再次进行调整，将7个事业群拆分为25个事业部，使阿里巴巴能够从容面对日益复杂的商业系统。

2014年，天猫国际正式推出，让各国际品牌直接面向中国消费者销售商品。同年，天猫国际与银泰成立合资企业，发展O2O业务，关联公司蚂蚁金融服务集团(前称"小微金融服务集团")正式成立。2015年，阿里巴巴宣布成立阿里音乐集团。2016年，阿里巴巴集团与国家发展和改革委员会签署结合返乡创业试点发展农村电商战略合作协议，计划在3年内双方共同支持300余个试点县(市、区)，结合返乡创业试点发展农村电商。至2018年，阿里巴巴对业务架构和组织进行了多次调整，如对淘宝、天猫、聚划算进行统一规划管理，将其整合为"阿里巴巴中国零售平台"，设立智能生活事业部和阿里汽车事业部，以及将天猫升级为"大天猫"，形成天猫事业群、天猫超市事业群、天猫进出口事业群三大板块，整合B2B、淘宝、天猫等的技术力量设立新零售技术事业群等。无论历次调整的部门如何设置，阿里巴巴的业务主线有3条：以B2B为核心的企业服务事业群、以淘宝系为核心的大众电子商务事业群、以阿里云为核心的基础服务事业群。

二十多年来，阿里巴巴已由一家电子商务公司蜕变为以技术驱动，覆盖数字商业、智慧物流、云计算、本地生活、文化娱乐等场景的综合平台。

在不同的时期，阿里巴巴都会根据现有的公司格局、市场发展、外部因素等进行综合调整，目前已成为拥有多个业务类型、跨多个领域的综合电子商务平台。只有不停地发展、调整，才是信息化企业的生存之道，也是阿里巴巴能够不断发展壮大的重要原因。截至目前，阿里巴巴旗下的电商市场份额在B2B、B2C、C2C均位居榜首。虽然我们不能说阿里巴巴、淘宝、天猫代表电子商务，但它们却是电子商务时代不可缺少的符号，它们共同见证了我国电子商务的繁荣发展。

第一节　电子商务的基本概念和分类

20世纪90年代，随着互联网技术的突飞猛进，商务活动电子化的条件逐步成熟，电子商务得到了蓬勃发展。如果说20世纪末电子商务还只是一个新名词，那么进入21世纪后，电子商务将生产企业、流通企业、消费者和政府等都带入到了一个数字化的虚拟空间，影响和改变了人们生产和生活的方方面面。随着国家"互联网+"计划的实施，电子商务迎来了新一轮的重要发展机遇，呈现出不同于以往的新内涵、新特征和新趋势，成为推动经济增长的新动力。

一、商务与电子商务

1. 商务

随着我国市场经济的不断完善，企业、政府、个人同市场之间的联系越来越紧密，企业的市场化运作水平越来越高，政府采购开始采用市场化运作，个人消费日趋多样化。商务活动已渗透到社会经济生活的各个领域。商务可以理解为：以营利为目的的市场经济主体为实现商品交换而开展的一系列经营管理活动。业界对商务含义的具体解释如下：

(1) 商务主体具有多元性，即包括一切以营利为目的的市场经济主体。商务主体涉及企业、政府部门(包括事业单位)、家庭和个人等。

(2) 商务的实质是商品交换，即通过买卖方式实现商品所有权转移的行为。

(3) 商务的对象或客体是所有的经济资源，包括各种有形商品和无形商品。

(4) 商务活动包括采购、生产、销售、商贸磋商、价格比较、经营决策、营销策略、推销促销、公关宣传、售前与售后服务、客户关系及咨询服务等。

2. 电子商务

电子商务已经真正进入传统商务活动的各个环节和各个领域。电子商务是一个不断发展的概念。IBM 公司于 1996 年提出了 Electronic Commerce (E-Commerce)的概念；1997 年，该公司又提出了 Electronic Business(E-Business)的概念；1997 年 7 月美国政府发表了电子商务白皮书，从此电子商务一词被正式使用，并受到全世界的瞩目。

事实上，电子商务至今还没有一个较为全面、具有权威性、能够为大多数人所接受的定义。国内外不同的著作、机构等对电子商务的定义都有差异，各国政府、学者、企业界人士根据自己的理解和对电子商务的参与程度，给出了许多不同的定义。本书综合多种定义后认为：电子商务是指利用互联网及现代通信技术进行的任何形式的商务运作、管理活动或信息交换。它包括企业内部的协调与沟通、企业之间的合作及网上交易三方面的内容。

电子商务有广义和狭义之分。

狭义的电子商务(Electronic Commerce，E-Commerce)是指人们在互联网上开展的交易或与交易有关的活动。

广义的电子商务(Electronic Business，E-Business)是指人们利用信息技术使整个商务活动实现电子化的所有相关活动，包括利用互联网、内联网(Intranet)、外联网(Extranet)等不同形式的网络实现的商务活动。它不仅包括企业商务活动中面向外部的业务流程，如网络营销、电子支付、物流配送等，还包括面向企业内部的业务流程，如企业资源计划(Enterprise Resource Planning，ERP)、管理信息系统(Management Information System，MIS)、客户关系管理(Customer Relationship Management，CRM)、供应链管理(Supply Chain Management，SCM)、人力资源管理(Human Resource Management，HRM)、战略管理、市场管理、生产管理、研发管理及财务管理等内容。电子商务的业务组成如图 1-1 所示。

图 1-1 电子商务的业务组成

3. 电子商务的概念模型

电子商务的概念模型是对现实世界中电子商务活动的抽象描述，由电子商务实体、电子市场、交易事务、信息流、资金流、商流、物流等基本要素构成，如图 1-2 所示。

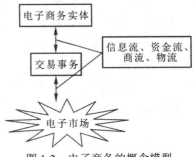

图 1-2　电子商务的概念模型

(1) 电子商务实体是指从事电子商务活动的客观对象。它可以是企业、中介机构(银行、保险公司、信用卡公司、风险投资公司、代理人和市场咨询服务公司等)、政府或消费者。

(2) 交易事务是指电子商务实体之间开展的具体的商务活动内容，如询价、报价、转账支付、广告宣传和商品运输等。

(3) 电子市场是指电子商务实体进行商品和服务交易的场所，它是商务活动参与者利用各种接入设备通过网络连接成的一个完整市场。

(4) 任何一种商务活动都离不开"四流"，即信息流、资金流、商流和物流。电子商务作为电子化手段的商务活动也同样如此。电子商务的每一笔交易都包含信息流、资金流、商流和物流四个基本要素，电子商务"四流"的基本功能如图 1-3 所示。

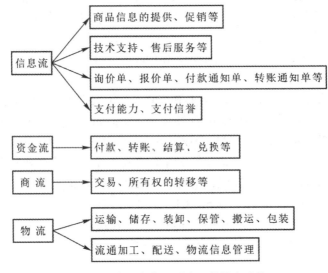

图 1-3　电子商务"四流"的基本功能

信息流贯穿于电子商务交易的整个过程中，既包括商品信息的提供、促销及技术支持、售后服务等内容，又包括询价单、报价单、付款通知单和转账通知单等商业贸易单证，以及交易方的支付能力、支付信誉等。

资金流主要指资金的转移过程，包括付款、转账、结算、兑换等过程。它始于消费者，终于商家，中间可能会经过银行等金融机构。

商流是指商品在购销方之间进行交易以及商品所有权转移的运动过程，具体指商品交易的一系列活动。

物流主要指物质实体(商品和服务)的流动过程，即运输、储存、装卸、保管、搬运、包装及流通加工、配送、物流信息管理等各种活动。

"四流"间的关系可以表述为：以信息流为核心和桥梁，通过资金流实现商品的价值，通过商流使商品所有权转移、商品价值形式发生变化，通过物流实现商品的使用价值。

4. 传统商务与电子商务的比较

传统商务起源于远古时代，当人们对生产活动进行分工时，商业活动就开始了。每个家庭不再像以前那样既要种植谷物，又要打猎和制造工具，可专心于某一项生产活动，然后用自己生产的产品去换取所需之物。

电子商务并非新兴之物，早在 1839 年，当电报刚出现的时候，人们就开始了对运用电子手段进行商务活动的讨论。随着电话、传真、电视、移动通信设备等电子工具的出现，商务活动中可应用的电子工具进一步扩充。电子商务真正始于 20 世纪 70 年代的电子数据交换(Electronic Data Interchange，EDI)。在此之后，伴随着计算机技术和网络通信技术的发展，借助互联网技术实现企业内部、企业之间、企业与客户之间的商业活动，已经成为越来越多企业生存和发展的必然要求，并逐渐发展成为一个相对独立的、全新的商务领域。

传统商务与电子商务的不同主要体现在交易对象、交易时间、交易地点、流通渠道、销售方式、销售推动、信息提供、顾客方便度、顾客需求把握等方面，两者的整体对比如表 1-1 所示。

表 1-1　传统商务与电子商务的整体对比

比较项目	传 统 商 务	电 子 商 务
交易对象	部分地区	全球
交易时间	规定的营业时间内	一周 7×24 小时服务
交易地点	需要销售空间(实体店铺、仓库等)	虚拟空间(网络店铺、商品列表、图片等)
流通渠道	企业→批发商→零售商→消费者	企业→消费者(可以跨过中间商以降低流通成本)
销售方式	通过各种关系在线下交易	线上自由交易
销售推动	销售商努力(单方)	交易双方一对一沟通(双向)
信息提供	根据销售商的不同而不同	透明、准确、及时
顾客方便度	受时间和地点的限制	不受时空限制
顾客需求把握	需要用很长时间掌握顾客的需求	能够迅速捕捉顾客的需求，及时应对

传统商务和电子商务的运作过程都是由交易前的准备、贸易磋商、合同与执行、支付与清算等环节组成的，但是两者交易的具体运作过程有很大的区别。表 1-2 为传统商务和电子商务运作过程的比较。

表 1-2　传统商务和电子商务运作过程的比较

运作过程	传 统 商 务	电 子 商 务
交易前的准备	以纸质材料为主，进行商品信息的发布、查询和匹配	以网络为主，进行商品信息的发布、查询和匹配
贸易磋商	交易双方进行口头磋商或纸质贸易单证的传递	交易双方通过网络进行磋商或传递贸易单证
合同与执行	交易双方签订纸质商贸合同	交易双方通过第三方认证机构签订电子合同
支付与清算	一般有支票和现金两种方式	网上支付

通过比较可以看出，电子商务在交易各个环节都采用了与传统商务不同的运作方法，在许多方面，电子商务都优于传统商务。

二、电子商务的分类

电子商务应用范围很广，从不同角度可以将其分为不同的类型。

(一) 按交易主体进行分类

电子商务通常在三类交易主体之间进行，即企业(Business)、政府部门(Government)和个人消费者(Consumer)。按信息在这三类交易主体之间的流向，电子商务可以分为以下八种类型。

1. 企业与企业之间的电子商务(B2B)

企业与企业之间的电子商务(Business to Business，B2B)是一种企业与企业之间通过互联网开展商务活动的电子商务模式。利用增值网络(Value-Added Network，VAN)进行电子数据交换是 B2B 电子商务产生、发展的基础。B2B 通过网络交换信息，传递各类电子单证(如订单、合同、付款通知等)，从而使交易全过程实现电子化和无纸化。

B2B 是目前应用最广泛的一种电子商务类型。企业可以是生产企业(如海尔、戴尔等)，其与上游原材料和零配件供应商、下游经销商、物流运输商、产品服务商等之间利用各种网络商务平台开展电子商务活动；企业也可以是商家，如某商家通过阿里巴巴平台采购宝洁公司的商品等。B2B 网站的典型代表有阿里巴巴、中国制造网、慧聪网和敦煌网等。

2. 企业与个人消费者之间的电子商务(B2C)

企业与个人消费者之间的电子商务(Business to Consumer，B2C)是一种企业与个人消费者之间进行商品或服务交易的电子商务模式。B2C 模式是我国最早产生的电子商务模式，它的产生以 1999 年 8848 网上商城(2001 年 9 月倒闭)正式运营为标志。B2C 模式中的企业通常建有自己的网站，用来宣传或销售商品(或为其他企业提供交易平台)，它们销售的商品几乎包括所有的消费品，它们还可以提供各类在线服务，如远程教育、在线医疗等。目前典型的 B2C 网站有亚马逊、当当网、京东商城、唯品会和天猫商城等。

3. 个人消费者与企业之间的电子商务(C2B)

个人消费者与企业之间的电子商务(Consumer to Business，C2B)是一种先由消费者提出需求，后由生产或商贸企业按需求组织生产或货源的电子商务模式。一般有以下两种类型：

(1) 消费者群体主导的 C2B，即通过聚合客户的需求，组织商家批量生产或组织货源，让利于消费者。团购属于一种由消费者群体主导的 C2B 模式。团购就是将零散的消费者及其购买需求聚合起来，形成较大批量的购买订单，从而可以得到商家的优惠价格，商家也可以从大批量的订单中享受到薄利多销的好处，这对消费者与商家而言是双赢的。团购也叫 C2T(Consumer to Team)模式。

(2) 消费者个体参与定制的 C2B(也叫深度定制)。在这种方式下，消费者能参与定制的

全流程，企业可以完全满足消费者的个性化需求。如果企业为工厂，也可以称作C2F(Consumer to Factory)。目前，应用这种方式最成熟的行业当属服装类、鞋类、家具类等行业。

我们可以把C2B看成B2C的反向过程，也可以把C2B看成B2C的补充。阿里巴巴创始人马云在2015年德国汉诺威IT博览会上表示：未来的生意将会由C2B主导，而不是B2C；是用户改变企业，而不是企业向用户出售；制造商必须满足消费者的个性化需求，否则将很难得到发展。

4. 个人消费者与个人消费者之间的电子商务(C2C)

个人消费者与个人消费者之间的电子商务(Consumer to Consumer，C2C)是一种个人消费者之间通过网络商务平台实现交易的电子商务模式。该模式不仅能够让消费者出售所持有的闲置物品，而且能够促使个人消费者在网络商务平台上开网店创业。如物品持有者可通过淘宝网发布物品信息，物品需求者可在淘宝网上购买或出价拍下所需要的物品。

5. B2B2C电子商务模式

B2B2C(Business to Business to Consumer)电子商务模式包括两种形式：第一种形式是生产厂商对商家、商家对消费者的交易链条，如出版社在图书出版后，直接将出版的图书交给销售商，销售商在网上销售，消费者可以在网上购买这一商品；第二种形式是生产厂商同时面对供应商和消费者，如海尔通过海尔招标网采购原材料(B2B)，通过海尔商城销售海尔系列产品(B2C)。

6. O2O模式

O2O(Online to Offline)模式是指将线下商务与互联网结合在一起,让互联网成为线下交易的前台。这样商家可以线上揽客，线下提供商品或服务；消费者可以在线上搜索商品或服务，然后到线下完成交易。

O2O模式和B2C、C2C、团购既有联系，又有区别，如图1-4所示。B2C和C2C模式下，在线支付购买的商品会通过物流公司送到消费者手中；而O2O模式下，消费者在线支付购买线下的商品和服务，然后到线下去自提商品或享受服务；团购与O2O相比，O2O是线上线下结合的销售模式，而团购是低折扣的临时性促销。

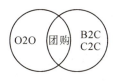

图1-4 O2O、团购、B2C、C2C的关系图

7. 电子政务(B2G或C2G或G2G)

电子政务是指运用计算机、网络和通信等现代信息技术手段，实现政府组织结构和工作流程的优化重组，超越时间、空间和部门分隔的限制，建成一种精简、高效、廉洁、公平的政府运作模式，以便全方位地向社会提供优质、规范、透明、符合国际水准的监管与服务。电子政务一般包括企业与政府之间的电子商务、个人消费者与政府之间的电子商务、政府与政府之间的电子商务三种模式。

(1) 企业与政府之间的电子商务(Business to Government，B2G)，涵盖了政府与企业间的各项事务，包括政府采购、税收、商检、管理条例发布，以及法规和政策颁布等。B2G 可以使企业和政府之间通过互联网方便、快捷地进行信息交换。一方面，政府作为消费者，可以通过互联网发布采购清单，公开、透明、高效、廉洁地完成所需物品的采购；另一方面，政府对企业实施的宏观调控、监督管理等通过网络以数字化方式更能充分、及时地发挥作用。例如，中央政府采购网和各地税务局的网上报税服务厅等就属于该模式。

(2) 个人消费者与政府之间的电子商务(Consumer to Government，C2G)，涵盖个人与政府之间的若干事务，如个人住房公积金的缴纳、养老金的领取和个人向政府纳税等。C2G 网站是政府工作的重要透明化窗口，也是公民了解政府发布的各项信息和政策的重要渠道。例如，全国大学生就业公共服务立体化平台和住房公积金管理中心网站等就属于 C2G 模式。

(3) 政府与政府之间的电子商务(Government to Government，G2G)，即政府间利用网络开展电子商务活动。如中央监管结算仓的 G2G 合作模式，以央企为主体，以国家检验检疫标准为导向，以国家行业组织为纽带，能有效解决海外供应商身份认定、跨境商品监管等问题。在此基础上，依托中央监管结算仓，中国轻工业品进出口总公司联合金融机构建立了资金池，实现了上下游企业的闭环结算。

8. 协同商务(CC)

协同商务(Collaborative Commerce，CC)，是将具有共同商业利益的供应链中的合作伙伴整合起来，主要通过对整个商业周期中的信息进行共享，满足不断增长的客户需求。协同商务不仅管理企业内部的资源，还需要建立统一的平台，以便与合作伙伴共同使用企业信息管理系统。协同商务被誉为新一代的电子商务系统。

协同有两层含义：一层含义是企业内部资源的协同，包括各部门之间的业务协同、不同的业务指标和目标之间的协同以及各种资源约束的协同，如库存、生产、销售、财务间的协同；另一层含义是指企业内外资源的协同，即整个供应链的协同，如利用信息技术使企业与企业之间协同完成需求分析、产品计划、设计、采购、生产、管理、服务以及电子商务创新等工作。

(二) 按商务活动的内容分类

按商务活动的内容划分，电子商务可分为完全电子商务和不完全电子商务两类。

(1) 完全电子商务是指交易过程中的信息流、资金流、商流和物流都能够完全通过电子商务方式实现。这类电子商务主要针对无形商品和服务的网上交易，如计算机软件、电子图书、远程教育等。这类交易不需要利用传统渠道，可以使买卖双方不受地域限制，直接在网上完成交易。

(2) 不完全电子商务即无法完全依靠电子商务方式实现和完成整个交易过程的电子商务活动，它需要依靠一些外部要素(如运输系统)来完成交易。这类电子商务主要针对有形商品(如书籍、计算机和日用品等)。这类交易仍然需要利用传统的渠道(如快递公司等)送货或实地交割货物。

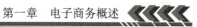

(三) 按开展交易的地域范围分类

按开展交易的地域范围划分，电子商务可分为本地电子商务、国(境)内电子商务和全球电子商务三类。

(1) 本地电子商务通常是指在本城市或本地区内开展的电子商务。本地电子商务的地域范围较小，是开展国(境)内电子商务和全球电子商务的基础。

(2) 国(境)内电子商务是指在本国(或某一关境内)范围内开展的电子交易活动，其覆盖的地域范围较广，对软硬件和技术要求较高，要求在全国(境)范围内实现商业电子化和自动化，以及金融电子化，同时交易各方需要具备一定的电子商务知识和技术能力等。

(3) 全球电子商务也称跨境电子商务(跨境电商)，是指在全世界范围内开展的电子商务活动，涉及有关交易各方的相关系统，如海关系统、金融系统、税务系统、运输系统、保险系统等。跨境电商业务内容繁杂，数据来往频繁，要求电子商务系统严格、准确、安全、可靠，并需制定全球统一的电子商务标准和电子商务贸易协议。

第二节 电子商务的产生和行业新应用

互联网的普及和推广极大地改变了人们的生活，同时也促进了电子商务的飞速发展。随着电子商务魅力的日渐显露，网络经济、信息经济、"眼球"经济、虚拟企业、虚拟银行、网络营销、网络广告等一大批新词汇正在为人们所熟知和认同，这些词汇从一个侧面反映了电子商务对社会和经济产生的影响。

电子商务的应用已经渗透到社会经济的各个领域，涵盖了教育业、医疗业、旅游业、农业、银行业、保险业、证券业、电信业、交通业、外贸、流通业、信息服务业、制造业、新闻业、政府机构等各个方面。

一、电子商务的产生和发展

(一) 电子商务产生和发展的条件

20世纪60年代以来，计算机和网络技术的飞速发展，构建了电子商务赖以生存的基础，预示了未来商务活动的一种发展方向，于是电子商务这一概念应运而生，其产生和发展的条件主要有以下两个。

1. 信息技术的发展

信息技术的发展是电子商务产生的基础，主要体现在以下两个方面：

(1) 计算机的广泛应用。20世纪90年代之后，计算机的处理速度越来越快，处理能力越来越强，价格越来越低，应用越来越广泛，这为电子商务的发展奠定了基础。

(2) 网络的普及和成熟。随着互联网逐渐成为全球通信与交易的媒介，全球上网用户数量呈几何级数增长，网络快捷、安全、低成本的特点为电子商务的发展提供了应用条件。

2. 社会经济的发展

随着社会经济的发展，大多数商品出现了供应远远大于需求的现象。这时急需一种新的商务模式来提高企业的竞争力，电子商务即扮演了这种角色。电子商务是人类社会经济发展的必然趋势。

总之，信息技术的进步和商务的发展使社会网络化、经济数字化、竞争全球化、贸易自由化成为必然，现代电子商务也应运而生。电子商务产生和发展的条件如图1-5所示。

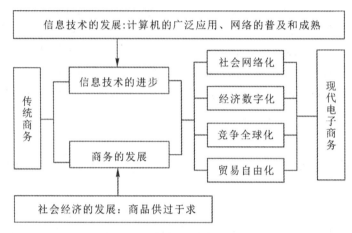

图1-5 电子商务产生和发展的条件

(二) 电子商务的发展阶段

电子商务的发展根据其使用的网络不同，可分为四个阶段：基于电子数据交换的电子商务，基于互联网的电子商务，基于3G、4G、5G的移动电子商务(移动电商)，基于新兴技术的智慧电子商务。

1. 基于电子数据交换的电子商务

从技术的角度来看，人们利用电子通信的方式进行贸易活动已有几十年的历史了。早在20世纪60年代，人们就开始利用电报报文发送商务文件。20世纪70年代，人们又普遍采用更方便、快捷的传真来替代电报，由于传真是将信息经各类信道传送至目的地，在接收端获得与发送原稿相似记录副本的通信方式，它还不能将信息直接转入信息系统，所以，利用电报、传真等技术进行的商务活动还不是严格意义上的电子商务。后来人们开发了电子数据交换技术，在互联网普及之前，它是最主要的电子商务应用技术。

2. 基于互联网的电子商务

20世纪90年代中期，互联网迅速从大学、科研机构走向企业和家庭。1991年，一直被排斥在互联网之外的商业贸易活动正式进入互联网的世界，电子商务成为互联网应用的最大热点。

电子商务起源于1995年，它的先驱是一些互联网零售公司，如亚马逊(Amazon)。2010年后，像沃尔玛(WalMart)这样的传统跨国零售商也建立了自己的网上商店(网店)。

2014年之后，电子商务出现了许多新的发展趋势，如与政府的管理和采购行为相结合的电子政务服务、与个人手机通信相结合的移动电商均得到了很好的发展，跨境电商也成了电子商务发展的一个新的突破口。

3. 基于 3G、4G、5G 的移动电子商务

随着移动通信技术的发展，手机上网已经成为一种重要的上网方式。在 3G 和 4G 时代，智能手机、平板电脑的普及使移动电商的发展极为迅速，改变了很多基于互联网的电子商务的规则。

2018 年，我国三大电信运营商开始投入 5G 网络建设，2019 年 5G 投入商用。在 5G 时代，电子商务将会迎来更多的创新和升级。例如，5G 技术将会支持更加智能的物流和仓储系统，这将会让电商企业能够更加高效地处理订单和发货。5G 技术还将会支持更加智能的客服系统和更加精准的推荐系统，这将会让电商企业能够更加准确地满足用户的需求。

4. 基于新兴技术的智慧电子商务

2015 年，政府工作报告中提出了制定"互联网+"行动计划，电子商务是"互联网+"行动计划的一项重要内容，也是核心内容之一。"互联网+"不仅是技术变革，还是一场思维变革。站在"互联网+"的风口上，O2O、新零售、互联网金融、智能制造、智慧城市等细分领域的创新应用和实践遍地开花。移动互联网、云计算、大数据、物联网、人工智能、区块链等新兴技术与现代制造业结合，促进了电子商务、工业互联网和互联网金融的快速发展。

2016 年，阿里巴巴董事长马云提出了"五新"，即新零售、新制造、新金融、新技术、新能源。"五新"的提出，将电子商务企业(电商企业)从纯电商领域扩展至跨越行业界限的技术平台，推动电子商务进入智慧电商阶段。构建虚拟商业与实体商业空间融合的智慧商圈，创建高融合度的一流消费环境，这是电子商务发展的趋势。互联网与传统产业的融合发展不但推动了经济稳步增长，促进了产业结构创新升级，而且加快了国家综合竞争新优势的形成，为我国在新一轮全球竞争中脱颖而出创造了机会。

2023 年，阿里巴巴集团董事会主席兼 CEO、阿里云智能集团 CEO 张勇在云峰会上表示，阿里巴巴所有产品未来将接入"通义千问"大模型，进行全面改造。他认为，面向 AI 时代，所有产品都值得用大模型重新升级。钉钉、天猫精灵等产品在接入"通义千问"大模型后，变得聪明了很多，像天猫精灵，不仅能回答家里小朋友的各种刁钻问题，还多了一份情感连接，成为更温暖更人性化的智能助手。

二、在线教育

在线教育(e-Learning)，也称远程教育、网络教育，即为了教育、培训和知识管理而进行的在线信息传递。教与学可以不受时间、空间和地点等条件的限制，知识获取渠道灵活多样。

近年来，我国在线教育市场的规模快速发展，既有传统教育与互联网的结合，也有互联网巨头布局的在线教育，逐渐演化出了多种不同形式的在线教育商业模式。从电子商务模式的角度，在线教育一般可分为以下几种类型。

1. B2C 在线教育模式

B2C(Business to Consumer)模式在在线教育行业中占比约 47%，为在线教育的主流模式，如猿题库、51Talk、91 外教等。B2C 的授课形式也在不断演变，从录播课程到直播，从大班授课到一对一模式，通过掌握消费者心理，充分满足其需求来留住消费者。

B2C 模式的在线教育公司担任着教育自营主体的角色，其课程产品一般以相对垂直的教育领域为主，如语言培训、职业培训、技能培训等。

2. C2C 在线教育模式

C2C(Consumer to Consumer)模式经常是通识类课程的教学平台，集众人之力，为平台提供更全面的内容支持。比如，面向白领人群的荔枝微课采用的就是学习与分享的 C2C 模式。

三大互联网巨头 BAT(百度 Baidu、阿里巴巴 Alibaba 和腾讯 Tencent)面对在线教育市场，也都布局了 C2C 平台以抢占资源，谁先抢占了机构、老师、用户，谁就抢占了市场先机。略有不同的是，腾讯打造了授课平台——腾讯课堂；百度打造了搜索平台——百度传课；淘宝打造了交易平台——淘宝同学，各自与自己的核心业务保持一致。

网易云课堂是网易公司打造的在线实用技能学习平台，主要为学习者提供大量优质的课程，用户可以根据自身的学习需求，自主安排学习进度。网易云课堂消费者除了能学习相关课程外，还能申请成为课程提供方。

当然，无论是在线教育的初创公司还是在线教育行业巨头，同样会面临讲师的素质不一、内容输出周期无法得到保障的问题，名师资源的争夺是各个 C2C 在线教育平台需要面对的重要问题。

3. O2O 在线教育模式

O2O(Online to Offline)模式主要是通过线上将用户和流量引导到线下，学习场景放在线下进行。O2O 教育平台更多的是将机构和教师的信息集中起来，然后分发给用户，它能够在一定程度上提升用户的筛选效率和选择空间，并且能为中小机构带来流量。O2O 模式对企业运营和产品本身要求较高，产品必须匹配用户需求，直击用户痛点，能够给用户带来实际的收获。

如家教 O2O 模式，就是通过免费内容的运营，让线上平台获取用户和流量，再将用户吸引到线下参加学习，或者让学员到加盟的线下机构参加学习。家教 O2O 的迅猛发展直接挤占了机构一对一培训服务的生存空间，并导致大量讲师脱离机构入驻平台而成为独立讲师。

4. B2B 在线教育模式

B2B(Business to Business)在线教育模式最早的原型是由早期门户网站(如百度、搜狐、新浪)为教育培训机构提供信息浏览，并通过用户倒流，帮助教育培训机构将普通用户转化成付费用户。

转型期的 B2B 在线教育模式更像在线教育整体解决方案。比较常见的包括为企业用户提供在线教育平台以及相关服务工具，向学校和社会培训机构提供多媒体学习内容和平台，如 2015 年新东方发布的新东方教育云。

当然，单纯的 B2B 服务从技术上为教育企业提供了转型的客观条件，但是教育的核心

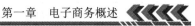

还在于培训机构对用户提供课程的价值，企业用户的痛点在于如何获取更多的流量。比如流行在中小学教育行业的"校宝在线"，以及"跟谁学"的"天校"系统，这些企业已经有平台并在尝试提供 B2B 服务，包括能提高管理效率的校长培训、能降低获客成本的营销类工具等服务。

二、互联网医疗

科技革新与消费需求升级是商业领域得以重塑的最重要的两大推动力，在医疗健康服务领域也是如此。在这两大推动力的作用下，现今的医疗健康服务领域出现了许多创新的商业模式。互联网医疗和在线问诊是其中应用较广泛的两种模式。

(一) 互联网医疗分类

互联网医疗电子商务(互联网医疗)主要指面向消费者的医疗健康互联网产品。互联网医疗可以划分为以下几种类型。

1. 围绕"疾病"提供健康服务

此类互联网医疗平台依据疾病类别开展健康服务，患者可以办理在线预约挂号、就医咨询、联系海外就医、查询住院信息等事项，常见的网站或 App 主要有平安好医生、好大夫、微医、春雨医生、丁香医生等。

2. 围绕"药品"提供健康服务

此类互联网医疗平台依据各自对于药品产业链的把控提供相应服务，常见的业务版块有在线找药(指常见药)、寻找稀缺药、缺药服务、药品咨询、购药、用药管理、慈善赠药等，常见的网站或 App 主要有天猫医药馆、1 药网、京东医药馆、好药师、掌上药店、快方送药、叮当用药、七乐康等。

3. 围绕"内容"提供健康服务

此类互联网医疗平台依据各自的健康知识库提供文字、语音、视频、直播、点播、搜索等类型的健康服务，常见的业务版块有患者自诊、医药百科、健康讲座视频、医药专业文章、健康搜索、健康直播等。常见的网站或 App 主要有快速问医生、寻医问药网、39健康网、妙健康等。

互联网医疗还可以按病患就诊阶段划分为诊前、诊中和诊后三个阶段。

(二) 在线问诊的模式

在线问诊是互联网医疗服务的主要形式。目前在线问诊的主要方式有轻问诊模式、视频问诊模式和导医导药模式等。医生的响应时间根据不同的问诊形式也各有差异，从 15分钟到 24 小时不等。

1. 轻问诊模式

轻问诊模式主要使用手机短信、在线问答、电子邮件等文字交流方式为用户提供医疗服务。用户描述患者的症状、提出疑问，同时可附加图片或检查报告等，医生根据用户提供的信息为患者提供基础性的诊断意见、建议和治疗方案。轻问诊模式自 2011 年起在国内开始有了一定用户群,春雨医生、快速问医生、百度问医生等都属于轻问诊模式的网站或App。通常这类网站或App的响应时间相对较快,如春雨医生承诺15分钟内就能给出答复。

2. 视频问诊模式

通过视频进行的在线问诊专业度要求更高,对远程设备和网络技术的要求也更高,同时因为沟通更充分,医生能掌握的信息相对更丰富,因而为用户提供的诊断或建议确切性更高。例如,美国的医疗版知乎Health Tap在2014年7月推出的Health Tap Prime服务、Live Health Online,以及谷歌投资的Doctor on Demand等都采用了视频问诊模式。视频问诊时,用户通常需要支付一定的问诊费。

3. 导医导药模式

国内的在线问诊创业公司正在探索通过与医院和药店的合作引流来实现赢利的模式。通常情况下,用户在线问诊完成后,如果还有后续行为,则往往可分为去医院和去药店的两类价值用户。因此可分为导医模式和导药模式两种。

(1) 导医模式,是指通过在线问诊的线上平台将患者引入线下医院就诊和治疗,医院向在线平台支付佣金作为回报。

(2) 导药模式,是指经过在线问诊后,若用户需要选购药品,平台能结合基于位置的服务模式LBS(Location Based Service)引导用户在附近的医院或药房购药,甚至直接通过药店的电商平台在线购药。在线问诊平台也将从中收取佣金。导药模式赢利的关键点在于能否有效整合药店资源。

四、在线旅游

在线旅游电子商务(在线旅游)是通过互联网、移动互联网及电话呼叫中心等方式为消费者提供与旅游相关的信息、产品和服务。在线旅游包括在线机票/火车票预订、在线客房预订和为游客提供其他旅游产品及服务(如保险、Wi-Fi 等)。

(一) 在线旅游的分类

1. 按照交易类型划分

按照交易类型划分,在线旅游可分为B2B交易模式、B2C交易模式和C2B交易模式。

(1) B2B交易模式。旅游业是由众多子行业构成、需要各子行业协调配合的综合性产业,食、宿、行、游、购、娱各类旅游企业之间存在复杂的代理、交易、合作关系。

(2) B2C交易模式。B2C交易的B端一般是B2C在线旅游网站或App,旅游散客可在其上获取旅游目的地信息、自主设计旅游活动日程表、预订客房和车船机票等,也可报名参加旅行团,通过在线旅游网站或App订房、订票。

(3) C2B交易模式。C2B交易模式是由客户提出需求,然后由企业通过竞争满足客户的需求。在线旅游C2B主要通过在线旅游中间商(专业旅游网站、门户网站旅游频道等)进行,这类在线旅游中间商提供一个虚拟开放的网上中介市场和信息交互平台。在线旅游C2B方式是一种由需求方主导的交易模式,它体现了客户在市场交易中的主体地位,可以帮助旅游企业更加准确和及时地了解客户需求,促进旅游业向为客户提供丰富的产品和满足客户个性化需求的方向发展。

2. 按照经营模式划分

按照经营模式的不同，在线旅游可分为自营、代理、零售、动态打包四种类型。

(1) 自营是指产品自主研发、资源直采，产品从生产到服务都是由企业自己来做，如途牛的海外自采、携程自营都是这种做法。

(2) 代理是指供应商提供产品给在线旅行社(Online Travel Agency，OTA)，在线旅行社帮助其运营，双方以成本加价模式合作，订单的咨询、售前售后的服务由在线旅行社完成，这部分运营成本由在线旅行社承担，商家只要提供产品和出行服务就行了。同程出境、途牛的度假代理业务都属于这种模式。

(3) 零售是伴随在线旅行社规模扩大而衍生出的一种类似淘宝的模式，需要有一定的流量规模，在线旅行社只提供流量入口，在线旅游零售平台主要依靠收取交易佣金来获得收益，订单的咨询、售前售后服务由供应商完成。平台只提供交易入口，不涉及资源采购及咨询服务。目前的飞猪、马蜂窝、美团旅行就属于这种模式。

(4) 动态打包模式适用于自由行。伴随自由行市场规模的扩大，在线旅游平台提供了越来越多的选项以满足旅游者日益丰富的需求，如携程提供机票、酒店签证、目的地玩乐、接送机等单项资源给用户自己组合、自己打包成一条线路。现在业内真正能做动态打包的有携程、途牛等网站。

(二) 在线旅游的发展趋势

(1) 智能化、主题化。未来，用户通过在线旅游平台进行服务预订的方式和消费方式将更加智能、便捷和高效。休闲度假旅游线路将朝主题化、深度化方向发展，更加侧重改善对旅游地的体验。

(2) 增多细分品类。随着用户对旅游品质的要求越来越高，在线旅游市场细分品类日益增多，亲子游、游轮游、定制游等各种个性化旅游服务开始涌现。细分领域增多也意味着在线旅游需要在新市场的开拓中重新整合市场资源，一方面深耕资源，另一方面寻找精准客户，并将两者精准匹配，这就需要在线旅游平台具有较高的资源整合能力。

(3) 获取流量多元化。随着旅游的产业链条不断地去中间化，资源得以更高效地被直接传递到消费者手中。未来，在线旅游平台的流量渠道将更加丰富多变，单一的搜索流量、圈层的社群流量、单客经济的复购流量等都将成为其流量的来源。社交流量崛起，新流量格局初现端倪，基于微信小程序的旅游市场未来还将有更多的服务点可以去挖掘，如同程艺龙除了在微信钱包中有机票、火车票和酒店预订入口外，还新增了微信小程序预订入口，用户只需在微信中搜索后点击相应的小程序就可以使用。

第三节 电子商务系统的组成及一般框架

一、电子商务系统的组成

电子商务系统包括电子商务网络系统、供应方、需求方、认证机构、物流中心、网上银行、电子商务服务商等，如图1-6所示。

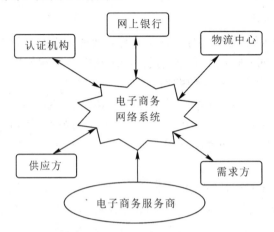

图1-6　电子商务系统的组成

(1) 电子商务网络系统包括互联网、内联网和外联网。互联网是电子商务的基础，是商务、业务信息传送的载体；内联网是企业内部商务活动的场所；外联网是企业与企业之间，以及企业与政府之间开展商务活动的纽带。

(2) 供应方和需求方统称为电子商务用户，包括个人用户和企业用户。个人用户使用个人计算机(PC)、个人数字助理(PDA)等接入互联网；企业用户通过建立企业内联网、外联网和企业管理信息系统，可对人力、财力、物力、供应、销售、储存等进行科学管理。

(3) 认证机构/认证权威机构(Certificate Authority，CA)是法律承认的权威机构，负责发放和管理数字证书，以使网上交易各方能够相互确认身份。数字证书是一个包含证书持有人个人信息、公开密钥、证书序列号、有效期、发证单位的电子签名等内容的数字凭证文件。

(4) 网上银行可在互联网上开展传统的银行业务，并为用户提供24小时实时服务。通过网上银行，用户可以进行在线支付、在线转账等。

(5) 物流中心接受商家的送货要求，组织运送无法从网上直接发送的商品，跟踪商品的运输进度，将商品送到消费者手中。

(6) 电子商务服务商在这里专指提供网络接入服务、信息服务及应用服务的信息技术厂商，如互联网服务提供商(Internet Service Provider，ISP)、互联网内容服务商(Internet Content Provider，ICP)、应用服务供应商(Application Service Provider，ASP)等。

二、电子商务的一般框架

电子商务的一般框架是指实现电子商务从技术到一般服务所应具备的完整运作基础。完整的电子商务体系体现在全面的电子商务应用上，而这需要有相应层面的基础设施和众多支撑条件构成的环境要素。这些环境要素从整体上可分为四个层次(网络层、技术支持层、服务支持层、应用层)和三大支撑(国家政策及法律规范、技术标准和网络协议、物流体系的构建)。电子商务的一般框架如图1-7所示。

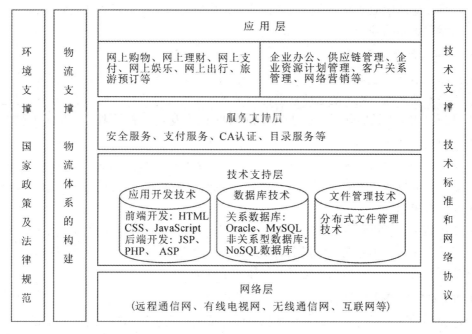

图 1-7　电子商务的一般框架

1. 网络层

网络层是指网络基础设施，是实现电子商务的最底层的基础设施。它是信息传输系统，是实现电子商务的基本保证。网络层包括远程通信网、有线电视网、无线通信网和互联网等。因为电子商务的主要业务是基于互联网的，所以互联网是网络基础设施中最重要的部分。

2. 技术支持层

网络层决定了电子商务信息传输使用的线路，技术支持层则决定和解决了如何在网络上传输信息和管理信息的问题。从技术角度来看，技术支持层主要包括应用开发技术、数据库技术和文件管理技术。应用开发技术包括后端开发和前端开发。后端开发需要考虑的是如何实现功能、数据的存取、平台的稳定性与性能等，可以用到的技术有 JSP、PHP 和 ASP 等；前端开发则考虑的是 Web 页面的结构、Web 的外观视觉表现以及 Web 层面的交互实现等，涉及的技术包括 HTML、CSS 和 JavaScript 等。

3. 服务支持层

服务支持层用来为电子商务应用提供支持，包括安全服务、支付服务、CA 认证、目录服务等。其中，CA 认证是电子商务服务层的核心，因为 CA 认证保证了电子商务交易的安全。它通过为参与交易者签发数字证书，来确认电子商务活动中各方的身份，然后通过加密和解密的方法实现安全的网上信息交换与交易。

4. 应用层

电子商务应用层是指在生产、流通和消费等领域的各种电子商务应用系统，主要包括网上购物、网上理财、网上支付、网上娱乐、网上出行、旅游预订等个人用户的电子商务应用，以及在此基础上企业开展的企业办公、供应链管理、企业资源计划管理、客户关系管理、网络营销活动等。

5. 国家政策及法律规范

开展商务活动时必须遵守有关的法律规范和相应的政策。电子商务出现后，其引发的问题和纠纷不断增加，原有的法律规范已经不适应新的发展环境，制定新的法律规范并形成一个成熟、统一的法律体系，已成为世界各国(地区)发展电子商务活动的必然趋势。

6. 技术标准和网络协议

技术标准定义了用户接口、传输协议、信息发布标准等技术细节。它是信息发布和传递的基础，是网络信息一致性的保证。就整个网络环境来说，技术标准对于保证兼容性和通用性是十分重要的。

网络协议是计算机网络中为进行数据交换而建立的规则、标准或约定的集合。对于处在计算机网络中两个不同地理位置上的用户来说，要进行通信，就必须按照通信双方预先约定好的规程进行。这些预先约定好的规程就是网络协议。

7. 物流体系的构建

一项完整的商务活动，必然要涉及信息流、商流、资金流和物流这四种流动过程。物流是电子商务的重要组成部分，是信息流和资金流的基础和载体。实体商品生产和交换的全过程都需要物流活动的支持，没有现代化的物流运作模式支持，没有一个高效、合理、畅通的物流系统，电子商务所具有的优势就难以发挥。因此，物流业的发展壮大对电子商务的快速发展起着重要的支撑作用。

第四节 医药电子商务概述

随着互联网的普及，电子商务以其方便快捷、成本低廉、不受时间及空间限制和可选择商品众多等特点，逐渐成为主流商业模式之一，网购已成为越来越多消费者的日常选择。近年来，医药电子商务乘电子商务发展的浪潮迅速崛起，网上药店也逐渐被广大消费者所熟悉和接受，成了实体药店的有益补充和竞争对手。医药电子商务未来的发展趋势又如何呢？

本节主要介绍医药电子商务的发展历程、现状和趋势，影响医药电子商务发展的市场环境因素。

一、基本概念

医药电子商务是电子商务模式在医药行业的具体应用。由于医药行业的特殊性，医药电子商务既有着电子商务的普遍性特点，也有着自己的独特性。

医药电子商务的主体包括药品生产企业、药品流通企业(包括批发和零售)、医疗机构、第三方网络平台、仓储配送企业及金融机构等，政府部门虽然不直接参与医药电子商务活动，但其制定的各项政策、法律法规对医药电子商务的发展有着极大的影响。

医药电子商务主要依靠网络信息技术进行与医药产品或服务相关的商务活动。狭义上,其交易对象主要是医药产品或服务(如药品,医疗器械,疾病的咨询、诊断与治疗等);广义上,凡是通过互联网应用平台进行的大健康类产品或服务的商务活动都可以纳入医药电子商务的范畴(如保健食品、婴幼儿用品、化妆品、养生保健指导服务等)。

在我国目前的政策框架内,医药电子商务更倾向于特指这种互联网药品交易活动。其中的交易对象不仅限于药品本身,还可以包括医药器械、直接接触药品的包装材料和容器等。因此,可将医药电子商务定义为:以医药商品生产者、医药商品经营者、医疗机构、医药信息服务提供商、保险公司、银行等医药商品交易活动的参与者,通过互联网系统以电子数据信息交换的方式进行并完成的各类医药商品的交易和服务活动。

医药电子商务对于提高药品流通效率,降低药品流通成本,规范我国药品生产、流通、销售行为都有着重要的现实意义。

二、我国医药电子商务的发展历程

1997年是我国电子商务的元年,这一年中国化工网正式上线,这也是我国第一家电子商务网站,此后,电商网站如雨后春笋般,迅速地进入大众的视野中。1998年,上海第一医药公司开设网上商城,这被认为是国内第一家医药电商。此后,医药电商在我国逐步发展,经历了萌芽期、探索期和快速发展期三个阶段。2019年1月1日起施行的《中华人民共和国电子商务法》(简称《电子商务法》)更是为医药电商未来的发展指明了方向。

(一) 医药电子商务发展的萌芽期

我国医药电子商务发展至今已20余年。早在1996年,医药企业便开始通过互联网业务对本公司的药品进行宣传,之后随着市场需要的发展,大型医药信息网开始出现,而这些企业也仅仅是为医药企业和医疗机构提供一些行业信息、产品广告等信息服务。到1998年,随着信息管理软件的升级,医药电子商务得到了进一步的发展,很多医药网已不满足于单纯的信息收集与发布,而是利用信息管理软件提供相关的信息检索和分析、深层数据挖掘、市场研究和预测、战略制定等一系列专业化信息服务,帮助医药企业优化流程、规范管理、提高管理能力,我国的医药电子商务从提供简单的医药信息服务提升到了业务管理的高度,赋予了B2B模式新的功能。这一时期属于医药电子商务发展的萌芽期,当时的代表企业有浪潮、用友等。

(二) 医药电子商务发展的探索期

1999年,政府开始介入医药电子商务的发展,我国医药电子商务的发展又进入了一个新的时期。政府制定了医药电子商务的发展制度,提倡发展政府对企业的电子商务(C2B)网上药品采购招标模式。

该模式由政府主导建立,为医疗机构与企业之间的网上交易创建平台,这一医药电子商务模式的建立加强了政府对医疗机构与医药企业间交易的监管力度。而这一模式在原基础上不断地发展和创新,目前已形成了多种相似的药品交易模式,比如四川的挂网限价模式、广东的阳光采购模式均是在此基础上发展而来。再后来,民间企业也开始从事代理招标服务,它们以第三方的身份,建立集中的医药招标采购平台,整合医药企业、医疗机构等进行在线药品交易。由于相关政策的放开，大量民间企业介入，为了加强此类电子商务的管理，2001年初，国家药品监督管理局发布《互联网药品信息服务管理暂行规定》(国家药品监督管理局令第26号)已于2017年11月21日废止。截至2007年7月31日，有五家医药电子商务平台获得了国家批准。

为了整合我国医药市场的流通秩序、降低医药流通的成本、真正做到为患者服务，国家积极推广发展医药电子商务。国家六部委在2004年10月联合印发的《关于进一步规范医疗机构药品集中招标采购的若干规定》(卫规财发〔2004〕320号)中明确指出：积极发展医药电子商务、物流配送等现代流通方式。原国家食品药品监督管理局在2005年9月29日颁布的《互联网药品交易服务审批暂行规定》(国食药监市〔2005〕480号)中指出：从事互联网药品交易的企业均需具备互联网药品信息服务资格证书。此规定的出台，意味着政府对从事B2B医药电子商务的企业进行了双重约束，但也标志着政府部门对医药电子商务发展的再次放开。将管理重心从资格审批转移到了监管上。除此之外，同年出台的《中华人民共和国电子签名法》(2015年4月24日第一次修正)和《国务院办公厅关于加快电子商务发展的若干意见》(国办发〔2005〕2号)为我国医药企业充分利用信息技术发展的成果、拓展现有市场、增强医药企业自身的国际竞争力提供了重要机遇，同时也进一步推动了我国医药电子商务的发展。

在这一发展阶段政府监管部门先后出台的文件和规定中用到了药品电子商务、经营性网站、互联网药品信息等名词，反映了我国在利用互联网技术推进医药事业发展的道路上虽然遇到了很多困惑，但是依然积极地探索医药电子商务的发展。

(三) 医药电子商务的快速发展期

从2005年开始，随着我国对医药电子商务发展政策的逐步放开，以B2C模式为基础的、通过互联网直接向消费者销售非处方药(OTC)的网上药店如雨后春笋般不断涌现。从京卫大药房作为第一家正式获得互联网药品交易服务资格证书的网上药店开始，网上药店的数量逐年急剧增长，尤其从2010年开始，在短短的5年之间就增加了10倍，到2016年全国获得资格认证的网上药店就达到了448家。随着网上药店数量的不断增多，网上药店之间的竞争也越来越激烈，为了争取更多的生存空间，很多网上药店除了进行网上药品买卖，还提供免费用药咨询服务、线上专家问诊服务等业务，从而增加消费者的满意度以及消费者对网上药店的依赖性。

三、医药电子商务的发展现状

(一) 医药电子商务的需求不断增加

我国国内生产总值(GDP)现在已经跃居全球第二，人民生活水平显著提升，良好的经济发展形势也为医药电子商务发展创造了有利的条件。

尽管目前我国医药电子商务的应用依然较为分散，发展水平相对较低，且涉足电子商务的医药企业规模相对较小，但由于国家相关政策的支持，我国医药电子商务呈现出较好的发展势头，交易规模也在不断扩大。例如，海虹医药企业在2003年的总采购量达到66.78

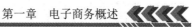

亿元人民币，药品网上交易的规模达到了 30 亿元人民币，接近总交易额的 50%；医疗器械交易中，2004 年利用电子商务交易的规模达到了 80 亿元人民币。随着电子商务的快速发展，交易额不断提升，2016 年底，我国网上医药交易额突破 500 亿元人民币大关。

根据调查数据显示，北京市有 1/6 的患者选择利用互联网买药，深圳约有 40% 的患者网上购药。医药电子商务的参与人数不断增加，为医药电子商务发展创造了良好的经济条件。

2022 年，在疫情的影响下，线上药品销售的市场规模与日俱增，到 2021 年已经突破 2000 亿元大关，超越了以往三大零售终端之一的基层医疗，坐实了第四大零售终端的位置。到目前为止，药品线上销售的规模仍在继续增长，增速则随着市场占比的提升而逐渐放缓。医药电商作为线上终端的主要组成部分，在这一波医药零售市场格局变化中，是最直接的推动者。

(二) 医药电子商务平台逐渐兴起

2010 年以前，电子商务平台主要停留于 PC 端，以 B2B 电子商务模式为主。近些年随着物联网、移动互联网的快速发展以及国家政策的宽松化，医药电商 B2C 模式快速发展，医药电商平台也逐渐发展为公立医院、实体零售药店、社区卫生服务中心之外的第四终端。尤其是自 2020 年以来，各大医药电商平台日活跃人数明显增加，成为消费者抢购防护用品 (如口罩、消毒液、手套)、酒精、预防感冒药物及抗病毒药物的重要途径。目前规模较大的医药电商平台中，既有医药企业自建的网上商城(如康爱多、好药师、1 药网、健客网等)，又有第三方平台(如京东、天猫等)。这些医药电商平台借着电子商务发展的东风，吸引了大量消费者的关注，有力地推进了医药零售业的发展。

(三) 医药电子商务政策逐渐明朗

为了更好地满足医药电子商务发展需要，国家发布了相关规定，打击不法分子，从而净化医药电子商务环境。一系列政策文件的出台为医药电子商务的发展提供了便利。1999 年，国家药品监督管理局发布《处方药与非处方药流通管理暂行规定》(国药管市〔1999〕454 号)，标志着我国医药电子商务的起步。紧接着，2002 年颁布的《互联网药品信息服务管理暂行规定》(国家食品药品监督管理总局令第 37 号)、2004 年颁布的《中华人民共和国电子签名法》、2005 年颁布的《互联网药品交易服务审批暂行规定》(国食药监市〔2005〕480 号)、2014 年发布的《互联网食品药品经营监督管理办法(征求意见稿)》，为医药电子商务的发展营造了一个良好的政策环境。2017 年，《国务院关于取消一批行政许可事项的决定》(国发〔2017〕46 号)出台，取消互联网药品交易服务 A 证审批。2020 年 11 月公开征求对《药品网络销售监督管理办法(征求意见稿)》的意见。短短十几年里，国家在医药电子商务领域发展中给予了足够的关注和支持，并出台了一系列的法律法规，在予以规范的同时，鼓励医药电子商务能够更好地发展，为社会发展提供更多支持。

(四) 医药电子商务的物流配套系统持续改进

自 2006 年起，我国医药电子商务以 B2C 的模式为主。在一模式下，网上药店配送时，主要采取了第三方物流的配送方式。第三方物流配送方式的应用得益于物流企业快捷的物流服务，能够将药品尽快地送到用户手中。第三方物流在我国得到了迅猛发展，尤其在电商发展的大环境下，第三方物流很好地满足了药品配送需要。但是医药企业利用第三方物流进行药品配送的过程中，也存在一定的问题。对一些特殊药品，第三方物流很难满足药品配送需要，导致药品在运输过程中存在着损坏、失效的问题。尤其是在药品存储过程中，由于缺乏专业化水平，对药品的损害较大。

随着医药电子商务模式的快速发展，物流也得到了相应的改进。在进行药品配送过程中，利用存储药品的箱子或是恒温箱对特殊药品进行保管。一些医药企业注重对自身的物流部门进行分离，使其成为专业化的第三方医药物流企业，这为医药运输创造了有利条件。

四、我国医药电子商务未来发展趋势分析

随着社会环境、经济环境、政策环境的优化以及医药电子商务物流环境的不断完善，消费者购物环境更加规范，我国医药电子商务获得快速发展，相应地，医药企业原有的买购方式、营销方式、销售服务方式也发生了改变，给企业带来了较大的经济效益，也给消费者带来了较大的便利。

我国医药电子商务发展经历了 B2B 模式、B2C 模式，正在朝着 O2O 模式迈进。为了更好地适应形势发展需要，医药电子商务模式在发展过程中，要注重立足于当下实际发展情况，注重实现资源整合，使其能够与电子商务平台紧密结合，大力发展 O2O 模式、B2C 模式，并实现 O2O 模式与 B2B 模式的结合，有助于提升服务质量和效率。

随着消费者购物行为习惯的改变和医药电子商务平台药品品种的不断丰富，尤其是政府政策支持力度的不断加大，如医保支付接入线上渠道、处方药网售可能放开等，使医药电子商务未来可能迎来井喷式发展。

随着"健康中国"战略的持续推进，以医药电子商务为代表的"互联网＋医疗健康"模式正在成为新的趋势。自 2020 年以来，越来越多的消费者(尤其是慢性病患者)逐渐开始接受远程医疗服务，越来越多的大型医药电商企业也开始布局互联网医疗，通过与医疗机构的紧密合作，持续提升慢性病全生命周期管理能力，实现保健、检测、诊断、治疗、用药和康复全场景覆盖，而不仅仅是药品零售服务。

2018 年 4 月 12 日，国务院常务会议明确对进口抗癌药实施零关税并鼓励创新药进口，跨境电商成为此举的关键之一。进口药品的绿色通道以及针对进口药品制定的相关政策，解决了人们用药难的问题。2019 年 12 月，北京跨境医药电商试点正式获批，多家拥有跨境电商资质的大型企业申请试点，为癌症患者架起线上通道。以此为契机，医药电商企业未来极有可能扬帆出海，既可以引进国外的优质药品提供给国内消费者，又可以借此机会熟悉海外市场，为以后我国药品走出国门奠定基础。

医药电商 O2O 模式将得到进一步发展。医药电商 O2O 模式通过搭建医药互联网电商平台，提供线上寻医问药服务，同时搭建线下药品配送渠道，实现线上下单、线下取药。随着越来越多的药品零售连锁企业引入医药电子商务，由互联网企业搭建平台，联合医生和实体药店共同为消费者提供服务的 O2O 模式迅猛发展，从而延伸了医疗机构的服务半径，扩大了服务范围，将极大提高患者购买药品的便利性。

新媒体运营在未来几年可能是医药电子商务新的利润增长点。新媒体如微信公众号、

直播平台、短视频平台等近年来得到了年轻消费者群体的广泛关注和追捧。2020 年以电商直播为代表的直播经济进入千家万户，成为各行各业商业发展的核心动能，为企业创造了新的发展机遇。对于医药电商企业来说，虽然药品受限于法律法规的规定，无法采用直播方式销售，但大健康类产品(如食品、化妆品、婴幼儿用品、养生保健用品等)还是可以借助这些渠道扩大市场，以获得更多的销售额和利润。很多医药电商企业也已开始尝试采用直播的方式对企业产品进行宣传和促销，取得了很好的效果。

五、医药电子商务目前存在的问题

医药电子商务迅猛发展的同时，也暴露出了一系列的问题，有待进一步改进。比较突出的问题有：

(1) 法律法规监管程度还不够完善。消费者个人隐私泄漏一直是互联网发展过程中存在的严重问题，而病患隐私更是其中的重灾区。个人隐私保护力度不足会降低消费者对医药电商平台的信任程度，从而减少医药电商平台的用户量和流量。

(2) 药学服务人员不足。消费者通过医药电商平台购买药品，多为自主购药，由此带来的药物乱用、滥用的风险较高，需要大量的药师为其提供用药咨询和指导服务。但我国目前执业药师人数还远远跟不上行业的发展需要，不合理用药的情况处于多发状态。

(3) 药品配送存在质量安全隐患。由于成本的限制，电商平台多为普通物流参与配送，这导致药品在配送过程中会有较高的质量风险，尤其是需要低温冷藏的药品。

巩固与练习

一、单项选择题

1. 电子商务的核心是( )。
A. 计算机技术　　　　B. 数据库技术　　　　C. 网络　　　　D. 商务

2. 电子数据交换的简称是( )。
A. EB　　　　B. EDI　　　　C. NET　　　　D. EC

3. 生产类企业网上采购是一种典型的( )电子商务活动。
A. B2C　　　　B. B2B　　　　C. C2C　　　　D. B2G

4. 企业资源计划简称为( )。
A. CRM　　　　B. ERP　　　　C. SCM　　　　D. MIS

5. 广义上的电子商务对应的标准英文是( )。
A. E-Business　　　　　　　　B. E-Commerce
C. E-mail　　　　　　　　　　D. E-Internet

6. 阿里巴巴网站的类型是( )。
A. B2B　　　　B. C2C　　　　C. B2C　　　　D. B2G

7. 最早的网上 B2C 公司是( )。
A. 英国的网上服装店　　　　　　B. 美国的网上商城亚马逊
C. 英国的网上书店亚马逊　　　　D. 美国的网上书店亚马逊

8. SCM 指的是( )。

A. 客户关系管理
B. 企业资源计划
C. 供应链管理
D. 人力资源管理

9. 我国最早产生的电子商务模式是( )。

A. B2B
B. C2C
C. B2C
D. B2G

10. 国际现代商业的最新形式是( )。

A. EDI 商务
B. Internet 商务
C. Intranet 商务
D. 网站电子商务

11. 以下关于医药电子商务发展趋势说法错误的是( )

A. 医药电商拥抱大数据,实现智慧医疗
B. 处方药网络销售一直存在着政策壁垒,不能实现网上销售
C. 做全渠道经营,满足用户的多场景需求
D. 通过 O2O 服务模式补充现有购药环节服务形态

12. 医药电子商务的参与主体不包含( )

A. 医疗机构
B. 医药批发企业
C. 医药零售企业
D. 医药生产企业
E. 医药监管部门

二、多项选择题

1. ( )是电子商务概念模型的组成要素。

A. 交易主体
B. 电子市场
C. 交易事务
D. 交易手段

2. 按商业活动运作方式分类,电子商务可以分为( )。

A. 直接电子商务
B. B2B 电子商务
C. B2C 电子商务
D. 间接电子商务
E. C2C 电子商务

3. 电子商务中的任何一笔交易都包括( )等。

A. 物流
B. 资金流
C. 信息流
D. 现金流

4. 电子商务框架结构包括( ),其中电子支付属于( )。

A. 网络层
B. 技术支持层
C. 服务支持层
D. 国家政策及法律规范
E. 技术标准和网络协议
F. 电子商务应用层

5. 医药电子商务发展的萌芽期有( )等代表企业。

A. SAP
B. 甲骨文
C. IBM
D. 浪潮
E. 用友

6. 医药电子商务交易平台具备以下( )优势。

A. 提升效率,降低成本
B. 信息及时共享,企业协调并行生产
C. 可实现 24 小时、全国甚至全球运转
D. 经营活动必须具有一定的物资基础
E. 应对市场需求、需保证一定库存

三、实训题

1. 分类搜索在线教育网站(如网易公开课)、互联网医疗电商网站(如平安好医生)、在线旅游电商网站(如携程旅游网)、农业电商网站(如中粮我买网)等,浏览并记录相关信息,

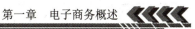

选择其中一个行业总结其电子商务应用的现状。

2. 分别进入京东商城、淘宝网、阿里巴巴 1688，浏览各网站首页的主要内容和功能，就其交易模式、所经营的产品、下订单的方式、购物搜索、支付方式、物流配送等进行详细的分析与比较，总结出这些网站的相同点和不同点，填入表 1-3。

表 1-3　电商网站对比

不同点	电 商 网 站		
	京东商城	淘宝网	阿里巴巴 1688
交易模式			
所经营的产品			
下订单的方式			
购物搜索			
支付方式			
物流配送			
相同点			

第二章 电子商务技术

学习目标

1. 熟悉电子数据交换的工作原理。
2. 了解互联网的基本知识。
3. 掌握互联网的应用。
4. 了解人工智能、物联网、大数据、云计算等新兴技术的应用。
5. 了解移动电商的关键技术和应用。

引导案例

电子商务技术的体验

由于工作时间的原因，李先生上下班一般都是乘坐出租车。以往李先生打车时，经常遇到人太多打不到车或时间太晚不好打车等情况，但随着电子商务和移动通信的快速发展，出现了很多打车软件，其中以滴滴出行最为典型。李先生现在出门只需在手机上打开滴滴出行 App，就可以选择专车和快车等多种方式出行，不仅价格便宜而且十分方便。

滴滴出行是第一家商业银行通过与移动互联网公司合作进入移动支付场景领域的移动电子商务平台，它改变了传统路边拦车的打车方式，使用户足不出户就可通过手机预订出行路线和乘坐车辆。滴滴出行不仅优化了乘客的打车体验，对司机来说也是一种崭新的体验。当乘客在滴滴出行平台中下单后，司机即可根据订单自愿接单，改变了传统方式下出租车司机被动接客的方式，降低了空驶率、时间与沟通成本，最大限度地为乘客和司机带来了便利。

李先生不仅享受到了出行的便捷，也感受到了网上购物的便利性。如今的购物平台非常多，他既可以选择在淘宝、京东等电子商务网站中购物，也可以通过微商、代购、海淘等途径购物。李先生以往担心在网上购物，不能很好地与商家进行交流，如购买一件衣服，不知道以自己的身高和体重，应该选择多大的尺码，或者所购商品出现问题时退货、换货等相关事宜如何处理，但是随着阿里旺旺、微信等即时通信工具的出现和广泛应用，实现了消费者与商家的及时沟通，网上购物变得更加方便和普遍。

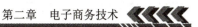

第一节 电子数据交换技术

电子数据交换(EDI)至今没有一个统一的定义，但各种定义有三个方面的内容是一致的，即资料采用统一标准、传递电子信息、信息在计算机之间传递。

联合国国际贸易法委员会 EDI 工作组将电子数据交换定义为计算机之间信息的电子传递，而且使用某种商定的标准来处理信息结构。

联合国标准化组织将电子数据交换描述成将商业或行政事务处理按照一个公认的标准，形成结构化的事务处理或报文数据格式，从计算机到计算机的电子传输方法。

本书将电子数据交换定义为贸易伙伴及相关部门之间通过传输标准格式的电子数据而实现贸易信息交换的活动。早期的电子数据交换网络是专用的增值通信网络，当时的电子数据交换可以被看作是现代电子商务的雏形。

电子数据交换中，包括订单、发票、货运单、收货通知和提货单等商业资料或贸易信息均按统一的标准生成电子数据，以便在贸易伙伴及相关部门之间进行传输。

在电子数据交换系统中，数据不仅在贸易伙伴之间进行电子化流通，而且还在每一个贸易伙伴内部进行电子化流通，这样可以节约成本、减小差错率、提高效率。

一、电子数据交换的发展

据统计，在 20 世纪 60 年代，平均每做成一笔生意需要使用 30 份纸质单证，而全世界每年做成的生意有上亿笔，这样，每年的贸易活动就会产生数以十亿份的纸质单证。20世纪 60 年代末 70 年代初，贸易活动中为了节约纸张、提高效率，产生了电子数据交换。当时，用纸质订单订货平均每笔业务需要 55 美元，而用电子数据交换技术订货平均每笔业务只需 27 美元。

20 世纪 90 年代以来，电子数据交换在美国、英国、日本、新加坡等国的贸易活动中得到了快速发展，涉及化工、电子、汽车、零售业和银行等行业。

我国基于电子数据交换的电子商务始于 20 世纪 90 年代初。1991 年，中国促进 EDI应用协调小组成立；1996 年 2 月，当时我国的对外经济贸易部成立了国际贸易电子数据交换服务中心；1996 年 12 月 18 日，联合国贸易网络组织中国发展中心(CNTPDC)在北京成立；1996 年，北京海关与中国银行北京分行在我国首次开通了电子数据交换通关电子划款业务。与此同时，各省、自治区、直辖市及中央部委也都设立了专门的职能部门来负责协调电子数据交换的应用推广工作。经过各级政府部门的努力推广，电子数据交换从应用最多的进出口贸易逐渐扩展到了商检、税务、邮电、铁路和银行等领域。

二、手工方式与电子数据交换方式的比较

1. 手工方式下贸易单证的传递

手工方式下贸易单证的传递过程如图 2-1 所示，操作人员首先使用打印机将企业数据库中存放的数据打印出来，形成贸易单证，然后通过邮局或传真的方式发给贸易伙伴；

贸易伙伴收到单证后，录入人员将其手工录入数据库，以便各个部门共享。手工方式的缺点是买卖双方之间重复输入的数据较多，容易产生差错，准确率低，劳动力消耗多，时延较长。

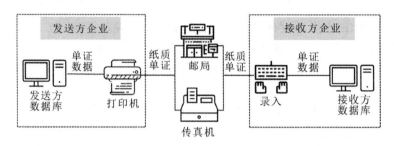

图 2-1　手工方式下贸易单证的传递过程

2. 电子数据交换方式下贸易单证的传递

电子数据交换方式下贸易单证的传递过程如图 2-2 所示，发送方数据库中的单证数据通过电子数据交换软件转换为平面文件，再将平面文件翻译成标准电子数据交换报文，通信软件将标准电子数据交换报文外层加上通信信封，通过网络(增值网或互联网)传递给接收方的计算机。接收方的计算机再通过电子数据交换软件将标准电子数据交换报文转化为贸易单证，转化为本企业内部的数据格式，存入数据库。

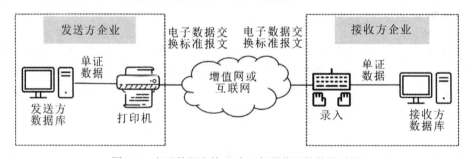

图 2-2　电子数据交换方式下贸易单证的传递过程

由于单证是通过数字方式传递的，缺乏验证的过程，因此加强安全性，保证单证的真实性和可靠性是一个重要的问题。

从图 2-2 中可以看出，在电子数据交换方式下，贸易单证的传递需要电子数据交换软件的参与。电子数据交换软件将用户数据库中的信息翻译成电子数据交换的标准格式，使之具有传输交换的能力。电子数据交换软件的主要功能有格式转换、翻译和通信。

三、电子数据交换的应用

电子数据交换的应用包括以下几个方面。

1. 金融领域中电子数据交换的应用

在金融领域采用电子数据交换技术，能够实现银行和银行、银行和客户之间各种金融交易单证(如付款通知、信用证等)的安全、有效交换。电子数据交换在金融领域中的应用，能够提高银行在资金流动管理、电子支付、电子对账和结算等业务方面的效率。

2. 商业领域中电子数据交换的应用

通过采用电子数据交换技术进行订单的自动处理，可实现订单数据标准化及计算机自动识别和处理，减少手工作业和重复劳动，提高文件处理效率。下面以订单的发送和回复为例，说明商业领域中电子数据交换的应用流程。

(1) 制作订单。买方(即客户)根据自己的需求在计算机上操作，在订单处理系统中制作一份订单，系统将所有必要的信息以电子数据的格式存储下来，形成买方数据库，同时生成一份电子订单。

(2) 发送订单。买方将此电子订单通过电子数据交换中心传送给供货商。此订单实际上是发向供货商的电子邮箱，它先被存放在电子数据交换中心，等待来自供货商的接收指令。

(3) 接收订单。供货商从位于电子数据交换中心的自己的电子邮箱中收取全部邮件，其中包括来自买方的电子订单。

(4) 签发回执。供货商在收到电子订单后，使用计算机上的订单处理系统，对来自买方的电子订单自动生成一份回执。经供货商确认后，此电子订单回执被发送到网络中，再经由电子数据交换中心存放到买方的电子邮箱中。

(5) 接收回执。买方从电子数据交换中心的买方电子邮箱中收取全部邮件，其中包括供货商发来的订单回执。整个订货过程至此结束，供货商收到了订单，买方则收到了订单回执。

3. 商检中电子数据交换的应用

外贸公司可通过电子数据交换中心与商检部门进行产地证的电子单证传输，无须再为产地证的审核、签发往返商检部门，既节约了时间和费用，又节约了纸张。图 2-3 所示为商检中电子数据交换审签系统流程。

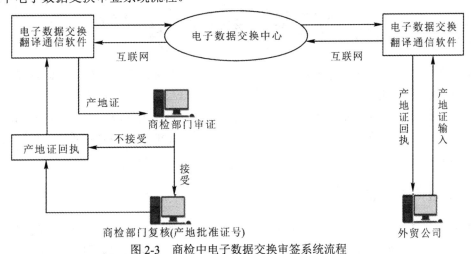

图 2-3　商检中电子数据交换审签系统流程

4. 国际贸易中电子数据交换的应用

将电子数据交换应用到国际贸易中时，以计算机网络为依托，通过电子数据交换中心，把与国际贸易有关的工厂、公司、海关、运输公司、保险公司、银行联系起来，可以大大加速国际贸易的进程。

一个真正的电子数据交换系统是将订单、发货、报关、商检和银行结算合为一体，使整个商贸活动过程在最短的时间内快捷地完成。因此，电子数据交换对企业文化、业务流程和组织机构的影响是非常大的。

5. 物流中电子数据交换的应用

在物流中应用电子数据交换时，货主、承运业主及其他相关单位之间通过电子数据交换系统进行物流数据交换，并以此为基础实施物流作业活动。物流电子数据交换的参与单位有货主(如生产厂家、贸易商、批发商和零售商等)、承运业主(如独立的物流承运企业等)、实际运送货物的交通运输企业(如铁路企业、水运企业、航空企业和公路运输企业等)、协助单位(如政府有关部门和金融企业等)和其他物流相关单位(如仓库业者和专业报关业者等)。图 2-4 所示为物流参与单位应用电子数据交换的流程。

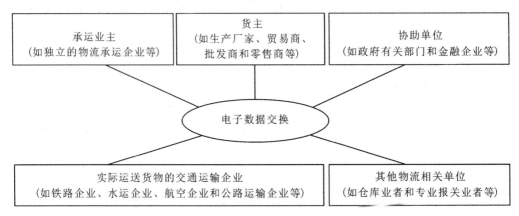

图 2-4　物流参与单位应用电子数据交换的流程

第二节　互联网基础

电子商务是基于计算机的软硬件和网络通信等技术开展的经济活动。它以互联网、企业内部网和企业外部网为载体，使企业能够有效完成自身内部的各项经营管理活动，并完成企业之间的商业贸易，确立合作关系，最终降低产、供、销的成本，增加企业利润，开辟新的市场。互联网是由分布在全世界的计算机遵循一定的通信协议并通过各种网络设备相互连接而成的。

一、互联网的产生和发展

电子商务是基于互联网技术来传输和处理商业信息的。互联网是人类历史发展中的一个里程碑，互联网也被称为国际互联网络、因特网、交互网络和网际网等。

互联网是将处于不同地理位置并且有独立计算能力的计算机系统，利用传输介质和通信设备相互连接在一起，在网络操作系统和网络通信软件的控制下，实现资源共享的计算机集合。互联网已经成为世界上覆盖面最广、规模最大、信息资源最丰富的计算机信息网络。

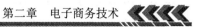

二、互联网协议

互联网协议是由多个协议组成的，包括 TCP/IP、HTTP、SMTP、POP3 和 IMAP 等。

1. TCP/IP

TCP/IP 是供已连接互联网的计算机进行通信的通信协议。TCP/IP 是指传输控制协议/网际协议(Transmission Control Protocol/Internet Protocol)。

TCP/IP 规范了网络中所有的通信设备，尤其是一台主机与另一台主机之间的数据往来格式及传送方式，可保证所有传送到某个系统的数据能够准确无误地到达目的节点，并且非常详细地规定了计算机在通信时应遵循的规则。

TCP/IP 协议从上到下分为四层，每一层都呼叫其下一层所提供的网络来解决自身的需求。其四层结构介绍如下：

(1) 应用层：为应用程序间沟通的层，如简单电子邮件传输协议(SMTP)、超文本传输协议(HTTP)、文件传输协议(File Transfer Protocol，FTP)和网络远程访问协议(Telnet)等都属于该层的协议。

(2) 传输层：提供节点间的数据传送及应用程序之间的通信服务，其主要功能是进行数据格式化、数据确认和丢失重传处理等。

(3) 互联网络层：负责提供基本的数据封包传送功能，让每一个数据包都能够到达目的主机(但不检查是否被正确接收)，如网际协议(IP)。

(4) 网络接口层：接收 IP 数据包并进行传输。

2. HTTP

HTTP 是指超文本传输协议(Hyper Text Transfer Protocol)，是客户端浏览器或其他程序与 Web 服务器之间的应用层通信协议。在互联网的网络服务器上存放的都是超文本信息，客户机需要通过 HTTP 获取所要访问的超文本信息。

用户在浏览器地址栏中输入的网站地址称为统一资源定位符(Uniform Resource Locator，URL)。在浏览器的地址栏中输入一个统一资源定位符或在网页中单击一个超级链接时，统一资源定位符就确定了要浏览的地址。例如，URL "http://www.abc.com/china/index.htm" 的含义如下：

(1) http://代表超文本传输协议，通知 abc.com 服务器显示网页，通常不用输入。

(2) www 代表一个 Web (万维网)服务器。

(3) abc.com/是存储网页文件的服务器的域名或站点服务器的名称。

(4) china/是该服务器上的子目录，与文件夹类似。

(5) index.htm 是文件夹中的一个 HTML 文件(网页)。

3. SMTP、POP3 和 IMAP

SMTP 是指电子邮件传输协议(Simple Mail Transfer Protocol)，其作用是向用户提供高效、可靠的邮件传输服务。SMTP 的一个重要特点是它能够在传送中接力传送邮件，即邮件可以通过不同网络上的主机进行接力式传送。它在两种情况下工作：一种情况是电子邮件从客户机传输到服务器时；另一种情况是电子邮件从某一个服务器传输到另一个服务器时。

POP 是指邮局协议(Post Office Protocol)，用于电子邮件的接收。它使用 TCP 的 110 端口，现在常用的是第三版，所以简称为 POP3。POP3 仍采用客户/服务器工作模式。当客户机需要服务时，客户端的软件(如 Outlook Express、Foxmail 等)将与 POP3 服务器建立 TCP 连接，完成邮件的发送。

IMAP 是指互联网邮件存取协议(Internet Message Access Protocol)，是通过互联网获取信息的一种协议。IMAP 像 POP 那样提供了方便的邮件下载服务，能让用户离线阅读电子邮件。

三、IP 地址与域名

(一) IP地址

IP 地址也称网际协议地址，它给每个连接在互联网中的主机分配一个地址，使互联网上的每台主机(Host)都有一个唯一的地址，计算机利用这个地址在主机之间传递信息。常见的 IP 地址分为 IPv4 与 IPv6 两大类。

采用 IPv4 技术时，IP 地址的长度为 32 位，分为 4 段，每段 8 位，用十进制数字表示，每段数字的范围为 0～255，段与段之间用英文句点隔开，如 159.226.1.1。IP 地址由两部分组成，一部分为网络地址，另一部分为主机地址。其中，网络地址用来标识连入互联网的网络，主机地址用来标识该网络上的主机。

随着互联网及物联网的发展，IP 地址的需求量越来越大，而 IPv4 的网络地址资源有限。全球 IPv4 地址数于 2011 年 2 月分配完毕，2011 年后我国 IPv4 网络地址总数基本维持不变。截至 2018 年 12 月，我国 IPv4 地址数量为 3.39 亿个。

为了扩大地址空间，IPv6 应运而生。IPv6 采用 128 位地址长度，几乎可以不受限制地提供地址。它不仅可以实现计算机之间的联网，还可以实现硬件设备与互联网的连接，如家用电器、传感器、照相机和汽车等的联网。目前，拥有 IPv6 地址量居前五的国家分别是美国、中国、英国、德国和法国。截至 2018 年 12 月，我国 IPv6 地址数量 41079 块/32，比 2017 年 12 月底增长 17649 块/32，年增长率为 75.3%。

注释：我国拥有 IPv6 地址数量为 41079 块/32，意思是我国从国际互联网管理机构已经申请获得了 41079 个网络号为 32 位的 IPV6 地址块，每个地址块又可提供大约 296 个有效地址。

(二) 域名

由于 IP 地址是数字标识，使用时难以记忆和书写，因此在 IP 地址的基础上发展出了一种符号化的地址方案，来代替数字型的 IP 地址。每一个符号化的地址都与特定的 IP 地址相对应。这种与网络上的数字型 IP 地址相对应的字符型地址称为域名。访问一个域名时，域名服务器会通过域名解析将域名转换成 IP 地址。

1. 域名的构成

这里以百度网的域名为例来说明域名的构成，它的网址(www.baidu.com)由两部分组成：www 是网络名，baidu.com 为域名。baidu 是这个域名的主体，最后的 com 则是该域名的后缀，代表这是一个国际域名，是顶级域名。

域名中的标号由英文字母和数字组成，每一个标号不超过 63 个字符，字母不区分大小写。标号中除连字符(-)外不能使用其他的标点符号。级别最低的域名写在最左边，级别最高的域名写在最右边，由多个标号组成的完整域名应不超过 255 个字符。

一些国家也纷纷开发使用本国文字构成的域名，如德文、法文等。我国也开始使用中文域名，但在今后相当长的时期内，国内以英文为基础的域名仍然是主流。

2. 域名的级别

域名可分为不同级别，包括顶级域名(参见表 2-1)和二级域名等。

表 2-1　顶级域名及类型

顶　级　域　名		域名类型
国际顶级域名	com	商业机构
	edu	教育机构
	gov	政府部门
	int	国际组织
	mil	军事部门
	net	网络提供商
	org	非营利组织
国家(地区)顶级域名	国家(地区)代码，如 cn、us、jp	各个国家(地区)顶级域名

顶级域名分为两类：一类是国家(地区)顶级域名，如中国是 cn、美国是 us、日本是 jp；另一类是国际顶级域名，如表示商业机构的是 com，表示网络提供商的是 net，表示非营利组织的是 org，等等。

二级域名是指顶级域名之下的域名。在国际顶级域名下，它是指域名注册人的网上名称，如 ibm、yahoo、microsoft 等；在国家(地区)顶级域名下，它表示的是注册企业的类别，如 com、edu、gov、net 等。

3. 注册域名

域名的注册遵循先申请先注册的原则，管理机构对申请人提出的域名是否损害了第三方的权利不进行任何实质审查。同时，每一个域名都是独一无二、不可重复的。

与传统的知识产权领域相比，域名是一种全新的客体，具有其独特性，如域名的使用是全球范围的，没有传统的、严格的地域限制；域名一经获得即可永久使用，但需要定期续费；域名在网络上是唯一的，一旦注册，其他任何人不得注册、使用相同的域名，因此其专有性也是绝对的。另外，域名非经法定机构注册不得使用，这与传统的专利和商标等客体不同。

四、互联网的应用

为了实现相互沟通和资源共享，互联网提供了许多服务功能。随着互联网的发展，其服务功能还会不断增加。

(一) 万维网信息浏览

万维网(World Wide Web，WWW)通常简称为 Web，是当前最流行、最受欢迎的信息浏览工具。

万维网是以 HTML 语言和 HTTP 为基础，建立在客户机服务器(Client/Server)模型之上，能够提供各种互联网服务、界面统一、实现信息浏览的系统。浏览器提供了一个友好的信息查询界面，用户可以用统一资源定位符直接连接到主页，或者从已启动的主页开始通过超链接逐级浏览下去，漫游整个万维网。

(二) 电子邮件服务

通过电子邮件系统，用户可以快速地与世界上任何一个角落的网络用户取得联系。电子邮件中可以包含文字、图像和声音等。同时，用户还可以得到大量免费的新闻和专题邮件，并轻松实现信息搜索。

电子邮件的传输是通过 SMTP 来完成的。

(三) FTP文件传输服务

文件传输协议是互联网提供的一项基本文本传输服务。用户可以通过 FTP 把自己的计算机与世界各地所有运行 FTP 的服务器相连，访问服务器上的大量信息。

FTP 既能将远程计算机上的文件复制到本机上，也能将本地的文件复制到远程计算机上。前者称为下载(Download)，后者称为上传(Upload)。

(四) 网络社区

网络社区就是网络化、信息化的社区，包括 BBS 论坛、贴吧、公告栏、群组讨论、个人空间等形式。同一主题的网络社区集中了具有共同兴趣的访问者。在 Web 2.0 时代，网络社区呈现出巨大的商业价值。Web 2.0 与 Web 1.0 相比，最大的进步就是用户和用户之间、产品供应商和企业之间具有更强的协作性。下面主要介绍 BBS 论坛、社区电子商务和社交电子商务。

1. BBS 论坛

BBS(Bulletin Board System)论坛最初采用的是纯文字的实时交谈方式，随着技术的进步，陆续增加了图片、文件共享等功能，但文字交谈方式仍是 BBS 论坛的主要交流方式。网络用户可以注册成为论坛的会员，发表具有主题和内容的文章。

(1) 高校论坛，如清华大学的"水木社区"、上海交通大学的"饮水思源"等。

(2) 地方性网站论坛，如杭州 19 楼论坛、上海热线、北京的回龙观社区网等。这些论坛人气较旺，用户忠诚度也很高。如果针对某个城市做重点产品推广，可以选择在这些论坛上发布消息。

(3) 门户网站的对应论坛版块，如搜狐、新浪、网易、腾讯等。

(4) 中国知名综合类网上社区，如天涯社区、奇虎问答、西祠胡同等。

2. 社区电子商务

社区电子商务是为具有社区属性的用户在社区网站进行的交易行为，社区电子商务网站提供一种更为便捷的社区在线购买或销售模式。

(1) 专业的时尚网站论坛，如 OnlyLady 论坛、精品网、YOKA 时尚网、瑞丽女性网、ELLEchina 等。这些网站的客户主要是女性，是推广时尚、健康和女性用品的好渠道。

(2) 专业的时尚消费社区，如篱笆网、55BBS 等。这些网站多以娱乐消费信息、商品打折信息为主，此外，婚庆、建材、装饰、汽车、数码等产品和服务都可以在这些网站上推广。

3. 社交电子商务

社交电子商务，是指将关注、分享、沟通、讨论、互动等社交化的元素应用于电子商务交易过程。与传统电子商务相比，社交电子商务是先通过社交激发用户购买需求，然后再促其实施购物行为，而传统电子商务是用户先产生强烈的购买需求后，再根据需求有目的地去购物。采用社交电子商务模式的有小红书、微信的微店、拼多多等。

(五) 即时通信

即时通信软件(Instant Messenger，IM)是一种基于互联网的即时交流信息的软件，如微信、QQ、阿里旺旺等。截至 2018 年，腾讯的微信、QQ 在国内占据垄断地位，其他即时通信软件的活跃用户数量或与之差距甚大，或局限在某一领域。

(1) QQ 是腾讯公司开发的一款基于互联网的即时通信软件。QQ 支持在线聊天、视频电话、点对点断点续传文件、共享文件等多种功能，并可与移动通信终端等相连。

(2) 微信是腾讯公司于 2011 年推出的可在手机、平板电脑上运行的即时通信软件，可发送语音、视频、图片和文字。该软件推出后在国内迅速壮大，2012 年推出了国际版 WeChat。截至 2019 年 3 月底，微信与 WeChat 合并月活跃用户数超过 11 亿。虽然微信在国内迅速壮大，但其国际化步伐相对较慢。

(3) 阿里旺旺是将原来的淘宝旺旺与阿里巴巴贸易通整合在一起形成的，是淘宝网和阿里巴巴为买卖双方提供的免费网上商务沟通软件。它能帮助卖方轻松找到客户，发布和管理商业信息，及时把握商机，随时洽谈生意，还能帮助买方在线向卖方咨询商品或物流等问题。

(六) 网络会议

网络会议是一个以网络为媒介的多媒体会议平台，使用者可突破时间、地域的限制，利用互联网达到面对面的交流效果。网络会议又称远程协同办公，它可以利用互联网实现不同地点多个用户的数据共享。近几年我国许多公司开发出了远程协同办公软件，如阿里巴巴的钉钉移动办公平台就提供免费视频会议等功能。

(七) 共享经济

共享经济是互联网背景下的新型应用。共享经济是指以获得一定报酬为主要目的，基于陌生人且存在物品使用权暂时转移的一种新的经济模式，其本质是整合线下的闲散物品或服务。对于供给方来说，通过在特定时间内让渡物品的使用权或提供服务，来获得一定的经济回报；对于需求方而言，不直接拥有物品的所有权，而是通过租、借等方式使用需要的物品。

在住宿、交通、教育及旅游等领域，新的共享模式不断涌现。房屋共享、车位共享、专家共享、社区服务共享、导游共享及移动互联所需求的 Wi-Fi 共享都是共享经济的产物。其新模式层出不穷，有助于在供给端整合线下资源，在需求端不断为用户提供更优质的体验。

第三节　Web 开发技术

Web 是建立在互联网基础上的应用技术。Web 主要由 Web 服务器、Web 浏览器以及一系列的协议和约定组成，它使用超文本和多媒体技术，以便人们在网上漫游，进行信息浏览和信息发布。它可以提供收发电子邮件、阅读电子新闻、下载免费软件、网络查询、聊天和网上购物等功能。

一、Web 应用系统结构

B/S 结构(Browser/Server，浏览器/服务器模式)是典型的 Web 应用系统结构。这种模式统一了客户端，将系统功能实现的核心部分集中到服务器上，简化了系统的开发、维护和使用。

B/S 结构采用的是浏览器请求，服务器响应的工作模式，如图 2-5 所示。

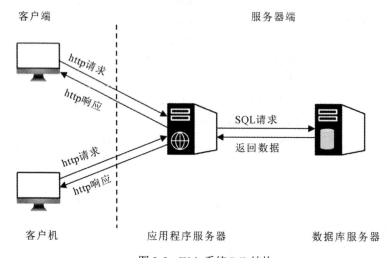

图 2-5　Web 系统 B/S 结构

在 B/S 系统结构中，包括客户端和服务器端。用户可以通过浏览器访问互联网上由 Web 服务器产生的文本、数据、图片、动画、视频点播和声音等信息。而每一个 Web 应用服务器又可以通过各种方式与数据库服务器连接,大量的数据实际存放在数据库服务器中。

B/S 系统的工作流程如下：

(1) 客户端发送请求：用户在客户端提交表单操作，向服务器发送请求，等待服务器响应。

(2) 服务器端处理请求：服务器端接收并处理请求，如涉及数据库，则需要访问数据库，然后才能对请求进行数据处理，并产生响应。

(3) 服务器端发送响应：服务器端把用户请求的数据(网页文件、图片、声音等)返回给浏览器。

(4) 浏览器解释执行 HTML 文件,将页面呈现给用户。

二、客户端技术

信息在客户端浏览器显示的样式、客户端对页面的控制、与服务器端的通信等均由客户端技术实现。常用的客户端技术有超文本标记语言(HTML)、脚本语言(JavaScript)、可扩展标记语言(XML)、级联样式表(CSS)和文件对象模型(DOM)等。这些技术各有优势,也各有适用的领域,这里简要介绍前三种客户端技术。

1. 超文本标记语言

超文本标记语言(Hyper Text Markup Language,HTML)是构建 Web 页面的主要工具,是用来表示网上信息的符号标记语言,是对标准通用语言(SGML)的一个简化实现。

超文本标记语言文档的制作不是很复杂,但功能强大,它支持不同数据格式的文件嵌入,这也是万维网盛行的原因之一。它具备简易性、可扩展性和通用性等特点。

网页设计软件实现了超文本标记语言文档编写的"所见即所得",使用起来十分方便。目前,常用的网页设计软件主要有 Dreamweaver 等。

Dreamweaver 是美国 MacroMedia 公司开发的集网页制作和网站管理于一身的"所见即所得"网页编辑器,它是针对专业网页设计师开发的视觉化网页开发工具。利用它可以轻而易举地制作出跨越平台和跨浏览器的充满动感的网页。Dreamweaver 还集成了程序开发语言,完全支持 ASP、PHP、JSP 等语言的编辑。

2. 脚本语言

通过超文本标记语言可以实现文字、表格、声音、图像和动画等多媒体信息的显示。然而采用这种技术存在一定的缺陷,那就是它只能提供静态的信息资源,缺少动态的客户端与服务器端的交互。

脚本语言(Java Script)的出现,使信息和用户之间不再仅是显示和浏览的关系,还实现了实时的、动态的、可交互式的表达方式。脚本语言是一种新的描述语言,它可以被嵌入超文本标记语言的文件之中。脚本语言可以回应使用者的需求,当使用者输入一项信息时,它不用经过传给服务器端处理再传回来的过程,直接可以被客户端的应用程序处理。

3. 可扩展标记语言

可扩展标记语言(Extensible Markup Language,XML)是专为 Web 应用而设计的,它是标准通用标记语言(Standard Generalized Markup Language,SGML)的一个优化子集,是由万维网联盟(W3C)于 1998 年 2 月发布的一种标准。它以一种开放的自我描述方式定义了数据结构,在描述数据内容的同时能突出对结构的描述,从而体现数据之间的关系。可扩展标记语言所组织的数据对于应用程序和用户都是友好的、可操作的。

可扩展标记语言的精髓是允许文档的编写者制定基于信息描述、体现数据之间逻辑关系的自定义标记,确保文档具有较强的易读性、清晰的语义和易检索性。因此,一个完全意义上的可扩展标记语言文档不仅要求有标准的格式,而且需要自行定义一些标签。它必须遵守文档类型定义(Document Type Definition,DTD)中已声明的种种规定。

文档类型定义是作为可扩展标记语言标准的一部分发布的。目前大多数面向可扩展标记语言的应用，都支持可扩展标记语言和文档类型定义。当前大多数与可扩展标记语言模式相关的算法研究都是基于可扩展标记语言和文档类型定义展开的。

三、服务器端技术

随着电子商务的发展，静态网页越来越不能满足客户的需求，动态网页技术应运而生，逐渐成了电子商务系统中 Web 服务端的基本实现方式。下面介绍电子商务系统中服务器端的主要技术。

1. 公共网关接口

公共网关接口(Common Gateway Interface，CGI)是运行在网络服务器上的可执行程序，它的作用是接收从客户端传过来的请求信息，然后运行服务器端的应用程序或数据库，最后再把结果转换为 HTML 代码并传送到客户端。

公共网关接口可以用许多编程语言来设计，如 C/C++、Java、Delphi、Visual Basic 和 Perl 等，但必须遵守一定的规则。公共网关接口由于设计复杂、移植性差、功能有限等原因，现在已经较少使用。图 2-6 所示为公共网关接口运行示意图。

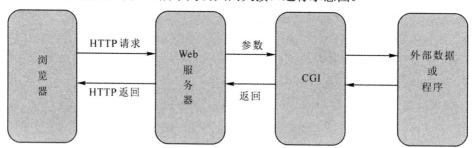

图 2-6　公共网关接口运行示意图

2. 动态服务器页面

动态服务器页面(Active Server Pages，ASP)也是在服务器端执行的程序。ASP 由微软公司推出，实际上是一种在服务器端开发脚本语言的环境。利用 ASP 可以开发动态、交互、高性能的 Web 服务器端应用程序。因为脚本是在服务器端运行的，所以 Web 服务器完成所有处理后，将标准的 HTML 页面送往浏览器。ASP 只能在可以支持它的服务器上运行，用户不可能看到原始脚本程序的代码，只能看到最终产生的 HTML 内容。图 2-7 所示为 Web 程序语言运行示意图。

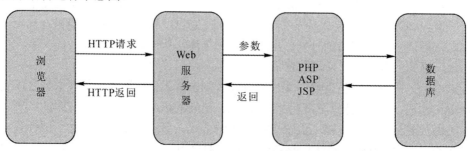

图 2-7　Web 程序语言运行示意图

3. Java 服务器页面

Java 服务器页面(Java Server Pages，JSP)是由 Sun Microsystems 公司倡导，许多公司参与并一起建立的一种动态网页技术标准。JSP 技术有点类似于 ASP 技术，它是在传统的网页超文本标记语言文档中插入 Java 程序段和 JSP 标记，从而形成 JSP 文件。用 JSP 技术开发的 Web 应用是跨平台的，既能在 Linux 下运行，也能在其他操作系统上运行。自 JSP 技术推出后，众多大公司都支持采用 JSP 技术的服务器，如 IBM、Oracle 和 Bea 公司等，所以 JSP 迅速成为商业应用的服务器端语言。

4. 超文本预处理语言

超文本预处理语言(Hypertext Preprocessor，PHP)是一种超文本标记语言内嵌式的语言，是在服务器端执行的、嵌入超文本标记语言文档的脚本语言。PHP 语言的风格类似于 C 语言。PHP 语言具有非常强大的功能，所有的公共网关接口的功能它都能实现，而且支持几乎所有流行的数据库及操作系统。

四、数据库管理技术

数据库是存储在计算机中的有组织、可共享的数据集合。数据库管理系统是为管理数据库而设计的电脑软件系统，一般具有存储、截取、安全保障、备份等基础功能。

早期比较流行的数据库模型有三种，分别为层次式数据库、网络式数据库和关系型数据库。而在当今的互联网中，最常用的数据库模型主要是关系型数据库和非关系型数据库。

关系型数据库模型是把复杂的数据结构归结为简单的二元关系(即二维表格形式)。主流的关系型数据库管理系统有 Oracle、MySQL、SQL Server、Access 数据库等。

非关系型数据库也被称为 NoSQL 数据库，NoSQL 的本意是 Not Only SQL，指的是非关系型数据库，而不是 No SQL 的意思，因此，NoSQL 的产生并不是要彻底地否定关系型数据库，而是对传统关系型数据库的一个有效补充。NoSQL 数据库在特定场景下可以发挥出难以想象的高效率和高性能。常用的非关系型数据库管理系统有 Memcached、Redis、MongoDB 和 Cassandra 等。

第四节　人工智能等新兴技术

一、人工智能

人工智能(Artificial Intelligence，AI)是计算机科学的一个分支，人工智能可以对人的意识、思维的信息过程进行模拟。该领域的研究包括机器人、语音识别、图像识别、自然语言处理和专家系统等。

(一) 人工智能的关键技术

人工智能已经逐渐发展为一个庞大的技术体系，它涵盖了机器学习、深度学习、人机交互、自然语言处理、机器视觉等多个领域的技术。

1. 机器学习

机器学习是一门多领域交叉学科，涉及统计学、系统辨识、逼近理论、神经网络、优化理论、计算机科学、脑科学等诸多领域。机器学习主要研究计算机怎样模拟或实现人类的学习行为，以获取新的知识或技能，重新组织已有的知识结构，使之不断改善自身的性能。

2. 深度学习

深度学习是机器学习研究中的一个新的领域，其动机在于建立、模拟人脑进行分析学习的神经网络，它模仿人脑的机制来解释图像、声音和文本等数据。

3. 人机交互

人机交互研究的主要是人和计算机之间的信息交换，它是人工智能领域重要的外围技术。人机交互与认知心理学、人机工程学、多媒体技术、虚拟现实技术等密切相关。人机交互技术除了传统的基本交互和图形交互外，还包括语音交互、情感交互、体感交互及脑机交互等技术。

4. 自然语言处理

自然语言处理泛指各类通过处理自然语言并将其转化为电脑可以"理解"的数据技术。自然语言处理研究的主要是能实现人与计算机之间用自然语言进行有效通信的各种理论和方法，它涉及的领域较多，主要包括机器翻译、机器阅读理解和问答系统等。

5. 机器视觉

机器视觉就是用机器代替人眼来做测量和判断，让计算机拥有类似人类提取、处理、理解和分析图像和图像序列的能力。机器视觉系统是通过机器视觉设备(即图像摄取装置)将被摄取目标转换成图像信号，传送给专用的图像处理系统，得到被摄目标的形态信息，根据像素分布和亮度、颜色等信息，将其转变成数字信号，图像系统再对这些信号进行各种分析并抽取目标的特征，根据判别的结果来控制现场的设备动作。

(二) 人工智能的应用

人工智能具有广阔的应用前景，目前"AI+"已经成为发展趋势，下面是人工智能应用最多的几大领域。

1. 智能家居

智能家居主要是指基于物联网技术，通过智能硬件、软件系统、云计算平台构成一套完整的家居生态圈。用户可以对设备进行远程控制，设备间可以互联互通，并进行自我学习等。智能家居系统能整体优化家居环境的安全性、节能性、便捷性等。

2. 智能零售

人工智能在零售领域的应用已经十分广泛，无人便利店、重力感应无人售货机、自助结算、情绪识别系统、人脸识别技术及生物识别支付技术已经逐步应用于新零售中。智能零售，正在一点一滴地改变着人们的生活。

3. 智能交通

智能交通系统是人工智能、物联网、云计算及大数据在交通系统中集成应用的产物。

目前，我国主要是通过对交通中的车辆流量、行车速度进行采集和分析，对交通实施监控和调度，有效提高通行能力、简化交通管理、降低环境污染等。

4. 智能医疗

医疗方面是人工智能应用的一大领域。智能医疗在辅助诊疗、疾病预测、医疗影像辅助诊断、药物开发等方面发挥着重要作用。目前，比较流行的可穿戴设备，如智能手环、手表等，具有心血管监测、血压监测、睡眠监测、运动计步、行走里程计数、卡路里消耗统计等多种功能，对于个人的疾病预防和医疗保健具有辅助作用。

5. 智能教育

智能教育通过图像识别，可以进行机器批改试卷、识题答题等；通过语音识别可以纠正、改进用户发音；而人机交互可以用来进行在线答疑解惑等。人工智能和教育的结合可以从工具层面给学生提供更有效率的学习方式。

6. 智能物流

物流行业利用智能搜索、计算机视觉以及智能机器人等技术在运输、仓储、配送、装卸等流程上已经进行了自动化改造，基本能够实现无人操作。目前物流行业大部分人力分布在"最后一千米"的配送环节，京东、苏宁、菜鸟争先研发无人车、无人机、无人仓等，都是在力求抢占市场先机。

7. 智能安防

近年来，我国安防监控行业发展迅速，视频监控数量飞速增长，实现了对公共区域的监控。在部分一线城市，视频监控已经实现了公共场合全覆盖。人工智能监控设备的出现，成为打击犯罪的一大利器。

二、物联网

物联网(Internet of Things)是新一代信息技术的重要组成部分。顾名思义，物联网就是物物相连的互联网，在这里有两层含义：第一层含义，物联网的核心和基础仍然是互联网，是在互联网的基础上延伸和扩展的网络；第二层含义，其应用场景延伸和扩展到了任何物体与物体之间的联通。

(一) 物联网的概念与基本特征

物联网理念最早出现于比尔·盖茨 1995 年所著的《未来之路》(The Road Ahead)一书中。1999 年，美国 Auto-ID 首先提出了物联网的概念，其主要建立在物品编码、射频识别技术和互联网的基础上。2005 年 11 月 17 日，在突尼斯举行的信息社会世界峰会(WSIS)上，国际电信联盟(ITU)发布了《ITU 互联网报告 2005：物联网》，正式提出了物联网的概念。根据国际电信联盟的描述，物联网是指通过为各种日常用品嵌入一种短距离的移动收发器，使人类在信息与通信世界里获得一个新的沟通维度，从任何时间、任何地点的人与人之间的沟通连接扩展到人与物和物与物之间的沟通连接。

物联网具有网络化、物联化、互联化、自动化、感知化、智能化的基本特征：

(1) 网络化。机器到机器(Machine to Machine，M2M)的连接无论是无线还是有线形式，都必须形成网络；不管是什么形态的网络，最终都必须与互联网相连接，这样才能形成真正意义上的物联网。

(2) 物联化。人物相连、物物相连是物联网的基本要求之一。计算机和计算机连接成互联网可以实现人与人之间的交流。而物联网就是在物体上安装传感器、植入芯片，然后借助无线或有线网络，让人们和物体"对话"，让物体和物体之间进行"交流"。

(3) 互联化。物联网是一个让人与自然界、人与物、物与物之间进行交流的平台。因此，在一定的协议条件下，实行多种网络融合互联，分布式与协同式并存，是物联网的显著特征。

(4) 自动化。通过数字传感设备自动采集数据，根据事先设定的运算逻辑，利用软件自动处理采集到的信息，一般不需人为干预；按照设定的逻辑条件，如时间、地点、压力、温度、湿度、光照等，可以在系统的各个设备之间自动进行数据交换或通信；对物体的监控和管理实现自动按指令执行。

(5) 感知化。在各种物体上都能植入微型感应芯片，这样，任何物体都可以变得有感觉、有知觉。这主要是依靠射频识别设备、红外感应器、定位系统、激光扫描器等信息传感设备来实现的。

(6) 智能化。通过装置在各类物体上的电子标签、传感器和二维码等经过接口与网络相连，配以人工智能软件，可实现人与物体的沟通和对话、物体与物体的沟通和对话。

(二) 物联网的体系结构

物联网应用广泛，它将是继计算机、互联网与移动通信网之后世界信息产业的第三次浪潮。物联网的体系结构大致可分为感知层、网络层和应用层三个层次：

(1) 感知层的主要功能是信息感知与采集。感知层主要包括二维码标签和识读器、射频识别标签和读写器、摄像头、各种传感器等装置和设备，如温度感应器、声音感应器、震动感应器、压力感应器等，该层可完成物联网应用数据的采集和设备控制。

(2) 网络层是在现有通信网和互联网的基础上建立起来的，综合使用 3G/4G/5G 网络、有线宽带、公用电话交换网、无线通信技术，实现了有线与无线的结合、宽带与窄带的结合、感知层与通信网的结合。

(3) 应用层由各种应用服务器组成(包括数据库服务器)，利用经过分析处理的感知数据为用户提供丰富的特定服务。应用层服务可分为监控型(物流监控、污染监控等)、查询型(智能检索、远程抄表等)、控制型(智能交通、智能家居、路灯控制等)、扫描型(手机钱包、高速公路不停车收费系统)等。

(三) 物联网的关键技术

从物联网的三层体系结构中可以看出，物联网产业链可细分为物体标识、感知、处理和信息传送四个环节，关键技术包括射频识别技术、传感器技术、网络通信技术和定位技术等。

1. 射频识别技术

射频识别技术是物联网中非常重要的技术。射频识别技术是一种非接触式的自动识别

技术，它通过射频信号自动识别目标对象并获取相关数据，识别工作无须人工干预，可工作于各种恶劣环境。射频识别技术可识别高速运动物体并可同时识别多个标签，操作快捷方便。

一套完整的射频识别系统是由阅读器(Reader)、电子标签(TAG，也就是所谓的应答器，Transponder)及应用软件三部分组成的。其工作原理是阅读器发射某一特定频率的无线电波能量给电子标签，用以驱动电子标签电路将内部的数据送出，之后阅读器便依序接收、解读数据，并传送给应用软件进行相应的处理。射频识别技术可应用于社会各个领域，如安防、物流、仓储、追溯、防伪、旅游、医疗、教育等领域，主要用于实现产品的识别、追踪和溯源等。

2. 传感器技术

传感器是一种检测装置，能检测到被测量的信息，并能将检测到的信息按一定规律变换成电信号或其他所需形式输出，以满足信息的传输、处理、存储、记录和控制等要求。目前，传感器技术已渗透到科学和国民经济的各个领域，在工农业生产、科学研究及改善人民生活等方面起着越来越重要的作用。

3. 网络通信技术

传感器依托网络通信技术实现感知信息的传递。传感器的网络通信技术可分为两类：近距离通信技术和广域网络通信技术。在广域网络通信方面，互联网、3G 移动通信、4G 移动通信、5G 移动通信、卫星通信技术等实现了信息的远程传输。特别是以 IPv6 为核心的下一代互联网的发展，使为每个传感器分配 IP 地址成为可能，也为物联网的发展创造了良好的网络基础条件。

4. 定位技术

目前，定位技术主要有卫星定位、基站定位、Wi-Fi 定位和蓝牙定位等。

(1) 卫星定位。美国全球定位系统(GPS)是最早投入使用，在民间使用最广泛的卫星定位系统。我国的北斗卫星导航系统(BDS)的服务范围在 2018 年年底由区域扩展为全球。另外，比较成熟的卫星定位系统还有俄罗斯格洛纳斯卫星导航系统和欧洲伽利略卫星导航系统。卫星定位是最常见的定位技术，在生活中随处可见，如汽车车载导航和手机 App 百度地图、高德地图，都使用了卫星定位技术。

(2) 基站定位。基站定位一般应用于手机用户，手机基站定位服务又叫作移动位置服务，它通过移动网络运营商的网络获取移动终端用户的位置信息(经纬度坐标)。基站定位精度较低，其精度取决于基站分布密度，有资料显示，基站分布密集区域的定位精度可达20～50 米甚至更精确，而在基站分布稀疏地区的定位误差可高达数千米。

(3) Wi-Fi 定位。Wi-Fi 定位系统的服务器有每个无线访问接入点(AP)的坐标数据，只要移动电子设备连接了 Wi-Fi 信号，Wi-Fi 定位系统便可根据一个或者多个无线访问接入点的坐标来确定该移动电子设备的位置。Wi-Fi 定位一般用于室内定位，比基站定位精度高很多。

(4) 蓝牙定位。蓝牙定位和 Wi-Fi 定位原理有一定的相似性，区别不是很大。蓝牙定位技术最大的优点是设备体积小、距离短、功耗低，容易集成在手机等移动电子设备中。只要开启设备的蓝牙功能，就能够对其进行定位。对于复杂的空间环境，蓝牙定位的稳定性稍差，受噪声信号干扰大，价格比较昂贵。

(四) 物联网的应用

目前，我国的物联网行业处于稳步发展阶段，初步具备了一定的技术、产业和应用基础，呈现出良好的发展态势。据前瞻产业研究院发布的《2018—2023 年中国物联网行业细分市场需求与投资机会分析报告》，中国物联网行业发展规模 2014 年达到 6000 亿元，2016 年达到 9750 亿元，到 2022 年将接近 72 376 亿元。

物联网的应用主要包括智能家居、智能穿戴、智能交通、智能医疗和智慧城市等。今天的物联网，已经充分融入我们的生活中，国内比较成功的物联网在个人生活中的应用主要有列车车厢管理、第二代身份证、大部分高校的学生证、市政交通一卡通、高速公路 ETC 不停车收费系统等。

在电子商务体系里，物联网的应用也非常广泛。现在的电子商务，产品的生产、仓储、物流配送等各个环节都存在较大的改进空间。物联网技术可以有效地改善目前移动电商在运营和管理中出现的各种问题。利用物联网，电商企业可以实现对每一件产品的实时监控，对物流体系进行管理，还可对产品在供应链各阶段的信息进行分析和预测。在电子商务的库存层面，物联网技术可以通过对库存物品信息的实时感知，形成自动化库存管理，并和网上零售营销体系实现数据共享。在物流领域，可借助物品标识和定位技术，将配送包裹模块化，让消费者、网上零售商户和物流公司三方实时获悉货物的位置。

三、大数据

大数据(Big data)是指无法在一定时间范围内用常规软件工具进行捕捉、管理和处理的数据集合，是需要新处理模式才能具有更强的决策力、洞察发现力和流程优化能力的海量、高增长率和多样化的信息资产。

(一) 大数据处理流程

大数据技术，就是从各种类型的数据中快速获得有价值信息的技术。一般来说，大数据处理流程包括大数据采集及预处理、大数据存储及管理、大数据分析及挖掘和大数据展现四个步骤。

1. 大数据采集及预处理

在互联网时代，数据来源广泛，包括商业数据、互联网数据、传感器数据等，数据类型复杂多样，有结构化、半结构化及非结构化等多种类型。

大数据采集，就是从大量数据中采集出有用的信息，为大数据分析打下基础，是整个大数据分析中非常重要的环节。大数据的采集需要庞大的数据库作为支撑，有时也会利用多个数据库同时进行大数据的采集。

采集端有很多数据库，工作人员需要将这些分散的数据库中的海量数据全部导入到一个集中的、大的数据库中，在导入的过程中依据数据特征对其进行一些简单的清洗、筛选，这就是大数据的采集和预处理。

2. 大数据存储及管理

大数据存储与管理要用存储器把采集到的数据存储起来，建立相应的数据库，并进行

管理和调用，主要解决大数据的可存储、可表示、可处理、可靠性及有效传输等几个关键问题。

3. 大数据分析及挖掘

大数据分析是对已经导入的海量数据依据其本身特征进行分析并对其进行分类汇总，以满足大多数常见的分析需求。在分析过程中需要用到大数据分析工具。

数据挖掘则是从大量的、不完全的、有噪声的、模糊的、随机的实际应用数据中，提取隐含在其中的、人们事先不知道的、但又是潜在有用的信息和知识的过程。数据挖掘涉及的技术方法有很多，只有运用相对准确合适的方法，才能从数据中得到有价值的结果。

4. 大数据展现

大数据技术能够将隐藏于海量数据中的信息和知识挖掘出来，为人们的社会经济活动提供依据，从而提高各个领域的运行效率。大数据的展现方式包括图化展示(散点图、折线图、柱状图、地图、饼图、雷达图、K线图、箱线图、热力图、关系图、直方图、树图、平行坐标、桑基图、漏斗图、仪表盘)和文字展示等。

(二) 大数据的应用

大数据已被广泛应用于各个行业，包括金融、汽车、餐饮、电信、物流、交通等在内的社会各行各业都已经与大数据密切融合，如表2-2所示。大数据的应用往往是与云计算、人工智能及物联网紧密结合的。

表 2-2 大数据的应用

行 业	应 用 范 围
制造业	利用工业大数据提升制造业水平，包括产品故障诊断与预测、工艺流程分析、生产工艺改进，生产过程能耗优化、工业供应链分析与优化、生产计划与排程等
金融业	对高频交易、社交情绪和信贷风险进行分析等
汽车行业	无人驾驶汽车等
互联网行业	分析用户行为，进行商品推荐和精准广告投放，为用户提供更加周到的个性化服务等
餐饮行业	实现餐饮精准营销，改变传统餐饮经营方式等
电信行业	实现客户离网分析，及时掌握客户离网倾向，出台客户挽留措施等
物流行业	优化物流网络，提高物流效率，降低物流成本等
城市管理	实现智能交通、环保监测、城市规划和智能安防等
生物医学	实现流行病预测、智慧医疗、健康管理，研究DNA，攻克医学难题等

四、云计算

云计算(Cloud Computing)是通过网络提供可伸缩的、廉价的分布式计算能力的一种技术。在具备网络接入条件的地方，用户可以随时随地获得所需的虚拟化资源，如网络、服务器、存储、应用软件、服务等。

云计算包括基础设施级服务(IaaS，Infrastructure-as-a-Service)、平台级服务(PaaS，

Platform-as-a-Service)和软件级服务(SaaS，Software-as-a-Service)三个层次的服务。它们分别在基础设施层、软件开放运行平台层和应用软件层实现。

基础设施级服务是把数据中心、基础设施等硬件资源通过 Web 分配给用户的商业模式；平台级服务可以让软件开发人员在不购买服务器等设备环境的情况下开发新的应用程序；软件级服务是一种通过互联网提供软件的模式，用户无须购买软件，而是向提供商租用基于 Web 的软件，来管理企业的经营活动。

1. 云计算模式

云计算包括公有云、私有云和混合云三种模式。

(1) 公有云面向所有用户提供服务，用户一般可通过互联网使用，如阿里云、腾讯云、金山云和百度云等。它使客户能够访问和共享基本的计算机基础设施，包括硬件、存储和带宽等资源。

(2) 私有云是为某一个客户单独使用而构建的，因而可提供对数据、安全性和服务质量的最有效控制。私有云可以被部署在企业数据中心的防火墙内，也可以被部署在一个安全的主机托管场所。私有云能保障客户的数据安全，目前有些企业已经开始构建自己的私有云。

(3) 混合云是公有云和私有云两种服务方式的结合。企业在选择公有云服务的同时，由于安全和控制原因，会将部分企业信息放置在私有云上，因此，大部分企业使用的是混合云模式。

2. 云计算的应用

随着云计算技术产品、解决方案的不断成熟，云计算理念迅速得以推广和普及，云计算在许多领域被大规模应用，如云教育、云医疗、云社交和云政务等。

云教育从信息技术的应用方面打破了传统教育的垄断和固有边界。云计算能够在校园系统、远程教育、公开课 MOOC、数据归档、协同教学等多种教育场景中得到应用，从而降低教育成本，实现教育资源的共享和及时更新。

医药企业与医疗单位一直是国内信息化水平较高的行业用户，在新医改政策的推动下，医药企业与医疗单位将对自身信息化体系进行优化升级，以适应医改业务的调整要求，在此影响下，以云信息平台为核心的信息化集中应用模式将应运而生，进而提高医药企业的内部信息共享能力与医疗信息公共平台的整体服务能力。

云社交是一种虚拟社交应用。它以资源分享作为主要目标，将物联网、云计算和移动互联网相结合，通过其交互作用创造新型社交方式。云社交对社会资源进行测试、分类和集成，并向有需求的用户提供相应的服务。用户流量越大，资源集成越多，云社交的价值就越大。

云计算应用于政府部门中，能够为政府部门降低成本、提高效率。由于云计算具有集约、共享、高效的特点，所以在电子商务延伸至电子政务的背景下，各国政府部门都在着力进行电子政务改革，研究云计算普遍应用的可能性。伴随着我国政府信息化的推进，政府部门也开始从自建平台转变为购买服务，这将促进云计算的进一步发展，并为信息服务提供商带来新的商机。

五、VR 和 AR

VR 和 AR 是结合了仿真技术、计算机图形学、人机接口技术、图像处理与模式识别、多传感技术、人工智能等多项技术的交叉技术，两者在实现原理和展现方式上有所区别。

1. VR 虚拟现实(Virtual Reality，VR)

VR 可以创建和体验虚拟世界，运用计算机生成一种模拟环境，通过多源信息融合的交互式三维动态视景和实体行为的系统仿真，带给用户身临其境的体验。

VR 主要包括模拟环境、感知、自然技能和传感设备等技术。模拟环境是指由计算机生成实时动态的三维图像；感知是指人所具有的一切感知，包括视觉、听觉、触觉、力觉、运动感知，甚至嗅觉和味觉等；自然技能是指计算机通过对人体行为动作数据进行处理，并对用户输入做出实时响应的技术；传感设备是指三维交互设备。通过 VR，人们可以全角度观看电影、比赛、风景、新闻等，VR 游戏技术甚至可以追踪用户的行为，对用户的移动、步态等进行追踪和交互。

2. AR 增强现实(Augmented Reality，AR)

AR 可以实时计算摄影机影像位置及角度，并赋予其相应的图像、视频、3D 模型。VR 是百分之百的虚拟世界，而 AR 则以现实世界的实体为主体，借助数字技术让用户可以探索现实世界并与之交互。用户通过 VR 看到的场景、人物都是虚拟的，而通过 AR 看到的场景、人物半真半假。AR 中的现实场景和虚拟场景的结合需借助摄像头进行拍摄，在拍摄画面的基础上结合虚拟画面进行展示和互动。

AR 包含了多媒体、三维建模、实时视频显示及控制、多传感器融合、实时跟踪及注册、场景融合等多项新技术。AR 与 VR 的应用领域类似，如尖端武器、飞行器的研制与开发等，但 AR 对真实环境进行增强显示输出的特性，使其在医疗、军事、古迹复原、网络视频通信、电视转播、旅游展览、建设规划等领域的表现更加出色。

VR 和 AR 的发展给电子商务带来了新的体验。用户通过 VR 可以在虚拟世界中了解商品信息；用户通过 AR 可以拥有试妆、试衣、试戴等原本在线下实体店才能拥有的体验感，这消除了电子商务用户无法直接感知商品的缺点，拉近了用户与商品的距离，使用户的体验感更强。另外，结合大数据，VR 和 AR 还促进了智慧电子商务的发展。

第五节　移动电子商务技术

无线数据通信技术和移动互联网的发展，为移动电子商务的发展奠定了坚实的基础，移动电子商务正在形成一个庞大的市场。目前，移动电子商务的相关技术逐渐成熟，支撑着移动电子商务的不断发展。

一、移动通信网络技术

移动通信网络是进行移动电子商务的核心技术，它决定了移动终端的类型，根据其覆盖范围的大小，可分为三类：卫星通信系统、陆地蜂窝移动通信系统和无线通信系统，见表 2-3。

表 2-3　移动通信系统

移动通信系统	代表性技术	说　　明
卫星通信系统	卫星网络	卫星通信系统、GPS
陆地蜂窝移动通信系统	移动通信网络	GSM、GPRS、3G 以及正在发展中的各种无线通信系统
无线通信系统	无线城域网	WiMAX 提供组织内部通信和信息资源的无线访问
	无线局域网	Wi-Fi 实现小范围内数字设备的无线通信
	无线个域网	Bluetooth 低成本、跨平台、点对点高速数据连接

1. 卫星通信系统

卫星通信系统实际上是一种微波通信，它以卫星作为中继站转发微波信号，在多个地面站之间通信。卫星通信系统由卫星端、地面端、用户端三部分组成。卫星端在空中起中继站的作用，即把地面站发来的电磁波放大后再返送回另一地面站。卫星通信的主要目的是实现对地面的无缝隙覆盖。

2. 陆地蜂窝移动通信系统

陆地蜂窝移动通信系统是目前最广泛使用的无线通信系统，相对于长距离的卫星通信系统来说，它属于中距离的无线通信系统。

1) 第一代移动通信系统(1G)

第一代移动通信系统(1G)起源于 20 世纪 70 年代末，主要采用的是模拟技术和频分多址(FDMA)技术。由于受到传输带宽的限制，其最大的缺点是不能进行移动通信的大区域性漫游。

2) 第二代移动通信系统(2G)

20 世纪 90 年代初期出现了以数字传输、时分多址和窄带码分多址为主体的第二代移动通信系统(2G)。第二代移动通信以 GSM、窄带码分多址(N-CDMA)两大技术为代表，其中 GSM(Global System for Mobile Communications)是一种多业务系统，可以依照用户的需要为用户提供各种形式的通信。2G 系统替代了 1G 系统完成了模拟技术向数字技术的转变。

3) 第三代移动通信系统(3G)

第三代移动通信系统(3G)是由卫星移动通信和地面移动通信网所组成，支持高速移动环境，提供语音、数据和多媒体等多种业务的先进移动通信网。目前主流的 3G 技术标准有欧洲的 WCDMA、美国的 CDMA2000 和中国的 TD-SCDMA。TD-SCDMA 标准是中国电信史上重要的里程碑，是由中国大唐移动通信第一次提出并在无线传输技术的基础上通过国际合作完成的。在技术上，三种 3G 技术标准各有千秋，在国内市场中均有应用，分别是中国电信的 CDMA2000、中国联通的 WCDMA 和中国移动的 TD-SCDMA。

3G 技术的主要优点是能极大地增加系统容量、提高通信质量和数据传输速率。此外利用在不同网络间的无缝漫游技术，可将无线通信系统和互联网连接起来，从而可对移动终端用户提供更多更高级的服务。

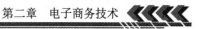

4) 第四代移动通信系统(4G)

国际电信联盟 ITU 对第四代移动通信系统(4G)的定义是符合 100Mbps～150Mbps 的下行宽带(就是说能够 12.5MB/s～18.75 MB/s 的下行速度)的通信技术。由于这个极限峰值的传输速度几乎没有运营商可以做得到，所以现阶段，ITU 将 4G 定义于 LTE-TDD (Time Division Long Term Evolution，时分长期演进)、LTE-FDD(Frequency Division Long Term Evolution，频分长期演进)、WiMAX，以及 HSPA+ (High-Speed Packet Access+，增强型高速分组接入技术)四种技术的范畴，我国目前广泛使用的是自主研发的 TD-LTE-Advanced。而实际上，4G 还应该包含以下关键特性：在保持成本效率的条件下，在支持灵活广泛的服务和应用的基础上，达到世界范围内的高度通用性；支持 IMT (International Mobile Telecommunications)业务和固定网络业务的能力；高质量的移动服务；用户终端适合全球使用；友好的应用、服务和设备；世界范围内的漫游能力；增强的峰值速率以支持新的业务和应用，例如多媒体。

5) 第五代移动通信系统(5G)

第五代移动通信技术(5G)是最新一代蜂窝移动通信技术，5G 的性能目标是高数据传输速率、减少延迟、节省能源、降低成本、提高系统容量和大规模设备连接，下行的传输速率为 1 Gbps，上行速率为 100 Mbps，最低延迟为 5 毫秒。Release-15 中的 5G 规范的第一阶段是为了适应早期的商业部署。Release-16 的第二阶段于 2020 年 4 月完成，它被作为 IMT-2020 技术的候选技术提交给国际电信联盟。目前，提供 5G 无线硬件与系统给电信运营商的公司有：华为、三星、高通、思科、中兴、大唐电信。

3. 无线通信系统

与有线网络一样，无线网络可根据数据传输的距离分为无线城域网、无线局域网和无线个人网三种类型，具体说明见表 2-4。

表 2-4　无线网络技术

无线网络技术	说　明	代表
无线城域网	无线城域网(Wireless Metropolitan Area Network，WMAN)是为了满足日益增长的宽带无线接入的市场需求而提出的，使用户可以在城区的多个场所之间创建无线连接，而不必花费高昂的费用铺设光缆、铜质电缆等	WiMAX
无线局域网	无线局域网(Wireless Local Area Network，WLAN)是指采用无线介质传输的计算机局域网，采用的标准是 IEEE802.11 系列。由个人或公司内部使用，通过无线接入点与分布不同位置的无线网卡对应	Wi-Fi
无线个域网	无线个域网(Wireless Personal Area Network，WPAN)提供了一种小范围内的无线通信手段	蓝牙、红外、射频技术

在此本节仅针对不同的无线网络技术中的几种代表性技术进行详细的介绍。

1) WiMAX

WiMAX(Worldwide Interoperability for Microwave Access，WiMAX)，即全球微波互联

接入，是一项面向互联网的高速连接的新兴宽带无线接入技术。WiMAX 使用多载波调制技术，可以提供高速的数据业务，而且具有覆盖范围广，频段资源利用率高等优势，其无线信号传输距离最远可以达到 50 km，网络覆盖面积是 3G 基站的 10 倍。同时，WiMAX 还具有技术成熟、标准化高、组网灵活和扩容性强等优势，为城市范围内的信息交流和网络接入的问题提供了有效可行的解决途径。

2) Wi-Fi

Wi-Fi(Wireless Fidelity)是无线保真的缩写，是一种可以将个人电脑、手持设备(如 PDA、手机)等终端以无线方式互相连接的技术。Wi-Fi 是当今使用最广的一种无线网络传输技术，实际上就是把有线网络信号转换成无线信号，只要将传统的有线路由器换成无线路由器，简单设置后即可实现 Wi-Fi 无线网络共享。一般 Wi-Fi 信号接收半径约 95 米，但受墙壁等障碍物影响，实际距离会小一些。

3) 蓝牙

蓝牙(Bluetooth)是一种用于替代便携式或固定电子设备上使用的电缆或连线的短距离无线连接技术。蓝牙技术作为一种低成本、低功率、小范围的无线通信技术，可以使手机、个人计算机、打印机及其他计算机设备进行数据和语音传输。其正常的工作范围是 10m 半径之内，在此范围内，可进行多台设备的互联。2009 年，蓝牙技术联盟正式颁布了新一代标准规范——蓝牙核心规范 3.0 版(蓝牙 3.0)，允许蓝牙协议针对任一任务动态地选择正确的射频，使得传输速率提高了大约24Mbps，是蓝牙 2.0 的 8 倍，可轻松用于录像机至高清电视、PC 至打印机等设备之间的资料传输。

4) 移动 IP 技术

移动 IP 技术(Mobile Internet Protocol)是移动通信和 IP 技术的深层集合，实现话音和数据业务的融合，将无线话音和无线数据综合到一个技术平台上进行传输的新型移动技术。它能够使移动用户在移动自己位置的同时无须中断正在进行的互联网络通信。移动 IP 技术现在有两个版本，分别是 Mobile IPv4 和 Mobile IPv6。

4. 无线应用协议

1997 年 6 月，移动通信界的四大公司爱立信、摩托罗拉、诺基亚和无线星球组成了无线应用协议。无线应用协议(Wireless Application Protocol，WAP)是数字移动电话、互联网或者其他个人数字助理(PDA)、计算机应用乃至未来的信息家电之间进行通信的全球开放标准。WAP 的出现使电信产业中发展最为迅速的移动通信完全加入计算机网络世界成为可能。

无线应用协议是一个全球性的开放协议。无线应用协议定义可通用的平台，把目前互联网上 HTML 语言的信息转换成用无线标记语言(Wireless Markup Language，WML)描述的信息，显示在移动电话或其他手持设备的显示屏上。无线应用协议不依赖某种网络而存在，在 4G、5G 时代到来后仍可继续存在，不过传输速率更快，协议标准也会随之升级。

二、移动应用开发方式

目前主流的移动应用开发方式有 Native App(原生 App)、Web App (网页 App)和 Hybird

App(混合原生和 Web 技术开发的 App)三种。

1. 原生 App

原生 App 是一种基于智能手机的本地操作系统，如安卓、iOS 和 Windows Phone，并且使用原生程序编写运行的第三方移动应用程序。开发原生 App 软件需要针对不同智能手机的操作系统来选择不同的 App 开发语言，如安卓 App 使用的是 Java 开发语言，iOS App 使用的是 Objective-C 语言，Windows Phone 的 App 使用的是 C#语言。

如今，市面上多数的 App 软件开发都是使用原生程序编写的应用程序。原生 App 应用 UI 元素、数据内容、逻辑框架均安装在手机终端上，可以支持在线或者离线消息推送，或是进行本地资源访问，以及摄像、拨号功能的调取。

原生 App 具有以下优势：

(1) 针对不同的平台为用户提供不同的体验；

(2) 可以访问本地资源，如通讯录、相册等，打开的速度更快，能节约宽带成本；

(3) 能够设计出色的动效，为用户提供最佳的体验和优质的用户界面。

原生 App 开发成本高，不同平台需要开发不同程序，还需要经过提交、审核，才能上线发布。

2. 网页 App

网页 App 开发是一种框架型 App 开发模式，该模式具有跨平台的优势，通常由云网站+App 应用客户端两部分构成，App 应用客户端只需安装应用的框架部分，而应用的数据则是每次打开 App 的时候，去云端调取数据呈现给手机用户。

网页 App 最大的优势就是可以跨平台运行，开发一次就可以在不同的平台上运行，而且更新成本低。但是，网页 App 是通过 App 向云端调取相关数据的，这会导致在没有网络的情况下 App 将不能运行，而且网页 App 无法调用手机终端的硬件设备(语音、摄像头、短信、GPS、蓝牙、重力感应等)。

3. 混合型 App

混合开发是结合原生 App 和 Html5 开发的技术，是取长补短的一种开发模式。混合开发的 App 内嵌一个轻量级的浏览器，一部分原生的功能改为用 Html5 来开发，这部分功能不仅能够在不升级的情况下动态更新，而且可以在安卓或 iOS 上同时运行，让用户的体验更好，同时又可以节省开发资源。

三、二维码技术

二维码是用特定的几何图形按一定规律在平面(二维方向上)分布的黑白相间的矩形方阵，以记录数据符号信息的新一代条码技术。其具有信息量大、纠错能力强、识读速度快、全方位识读等特点。将手机需要访问、使用的信息编码应用到二维码中，利用手机的摄像头识读，这就是手机二维码。

1. 二维码的用途

二维码是移动互联网最强大的入口。以前，消费者看到某种商品后，要查询详细信息或者获取优惠券，需要通过手机搜索进行。而现在，消费者只需要扫描该商品的二维码，就可以直接导入条码中隐藏的产品网页或者其他一些商家希望消费者看到的内容。

二维码还可用于显示产品相关信息。流通环节的任何用户，只要使用二维码扫描枪或装有二维码阅读软件的手机就可以读取产品相关信息如生产者信息、运输者信息等，在一定程度上可以帮助用户识别产品的真假。

2. 二维码的特点

二维码具有储存量大、保密性强、追踪性强、抗损性强、备援性强、成本低等特点，所以特别适用于手机购物、安全保密、追踪、存货盘点和资料备援等方面。

与一维码相比，首先，二维码信息容量大，是一维码信息容量的几十倍，能够对图片、声音、文字、指纹等可以数字化的信息进行编码并将其表示出来；其次，二维码容错能力强，具有纠错功能，译码时可靠性高，当二维码因穿孔、污损等造成局部损坏时，仍可以正确识读，其译码错误率不超过千万分之一，远低于一维码百万分之二的错误率；最后，二维码可以引入保密措施，其保密性较一维码强很多。而与射频识别相比，二维码的最大优势在于成本较低。

互联网上有不少免费二维码生成软件，只要输入相关的文本、网址、名片、图片、多媒体和微信账号等即可直接生成二维码。常见的二维码生成器有草料二维码(cli)、联图网(liantu)、微微在线(wwei)等。

第六节　医药电子商务重点岗位

本节主要介绍医药电子商务企业的重点岗位，重点岗位的工作要求以及工作流程。

一、医药电子商务岗位分类

医药电子商务相关工作岗位主要分为医药网站运营管理、医药网络营销与推广、医药网络策划与编辑、客户服务、医药网站美工等。

医药网站运营管理类岗位具体负责整体医药网站的运营、市场推广、广告与增值产品的经营工作。

医药网络营销与推广类岗位通过网络营销手段，负责将医药相关产品营销给网络客户。要求熟悉网络营销常用方法，具有电子商务全程运营管理的经验，实现网站的战略目标、流量提升与盈利。

医药网络策划与编辑类岗位的具体职责有熟悉医药电子商务运营与操作流程，负责医药网站栏目策划、运营管理。

客户服务类岗位主要进行客户关系管理，为企业开拓客户资源。

医药网站美工类岗位主要负责网页的设计制作及优化药品图片、摄影器材保养与维护、促销海报的设计制作、医药商品介绍页面制作等。

二、重点岗位工作要求及工作职责

我们以某招聘网站上的电子商务企业招聘启事为例，介绍医药电子商务企业重点岗位的工作要求及工作职责。

(一) 商品管理员

1. 工作要求

(1) 中药学、药学、药剂学、药品管理等相关专业优先。

(2) 熟练操作计算机，熟练使用 Excel、Word 等办公软件。

(3) 工作态度积极主动，对已有的标准能坚持执行，遇到问题积极反馈。

(4) 商品规划能力强，具备较强的统筹能力、沟通表达能力、逻辑思维能力。

(5) 较强的梳理分析能力，思维清晰，团队合作精神佳。

(6) 掌握处理数据的技巧，对数据有一定敏感度。

2. 工作职责

(1) 主要负责公司商品状态、库存状态管理、商品价格管理、赠品管理、商品信息维护、订阅商品信息等。

(2) 根据商品属性做产品引入分类，核对、维护商品信息。对错误信息进行修改，对供应商的商品进行审核，建立商品资料库。

(3) 对商品各环节存在异常库存进行监控，降低公司风险。

(4) 完成上级领导交代的其他工作。

(二) 在线药师

1. 工作要求

(1) 中药学、药学、药剂学、药品管理等相关专业优先。

(2) 熟练操作计算机，熟练使用 Excel、Word 等办公软件，打字速度快。

(3) 头脑清晰，思维敏捷，待人热情，善于交流，工作耐心细致。

(4) 具备一定的洞察能力，学习能力强，有良好的沟通能力和应变能力。

(5) 有较强的责任心，热爱客户服务工作，具有良好的服务意识与服务心态。

(6) 有良好的心理承受能力和情绪控制能力，具备发现和解决问题的能力。

(7) 愿意接受挑战，致力于为病患提供专业用药服务。

2. 工作职责

(1) 负责公司各业务平台、移动端(如官网、天猫、京东、拼多多等)商品客户咨询工作；通过在线聊天工具与买家联系，促成订单交易。

(2) 掌握产品相关信息及使用方法，根据客户的实际情况，提供合理的用药建议和指导，解答客户疑问，维护客户关系。

(3) 及时准确地跟进订单，接受顾客咨询，回复顾客留言，保证平台的正常运作。

(4) 负责客户电话回访工作，跟进用药情况，提高店铺的询单转化率和重复购买率。

(5) 不定期维护客户资源，及时了解客户需求，引导二次或多次消费。

(6) 根据部门阶段性活动方案，配合进行活动宣传与支持。

(7) 收集顾客信息和顾客意见，对公司形象提升提出参考意见。

(8) 按项日慢病管理服务标准记录用户健康档案，并进行健康随访，提供专业服务。

(三) 质量管理员

1. 工作要求

(1) 中药学、药学、药剂学、药品管理等相关专业优先。

(2) 具有强烈的责任感,做事细致、有条理性,熟悉文件的分类整理。

(3) 工作积极主动负责,具有较强的沟通协调能力及执行力。

(4) 分析能力强,能服从工作安排,具有高度的团队合作精神。

(5) 具备良好的电脑办公能力,作风正直诚实,具有良好的职业道德。

(6) 热爱质量管理工作,愿意长期从事质量管理工作。

2. 工作职责

(1) 负责公司供应商资质审核、系统录入,审批表打印,定期呈相关人员签名,归档管理。

(2) 负责新增品种审校(合法性、生产厂家合法性、是否本公司经营范围品种、供货单位销售员、购货单位采购人员的合法资格)。

(3) 负责质量信息的收集和管理,并建立药品质量档案。

(4) 对基础资料(供应商、质量档案)进行动态管理,及时更新。

(5) 对岗位存在的问题提出改进建议。

(6) 收集、分类整理、归档、及时反馈药品质量信息。

(7) 负责人员培训、健康档案的记录等。

巩固与练习

一、单项选择题

1. 以下选项中不属于电子邮件主要特点的是(   )。

A. 可以访问远程计算机　　B. 价格低　　　　C. 速度快　　　　D. 可传送多媒体文件

2. 在网络环境中,(   )提供超级文本服务。

A. FTP　　　　　　　　B. WWW　　　　C. Telnet　　　　D. 电子邮件

3. 浏览 Web 网页,应使用(   )软件。

A. 资源管理器　　　　　B. 浏览器　　　　C. 电子邮件　　　D. Office 2000

4. 以下协议中,(   )是文件上传协议。

A. FTP　　　　　　　　B. HTTP　　　　C. Telnet　　　　D. BBS

5. 浏览网页属于 Internet 所提供的(   )服务。

A. FTP　　　　　　　　B. E-mail　　　　C. Telnet　　　　D. WWW

6. IPv4 地址中,IP 地址分为四段,每一段使用十进制描述时其范围是(   )。

A. 0~128　　　　　　　B. 0~255　　　　C. -127~127　　D. 1~256

7. 下面的 IP 地址,书写正确的是(   )。

A. 123.32.1.258　　　　　　　　　　　B. 145,42,15,50

C. 168.12.150.0　　　　　　　　　　　　　D. 142; 54; 23; 123

8. 为了解决地址紧缺问题，IPv6 将 IP 地址空间扩展到了(　　)。

A. 64 位　　　　　　B. 128 位　　　　　C. 32 位　　　　D. 256 位

9. 如果网址为：http://www.xxx.yyy.edu.cn，则可知这是个(　　)网站。

A. 商业部门　　　　　　B. 教育机构　　　　C. 政府部门　　　D. 科研机构

10. 在浏览器地址栏中分别输入网站域名和 IP，结果发现访问的是同一个网站，则此工作是由(　　)完成的。

A. Web 服务器　　　　B. DNS 服务器　　　C. FTP 服务器　　D. 代理服务器

11. 物联网这个概念最先是由(　　)提出来的。

A. Auto-ID　　　　　　B. IBM　　　　　　C. 比尔·盖茨　　D. DELL

12. 射频识别属于物联网的(　　)。

A. 感知层　　　　　　B. 网络层　　　　　C. 业务层　　　　D. 应用层

二、实训题

1. 登录宁波港口 EDI 中心，分析该中心主要的服务内容是什么。

2. 下载一款网络会议软件(如钉钉)并安装使用，总结该软件能给电子商务带来哪些便利。

3. 通过体验，分析不同的社区电子商务网站，比较表 2-5 中的各项目，将其不同之处填入表中。

表 2-5　社区电子商务网站比较

比 较	OnlyLady	篱笆网	小红书
网址			
产品和市场细分			
网站功能和服务			
赢利模式			
网站特色			
目前企业重点业务			
通过体验，你认为哪个网站更具有竞争优势？			

第三章 电子商务的三大模式

 学习目标

1. 熟悉 B2B 电子商务模式及分类。
2. 了解 B2B 电子商务的相关知识。
3. 掌握基于中介网站的 B2B 电子商务交易和 B2B 的交易过程。
4. 熟悉 B2C 电子商务模式、C2C 电商平台的分类。
5. 掌握 B2C 网上交易流程及 B2C 网站的后台管理功能。
6. 掌握 C2C 网上开店的流程。

引导案例

网上零售传奇

2020 年 11 月 12 日凌晨,淘宝天猫总裁蒋凡透露,与同周期、同口径相比,2020 年"双十一"期间 GMV 增长了 1032 亿元,增速是 26%。此次"双十一"与以往相比覆盖的周期更长。

2020 年"双十一"成绩再创新高,天猫、京东成交额均超 7000 亿元!"双十一"见证实体经济加速复苏!天猫 30 分钟成交额破了 723 亿元,超 2019 年同期全天;12 日凌晨,天猫宣布,从 11 月 1 日 0 时至 12 日 0 时这 11 天的总成交额为 4982 亿元。2020 年 11 月 1 日 0 时至 11 月 11 日 23:59,京东 11·11 全球热爱季累计下单金额超 2715 亿元。电商平台和品牌商家销售纪录亦纷纷创下新高。

来自世界各地的诸多商家也加入了"双十一"消费季活动,越来越多的海外品牌参与到中国的"双十一"活动中。11 月 1 日至 11 日中午 12 点,天猫国际进口商品成交额同比增长 47.3%,其中 180 个进口品牌成交额过千万元。2020 年,报名参加天猫"双十一"的速卖通商家的数量增长超过 30%,商品数量增长超过 60%,国内备货仓的出单量同上年相比增长上百倍。

在国际贸易环境日趋恶化的大背景下,积极开拓国内市场、挖掘内部消费潜力成为制造业摆脱困境的必要之举,数字化则成为产业带商家从简单的加工制造向更高阶段延伸的

新引擎。电子商务成为现阶段产业带商家融入双循环新发展格局和加快数字化转型的一条便捷、有效的必由之路。

第一节 B2B 电子商务模式

企业对企业的电子商务或商家对商家的电子商务(B2B),是指企业与企业之间通过互联网或私有网络等现代信息技术手段进行的各种商务活动,如谈判、订货、签约和付款等。

一、B2B 电子商务的特点

B2B 电子商务是电子商务领域应用较广泛和较受企业重视的商务模式。B2B 电子商务平台的出现,使企业可以在网上实现为交易寻找到合作伙伴,完成从定购到结算的全部交易行为。B2B 电子商务的特点主要表现为交易金额大、交易对象广泛、交易操作规范和交易过程复杂等方面,具体介绍如下:

(1) 交易金额大。相较于 B2C 和 C2C 电子商务模式,B2B 电子商务模式的交易次数相对较少,但单次交易金额往往会大于前两者。

(2) 交易对象广泛。B2B 电子商务模式的交易对象可以是任何一种商品,同时商品除了成品外,还可以是原材料或半成品。

(3) 交易操作规范。相较于传统的企业间交易,B2B 电子商务模式的交易操作相对规范化、标准化及流程化。在 B2B 交易方式下,买卖双方能够在网上完成整个业务流程,包括从最初接触沟通,到货比三家,再到讨价还价、签单和交货,最后到售后服务,大大节省了企业的经营成本及时间,并提高了工作效率。

(4) 交易过程复杂。相对于 B2C 和 C2C 电子商务模式来说,B2B 电子商务模式的交易金额一般较大,还会涉及交易谈判、合同签订和售后服务及赔付等环节,因此交易过程相对复杂。

二、开展 B2B 电子商务的基础和优势

(一) 企业开展B2B电子商务的基础

企业在什么情况下适合开展 B2B 电子商务?我们可以从以下几个方面进行考虑:

(1) 企业的信息化水平。信息化水平是指除了最基本的网络基础设施和电子商务平台外,还需要有信息化、自动化的后台系统,包括企业资源计划系统、供应链管理(Supply Chain Management, SCM)系统和计算机集成制造系统(Computer Integrated Manufacturing Systems,CIMS)等。这些系统是企业进行 B2B 电子商务的前提条件,可以实现电子商务活动快速、高效地进行,为交易双方提供便利。

(2) 企业现有的框架结构。开展 B2B 电子商务前,需要明确企业自身的现有业务体系,分析 B2B 电子商务对企业现有商务模式的影响,判断是否会产生冲突,导致原本的销售渠道混乱。当现有商务模式与 B2B 电子商务形成良性互补,互相促进,共同开发市场时,企

业应当考虑开展 B2B 电子商务。

(3) 企业贸易伙伴开展 B2B 电子商务的情况。除了企业自身的意愿外，企业上、下游供应链贸易伙伴对 B2B 电子商务的开展情况，也是决定企业是否开展 B2B 电子商务的条件。如果贸易伙伴具备开展 B2B 电子商务的条件，并且准备或已经开展了 B2B 电子商务，则企业应该考虑开展 B2B 电子商务。反之，如果贸易伙伴不具备这种能力，则要慎重考虑新模式下与贸易伙伴的往来是否会受到影响。一般来说，电子商务在企业中的推广应用程度和普及性是能否获取电子商务效益的关键。

(4) 信息化技术服务费用。信息化技术服务费用主要包括企业建站服务费、商品行情资讯服务费、企业认证费、在线支付结算费和会展费等一系列费用。不同的 B2B 电子商务网站根据其功能的不同可能有所差异，但基本都包含以上费用。

(二) B2B电子商务的优势

B2B 电子商务的实施可以降低企业的成本并增加企业收入来源，这种模式的优势可以从降低商务成本、强化供应链管理和缩短产销周期等方面凸显出来。

(1) 降低商务成本。企业商务成本一般包括采购成本与库存成本。传统的企业间贸易往来往往要耗费大量的资源和时间，而在 B2B 电子商务模式下，企业通过与上游的供应商和下游的客户建立企业电子商务，买卖双方都能够自主地在网上完成整个业务流程，减少了买卖双方为进行交易而投入的人力、物力和财力等资源。同时，企业还能优化内部采购体系和库存体系，通过批量采购的方式来更好地管理，实现高效的企业运转与库存控制，降低成本。

(2) 强化供应链管理。在 B2B 电子商务模式下，可以很明确地获悉所有商品的情况，进一步预测和控制市场供求信息，方便对库存和物流进行史科学的规划和管理，提高企业的经济效益。最理想的 B2B 电子商务模式是最大化缩减企业库存，创造高效率的无形市场，实现零库存状态下的即时生产(Just In Time，JIT)。

(3) 缩短产销周期。在传统商务模式下，商品从设计、生产、上架到出售，需要经过很多环节，时间周期较长。而在 B2B 电子商务模式下可以一天 24 小时不间断运作，从而加快各个环节之间的交流、企业资金和物流等的流动，缩短整个生产和销售的周期。

三、B2B 电子商务的类型

根据 B2B 交易平台的构建主体，B2B 电子商务可以分为基于企业自有网站的 B2B 电子商务和基于中介网站的 B2B 电子商务。

(一) 基于企业自有网站的B2B电子商务

基于企业自有网站的 B2B 电子商务一般依托传统企业的自有网站。基于企业自有网站的 B2B 电子商务可以分为两种，即基于采购商网站的 B2B 电子商务和基于供应商网站的 B2B 电子商务。

1. 基于采购商网站的 B2B 电子商务

基于采购商网站的 B2B 电子商务也称为以买方为主导的 B2B 电子商务，是指采购商基于自有网站与其上游供应商开展的各种商务活动，即电子化采购或网络采购。

网络采购即利用互联网或专用网络(如 EDI)在企业间开展商品、服务等的购买活动，网络采购的主要目标是对那些成本低、数量大或对业务影响大的关键产品和服务订单实现处理和完成过程的自动化。基于采购商网站的 B2B 电子商务通常有以下几种。

1) 网上招投标

网上招投标是指企业通过互联网发布采购信息、接受供应商网上投标报价、采购商网上开标及公布采购结果的全过程。网上招投标是在市场经济条件下进行大宗货物买卖、工程建设项目的发包与承包以及服务项目的采购与提供时采取的一种交易方式。网上招投标主要有公开招投标和邀请招投标两种形式。

(1) 公开招投标是指招标人以招标公告的方式邀请不特定的法人或者其他组织投标。公开招标的投标人应不少于七家。

(2) 邀请招投标是指招标人以投标邀请书的方式邀请特定的法人或者其他组织投标。邀请招投标的投标人应不少于三家。

网上招投标的流程包括：① 采购商新建招标项目；② 采购商在自己的网站上发布招标公告之后采购商可以寻找潜在的供应商，邀请供应商参加项目竞标；供应商从网站上下载投标书，并以电子化的方式提交投标书；③ 供应商从网站上下载投标书，并以电子化的方式提交投标书；④ 截标后，采购商评估供应商的投标，可能会以电子化方式谈判，以实现"最佳"交易；⑤ 采购商发布中标公告；⑥ 供应商查看中标公告；⑦ 采购商与最符合其要求的供应商签订合同，生成销售单。图 3-1 为网上招投标的流程。网上招标可以实时进行，由采购商终止招标，也可以持续几天，直到预先确定的截止日期。

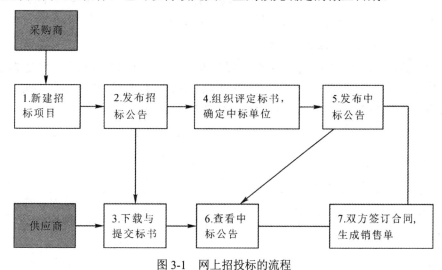

图 3-1　网上招投标的流程

2) 集中采购目录

整合所有已经被批准的供应商商品目录，将其集中到企业服务器上，作为一个企业内部的电子商品目录，可以实现采购的集中化。由于价格是预先谈好的或者是已经通过招标确定的，因此买方不必每次采购都与卖方进行谈判。买方通过在服务器上整合供应商商品目录，对整个采购流程的控制会变得更有效。

企业采购人员可以通过搜索引擎浏览内部整合的电子商品目录,快速找到所需要的商品信息,如商品价格、供货情况、配送时间等,并填写电子订货单。这种整合的优点是可以减少供应商的数量,同时,由于购买数量的增加,而且是从少量的供应商那里进行采购,必然会增加一次性购货量,从而可以降低采购商品的单价。内部的电子商品目录可以人工更新,也可以通过软件代理商进行更新。

3) 团体购买

团体购买简称团购,也称集体采购(集采)。团购模式可以将多个买家的订单整合成较大的采购量,以取得较优惠的交易价格。当前,团购的主要方式是网络团购。团购一般有两种模式:内部集中团购和外部集中团购。

(1) 内部集中团购。内部集中团购是公司为了降低成本而集合所有子公司进行采购,全公司范围内的订单都通过网络来集中采购,并自动添补。内部集中团购可以使许多商品以低价购得,还可使企业的交易成本大大降低。

(2) 外部集中团购。外部集中团购是指企业参加一些第三方机构组织的团购活动。许多小企业也希望得到批量购买折扣,但无法找到其他公司加入以增加购买量,它们就可以参加一些第三方机构组织的团购活动,以获得更好的价格、选择和服务。

4) 易货交易

易货交易是指在不使用货币的基础上,供需双方互相交换货物和服务的行为。其基本思想是企业以自己剩余的东西交换自己需要的东西。企业可以为自己的剩余物资做广告,但成功交易的机会非常小,所以需要中介的帮助。中介可以建立一个电子易货交易所来协助企业与企业之间的交易。流行的易货交易对象有办公场地、闲置设备和劳动力、产品,甚至还有横幅广告。电子易货的特点是客户越多,速度越快,佣金越低。

2. 基于供应商网站的 B2B 电子商务

基于供应商网站的 B2B 电子商务也称为以卖方为主导的 B2B 电子商务,主要是指供应商基于自有网站与其下游的企业用户开展的以电子化分销或网络直销为核心的各种商务活动。

基于供应商网站的 B2B 电子商务流程如图 3-2 所示。

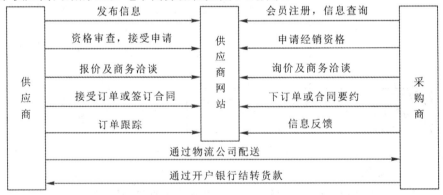

图 3-2　基于供应商网站的 B2B 电子商务流程

基于供应商网站的 B2B 电子商务类似于 B2C 电子商务,其一般程序如下:

(1) 供应商利用自己网站的信息发布平台发布买卖、合作、招投标等商业信息;采购商登录供应商网站,注册后查询有关商品信息。

(2) 采购商提出经销申请；供应商进行资格审查后授予经销资格。

(3) 在询价及商务谈判的基础上，采购商通过供应商网站信息交流平台下订单；供应商报价。

(4) 采购商下订单后，供应商接受订单，如有必要双方还需签订合同。

(5) 进行信息反馈与订单跟踪。

(6) 进行货款结转和物流配送。

(二) 基于中介网站的B2B电子商务

1. 基于中介网站 B2B 电子商务的主要功能

开展基于中介网站的 B2B 电子商务时，由第三方中介网站提供一个电子商务交易服务平台，交易双方需要注册成为该网站会员，才可以借助该平台进行交易。平台的提供者并不参与交易，而是发挥中介服务作用。B2B 电子商务平台的主要功能有以下几种：

(1) 提供供求信息服务。买方或卖方只要注册后就可以在 B2B 电子商务平台上发布采购信息或者供应信息，并根据发布的信息来选取企业潜在的供应商或者客户。网上发布的信息一般是图片、视频或文字信息。随着互联网的发展，信息样式会越来越丰富。

(2) 提供附加信息服务。为企业提供需要的相关经营信息，如行业信息和市场动态等；为交易双方提供网上交易沟通渠道，如网上谈判室、沟通软件和商务电子邮件等；提供信息传输服务，如根据客户的需求，定期将客户关心的买卖信息发送给客户。

(3) 提供电子目录管理服务。提供产业所需的不同的供应商产品目录管理系统，使购买者方便取得相关产品资料，以利于采购的进行。

(4) 提供与交易配套的服务。提供网上签订合同服务、网上支付服务、物流配送及其他实现网上交易的服务。

(5) 提供客户关系管理服务。为企业提供网上交易管理服务，包括合同、交易记录、客户资料等信息托管服务。许多电子商务平台专门开发出客户管理软件来帮助企业管理客户资料。

(6) 提供定价机制服务。B2B 电子商务平台通过提供一些交易手段，如正向拍卖、逆向拍卖、协商议价和降价拍卖等，来满足交易双方的需求，在交易过程中形成合适的价格。

(7) 提供供应链管理服务。供应链管理服务可分为两大部分：供应链规划和供应链执行。供应链规划包括供应链网络设计、需求规划与预测、供给规划和配销规划等；供应链执行包括仓储管理、运输管理、库存管理和订单管理等。

2. 基于中介网站 B2B 电子商务的基本流程

基于中介网站的 B2B 电子商务中，参与主体主要包括认证机构、采购商、供应商、第三方 B2B 网站、物流配送中心和网上银行等。

基于中介网站的 B2B 交易的基本流程如下：

(1) 中介网站负责设计交易流程、制定交易规则并提供其他相关服务。

(2) 交易双方(供应商、采购商)分别申领、下载与安装认证授权证书。

(3) 交易双方在第三方 B2B 交易平台进行会员注册。

(4) 第三方交易平台管理员对交易双方进行资格审查与信用调查后，审核通过交易双方的会员注册申请。

(5) 交易双方通过第三方交易平台发布各自的供求信息。

(6) 第三方交易平台后台审核并发布各会员发布的供求信息，同时在交易平台提供大量详细的交易数据和市场信息。

(7) 交易双方根据第三方交易平台提供的信息，选择贸易对象，进行商务谈判，最终签订交易合同。

(8) 交易双方在第三方交易平台指定的银行办理收付款手续；如果选择网上银行收付款，交易双方应该预先在网上银行开设账户，买家应在账户内存入足够的款项。

(9) 物流配送部门将卖方货物送交买方。

(10) 交易双方分别对彼此的信用进行评价，如有问题可通过平台进行投诉。

3. B2B 电子商务中介网站的类型

按照 B2B 电子商务中介网站面向的行业范围，可以将 B2B 电子商务中介网站进一步划分为垂直 B2B 电子商务平台和水平 B2B 电子商务平台两种。

1) 垂直 B2B 电子商务平台

垂直 B2B 电子商务平台也称行业性 B2B 电子商务网站，如中国化工网、全球纺织网和全球五金网等，此类网站的优点是容易将一个行业做深、做透，有着较强的专业性，其缺点是受众过窄，难以形成规模效应。

由于垂直 B2B 电子商务平台的专业性强，因此其客户很多都是本行业的，潜在购买力较强，广告的效用也较大，所以其广告费较水平 B2B 电子商务平台要高。除了广告外，垂直 B2B 电子商务平台还可以通过举办拍卖会、出售网上店面、收取客户的信息费及数据库使用费等形成利润来源。

垂直 B2B 电子商务平台的发展趋势是深入产业链上下游，做好产业电商、供应链生态，逐渐形成电子商务生态圈。

垂直 B2B 电子商务平台可分为以下四种类型：

(1) 以提供供求信息服务为主的行业 B2B 模式。此类模式主要为交易双方提供供求信息服务为主，主要以收取广告费来赢利。该模式涉及企业数量较多，产品品种繁多且标准化，能形成很大的市场。如一呼百应网、中国化工网、全球五金网、全球纺织网等都属于此类平台。

(2) 以行业资讯服务为主的行业 B2B 模式。此类模式主要以提供行业资讯服务为主，主要以收取广告费来赢利。该模式一定要有精通行业、善于做市场分析调查的行业专家参与，只有这样才能做出高质量的市场分析报告，帮助企业正确决策。如我的钢铁网、联讯纸业等都属于此类平台。

(3) 以招商加盟服务为主的行业 B2B 模式。此类模式以招商加盟服务为主，下游企业为了使产品能更好地面向消费者，可以通过这类平台找分销商、代理商来销售其产品。此类模式一般是以收取下游企业的广告费、会员费来维持其运转，会员可在平台的一级或二级栏目上为自己的品牌做广告，也可以查看经销商的联系方式。如中国服装网、中国医药网等都属于此类平台。

(4) 以在线交易服务为主的行业 B2B 模式。此类模式以提供在线交易服务为主，主要以收取交易费来赢利，交易的对象一般为大宗商品，运营时必须建立良好的诚信机制，可采用与第三方合作伙伴合作的方式来解决物流、资金流及诚信度审核等问题。如一呼百应原材料采购交易平台就属于此类模式。

2) 水平 B2B 电子商务平台

水平 B2B 电子商务平台也称为综合类 B2B 电子商务网站。之所以用"水平"这一概念，主要是因为这类平台覆盖的行业范围很广，很多行业都可以在平台上开展商务活动。典型的水平 B2B 电子商务平台有阿里巴巴、慧聪网等。这类平台一般注重在广度上下功夫，在品牌知名度、用户数、跨行技术研发等方面具有垂直 B2B 电子商务平台难以企及的优势，其不足之处是在用户精准度和行业服务深度等方面略有不足。

水平 B2B 电子商务平台可以有多种利润来源，如广告费、竞价排名费、分类目录费、交易费、拍卖佣金、软件使用许可费、会员费和其他服务费等。此外，平台自身也可以开展电子商务，并从商务活动中直接获利。

水平 B2B 电子商务平台可分为以下几种类型：

(1) 以外贸服务为主的综合 B2B 模式，此类模式以提供外贸线上服务为主，主要收入来源为会员费、提供增值服务所带来的广告和搜索引擎排名费用，向供应商收取的企业信誉等认证费用。如阿里巴巴、中国制造网等都属于此类模式。

(2) 以内贸服务为主的综合 B2B 模式，此类模式的企业以提供内贸线下服务为主，主要收入来源为线下会展收费、出售商情刊物、出售行业咨询报告等所带来的广告和所收取的增值服务费用。如慧聪网、环球资源等都属于此类模式。

(3) 以行业门户+联盟为主的综合 B2B 模式，此类模式以联盟的方式对各行业 B2B 网站进行资源整合，提供既综合、又专业的 B2B 服务，主要收入来源为通过提供网络基础服务、网络信息推广服务、加盟服务所收取的费用。如中国网库、中搜行业中国等都属于此类模式。

(4) 以交易服务为主的综合 B2B 模式，此类模式的平台不仅提供信息服务，同时还整合了包括交易的支付、物流以及客户关系管理等，其赢利模式主要以收取企业交易佣金为主。如敦煌网等就属于此类模式。

水平 B2B 电子商务平台和垂直 B2B 电子商务平台的比较如表 3-1 所示。

表 3-1　水平 B2B 电子商务平台和垂直 B2B 电子商务平台的比较

类　型	特　点	优　点	缺　点
水平 B2B 电子商务平台	为交易双方创建一个信息和交易的平台，涵盖不同行业和领域，服务于不同行业的从业者	追求的是全，能够获利的机会很多，潜在用户群较大，能够迅速地获得收益	用户群不稳定，被模仿的风险大
垂直 B2B 电子商务平台	将交易双方集合在一个市场中进行交易，网站的专业性很强，面向某一特定的专业领域，如信息技术、农业、化工、钢铁等。它将特定产业的上下游厂商聚集在一起，让各层次的厂商都能很容易地找到原料供应商或买主	专业性很强，容易吸引针对性较强的用户，并易于建立起忠实的用户群，吸引固定的回头客	短期内不能迅速获益，很难转向多元化经营或向其他领域渗透

四、B2B 电子商务的发展阶段及发展趋势

(一) B2B电子商务的发展阶段

B2B 电子商务的发展可以分为信息服务阶段、交易服务阶段和产业链综合服务阶段等三阶段。

1. 信息服务阶段

信息服务阶段，也称为 B2B 电子商务 1.0 阶段。这一阶段主要聚焦于信息展示，将买卖双方的线下信息转移到互联网上，网站通过收取加盟费和信息推广服务费来赢利。自1999 年阿里巴巴开启了中国 B2B 电子商务后，涌现了中国化工网、中国制造网等一大批 B2B 电子商务平台。此阶段，经营模式和赢利模式的主要特征如下：

(1) 经营模式：B2B 电子商务平台以提供信息服务为主，从信息入手，通过信息联通供需各方，以信息平台带动商业平台。B2B 电子商务平台主要经营模式为信息黄页。

(2) 赢利模式：B2B 电子商务平台通过提供会员服务、广告展示、流量变现、竞价排名和线下展会等收取用户费用。

2. 交易服务阶段

交易服务阶段，也称为 B2B 电子商务 2.0 阶段。这一阶段，越来越多的企业开始切入交易，B2B 电子商务平台通过系统或人工撮合，进行供需信息匹配和在线交易。此阶段，经营模式和赢利模式的主要特征如下：

(1) 经营模式：B2B 电子商务平台除了具备信息展示功能外，企业间还可以在平台上进行线上交易，B2B 电子商务平台有自营、撮合、代售等经营模式。

(2) 赢利模式：B2B 电子商务平台有收费会员服务、出售营销增值服务、交易佣金、平台资金等赢利模式。

3. 产业链综合服务阶段

产业链综合服务阶段，也称为 B2B 电子商务 3.0 阶段，随着云计算、大数据的发展，B2B 电子商务将打通供应链，构建产业生态圈，为产业链参与主体提供综合服务，实现信息流、资金流、商流、物流的四流合一。这一阶段主要体现为垂直类 B2B 电子商务平台的迅速崛起。此阶段，经营模式和赢利模式的主要特征如下：

(1) 经营模式：随着交易数据的积累，B2B 电子商务平台可为买卖双方提供包括仓储、金融信贷、大数据分析等在内的一系列高附加值的服务。

(2) 赢利模式：通过打通供应链，B2B 电子商务平台的赢利模式变得多样化，B2B 电子商务平台可通过向客户提供数据服务、信息服务、物流服务、金融服务等收取费用。

B2B 电子商务发展的阶段如图 3-3 所示。

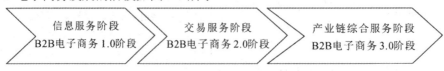

图 3-3　B2B 电子商务发展的阶段

B2B 电子商务兴起于黄页信息展示，发展于撮合交易，最终将走向大数据整合。B2B 电子商务市场正进入变革拐点，逐步走进 3.0 时代，未来 B2B 电子商务的发展在于构建完善的生态圈，提供线上交易、大数据应用和供应链金融等一系列服务。

(二) B2B电子商务的发展趋势

B2B 电子商务的发展趋势主要表现为以下方面。

1. 供应链一体化

简单地讲，一体化是指把若干分散企业联合起来，组成一个统一的经济组织。这种统一的经济组织可以是联合公司或企业集团。一体化经营的方式有纵向一体化和横向一体化两种。

从行业横向发展来看，买卖双方在早期各自发展独立的、封闭的供应链，如今，通过供应链一体化整合可以实现不同供应链之间的对接，形成更加紧密的供销关系。

2. 构建完善的 B2B 电子商务生态圈

电子商务生态圈，是指企业在开展电子商务的过程中，与上下游企业及供应商等利益相关者建立的同一个价值平台。在该平台当中，各个角色关注平台的整体特性并通过平台调动其余各个参与者开展电子商务的能力，使电子商务生态系统能够创造价值，并从中分享利益。电子商务生态圈的构建将成为 B2B 电子商务发展的突破点。B2B 电子商务平台在 B2B 电子商务生态圈中有以下三个方面的作用：

(1) B2B 电子商务平台如果能对累积的数据加以利用，将产生巨大的价值。如通过分析用户的采购交易行为，为其推荐匹配的上下游合作商，将会为平台用户带来更多商机。而且，通过大数据分析还可以提供供应链产品价格指数、价格趋势，有效提升采购交易效率，降低采购成本。

(2) B2B 电子商务平台利用自身数据优势，提供供应链金融服务。B2B 电子商务平台可为供应链上下游企业建立信贷指数，提供贷款等供应链金融服务，这将拉动平台交易额，同时盘活平台资金。

(3) B2B 电子商务平台能够集聚产业集群。B2B 电子商务平台将连接供应链上下游企业，企业在平台上能快速找到所属的线上产业集群，共享巨大商机。

3. 行业垂直细分服务化

垂直类 B2B 电子商务平台通过聚焦优势品类，在产品和服务上专注各自行业的特点，形成专业集群。比如钢铁行业中，找钢网通过之前数据和交易的积累，也开始尝试开展金融服务，做仓库、加工、物流，甚至自己开发管理软件。另外，在化工、纺织、农业等行业中，垂直 B2B 电子商务领域也从单纯的信息撮合，逐渐向行业的广度和深度发展。

4. 根据地方特色产业链集群构建

国内很多地区都有自己的产业集群，比如虎门的女装、南通的家纺、温州的鞋帽等，这些依托于地方特色产业发展起来的产业带，现在都面临着转型升级的迫切需求。

随着我国供给侧结构性改革和中国制造 2025 的提出，以重点行业、特色产业为基础的 B2B 电子商务，将通过打通上下游产业链，促进产业优化重组，聚合当地产业带的好商家、好货源，在 B2B 电子商务平台上构建专属卖场，同时整合线上线下服务型资源，调动整个产业链由简单的空间集聚向专业化、系统化集聚，形成上下游的良性互动。这种组团式的 B2B 发展模式能显著提升传统产业带的辐射范围和竞争优势，同时还能随时根据市场的需求，促进产业带内制造商的优化调整，推动传统产业带进行转型升级。

第二节　B2C 电子商务模式

B2C 是企业通过网络针对个体消费者实现价值创造的商业模式，它以互联网为主要消费手段，通过信息网络，以电子数据流通的方式实现企业或商业结构与消费者之间的各种商务活动、交易活动、金融活动和综合服务活动。

一、B2C 电子商务的优势

从买卖关系来看，B2C 主要包括卖方企业经营者和买方消费者。因此，可从这两者来分析 B2C 电子商务与传统的店铺销售相比所具有的优势。

(1) 对卖方企业经营者而言，B2C 电子商务能够减少批发、零售商等传统供应链中的中间商环节，让品牌商和厂家直面消费者，从而降低采购成本和销售成本。同时，传统企业的销售渠道通常是有限的，B2C 电子商务拓展了销售渠道，覆盖了更多的消费群体，销售范围几乎不受企业大小的限制，利于打造线上品牌形象。商家还可以通过动态监测商品的点击率、购买率、用户反馈，随时调整商品的生产或进货计划，起到减少库存积压的作用。

(2) 对消费者而言，减少传统供应链中的中间商环节，降低了消费成本，使消费者在很大程度上得到了更多价格与服务上的实惠。同时，消费者足不出户就可以充分了解和对比感兴趣的商品，包括商品的外观、规格、参数、功能及价格等，在现实生活中买不到或很难买到的商品，在 B2C 电子商务平台中都可以找到并且还能有更多的选择。

二、B2C 电子商务的主要分类

不同的分类下，B2C 电子商务的类型不同，下面介绍几种常见的分类。

1. 按企业与消费者买卖关系分类

按企业与消费者买卖关系进行分类，可以将 B2C 电子商务分为卖方企业对买方个人的电子商务和买方企业对卖方个人的电子商务两种模式：

(1) 卖方企业对买方个人的电子商务模式。该模式是指由商家出售商品或服务给消费者，是最为常见的一种 B2C 电子商务模式，较为典型的网站有京东商城和当当网。

(2) 买方企业对卖方个人的电子商务模式。该模式是指企业在网上向个人求购商品或服务的一种电子商务模式，主要用于企业人才招聘，如智联招聘、前程无忧等。

2. 按交易客体分类

按交易客体进行分类，可以将 B2C 电子商务分为无形商品或服务的电子商务模式、有形商品或服务的电子商务模式。这两种电子商务模式的含义及特征如下：

(1) 无形商品或服务的电子商务模式。电子客票、网上汇款、网上教育、计算机软件和数字化视听娱乐商品等，可以在网上直接实现交易的商品或服务都属于无形商品或服务。其电子商务模式主要包括网上订阅模式、付费浏览模式、广告支持模式和网上赠予模式4种。

① 网上订阅模式。网上订阅模式是消费者通过网络订阅企业提供的无形商品或服务的模式，消费者可以直接在网上进行浏览或消费，常被一些在线机构用来销售报纸、杂志、有线电视节目和课程订阅等。如网易云课堂、淘宝大学等在线服务商，为消费者提供了关于互联网、电子商务和淘宝开店等内容。

② 付费浏览模式。付费浏览模式是指企业通过网站向消费者提供计次收费的网上信息浏览和信息下载的电子商务模式。付费浏览模式让消费者根据自己的需要，在网上有选择地购买一篇文章、一章书的内容或者参考书的一页。消费者在数据库中查询的内容也可付费获取。另外，一次性付费参与游戏娱乐也是很流行的付费浏览方式之一，如红袖添香、期刊网等网站就采用该模式进行营利。

③ 广告支持模式。广告支持模式是指在线服务商免费向消费者或用户提供信息在线服务，其营业收入完全来源于网站上的广告，如百度、Google 等在线搜索服务网站。雅虎、搜狐和新浪等大型门户网站虽然不直接向消费者收费，但却是目前最成功的 B2C 电子商务模式之一。

④ 网上赠予模式。网上赠予模式是企业借助互联网的优势，向用户赠送软件产品，以此扩大企业的知名度和市场份额。由于软件产品属于无形的计算机商品，企业只需投入较低的成本，就能推动产品的发展，如某些商家对会员提供免费试用服务，这些会员中的很大一部分后来都成为付费用户。

(2) 有形商品或服务的电子商务模式。有形商品是指传统的实物商品。有形商品或服务的电子商务模式，其查询、订购和付款等活动都可以通过网络进行，但最终的交付不能通过网络实现。根据经营主体的不同，有形商品或服务的电子商务模式可以分为独立 B2C 网站和 B2C 电子化交易市场。

① 独立 B2C 网站。独立 B2C 网站是指由企业自行搭建的网上交易平台，需要企业具有较强的资金和技术实力，能够自行完成网站的开发、建设、支付和维护等一系列活动。

② B2C 电子化交易市场。B2C 电子化交易市场也称为 B2C 电子商务中介或 B2C 电子市场(Electronic Marketing, EM)运营商，指在互联网环境下利用通信技术和网络技术等手段把参与交易的买卖双方集成在一起的虚拟交易环境。B2C 电子市场运营商一般不直接参与电子商务交易，而是由专业中介机构负责电子市场的运营，其经营的重点是聚集入驻企业和消费者，扩大交易规模。常见的 B2C 电子化交易市场有天猫、招商银行信用卡商城等。

3. 按 B2C 网购模式分类

按网购模式进行分类，可将 B2C 电子商务分为综合平台商城、综合独立商城、网络品牌商城和连锁网销商城等：

(1) 综合平台商城。综合平台商城只做网络交易平台，不涉及具体的商品采购和配送服务。卖家可以通过缴纳一定租金的方式来申请加入平台，如天猫等。

(2) 综合独立商城。综合独立商城的内部机构庞大，具有商城的独立经营权，能提供正规发票和售后服务，需要自行进行商品的采购、上架、仓储、发货和配送等工作，如京东商城等。

(3) 网络品牌商城。网络品牌商城拥有自身的商品品牌，但商品线较单一，是一种轻资产、快公司模式，轻资产是指企业的无形资产，包括企业的经验、规范的流程管理、管理制度、企业品牌和人力资源等；快公司是指在较短的时间内实现业绩的高速增长。目前常见的网络品牌商城有珂兰钻石等。

(4) 连锁网销商城。连锁网销商城是一种实体+网销的模式，依托于传统零售采购平台强大的供应链，与厂商有良好的合作关系，具有较高的品牌信誉度与丰富的商品种类。

4. 按商品覆盖品类和品牌的多少分类

按商品覆盖品类和品牌的多少进行分类，可将 B2C 电子商务分为品牌垂直电子商务商城、平台型综合电子商务商城和平台型垂直电子商务商城。表 3-2 所示为这几种模式的比较。

表 3-2　按商品覆盖品类和品牌多少分类的 B2C 电子商务模式的比较

模　　式	代 表 平 台	情 况 说 明
品牌垂直电子商务商城	小米商城、华为商城	销售单品类、单品牌产品，需要商城具有强大的品牌影响力
平台型综合电子商务商城	京东商城、天猫、亚马逊	销售服装、化妆品、数码和图书等品类丰富的产品，且每个品类下有很多品牌
平台型垂直电子商务商城	聚美优品	品牌丰富，且针对单品类进行了细分，具有小而精的优点

三、B2C 电子商务的营利模式

B2C 电子商务的营利模式主要有 4 种，分别是网络广告收益模式、商品销售营业收入模式、出租虚拟店铺收费模式和网站的间接收益模式：

(1) 网络广告收益模式。广告收益是大部分 B2C 网站的主要营利模式，这种模式的成功与否取决于网站访问量的多少及广告是否能够受到关注。

(2) 商品销售营业收入模式。这种模式主要是通过赚取采购价与销售价之间的差价和交易费来获得利润，如亚马逊、当当网等都属于这种模式。

(3) 出租虚拟店铺收费模式。这种模式是 B2C 电子化交易市场的主要收入来源，这些网站在销售产品的同时，也出租虚拟店铺，通过收取租金来赚取中介费。如天猫、京东和当当网等网站都向入驻的商家收取了一定的服务费和保证金。

(4) 网站的间接收益模式。间接收益模式是指通过以上 3 种方式以外的方式进行营利，如网上支付。淘宝网、天猫中有大部分的用户都通过支付宝付款，给网站带来了巨大的利润。该模式主要通过用户付款和网站将款项支付给卖家的时间差产生的巨额资金来进行其他投资，进而获得利润。

四、B2C 网上购物流程和 B2C 后台管理

1. B2C 后台管理流程

B2C 后台管理流程一般分为以下几步：

(1) 网上客户下单→订单受理→查询商品库存。

(2) 库存有货→生成销售单，库存无货→生成采购单→确认入库→生成销售单。

(3) 确认出库→发货确认→结算。

(4) 库存综合查询。

2. B2C 网上购物流程

B2C 网上购物流程为：客户注册会员→商品搜索选购→下订单(放进购物车) →收银台→选择送货方式→选择支付方式(在线支付或货到付款) →购物完成→订单查询→等待收货。

图 3-4 所示为 B2C 后台管理流程和 B2C 网上购物流程示意图。

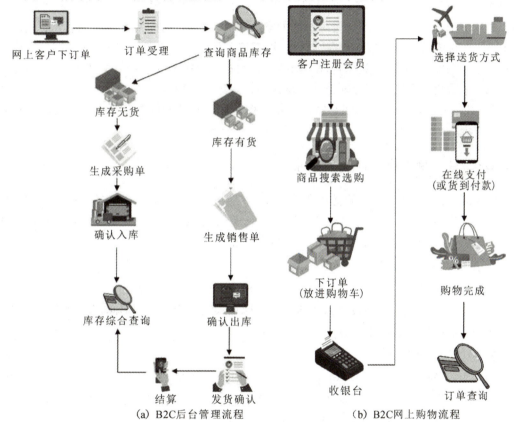

(a) B2C后台管理流程　　　　　　　(b) B2C网上购物流程

图 3-4　B2C 后台管理流程和 B2C 网上购物流程示意图

3. B2C 后台管理的功能

B2C 后台管理具有如下功能：

(1) 会员管理。会员管理包括会员的审核与账号清理、会员密码查询与更改、会员预付款充值及会员消费扣款(从预付款中扣除费用)等。

(2) 产品管理。产品管理包括产品的分类管理、产品的资料管理、产品的属性管理、产品的营销管理，以及产品的评论管理等。

(3) 价格管理。价格管理用来定义价格级别(非会员价、会员价、金牌会员价等)、制定产品价格、设置营销方式(数量折扣、捆绑销售、赠品)等。

(4) 订单管理。客户提交了订单之后，可以在后台查询订单的处理进度。网站系统的后台订单处理包括订单审核、财务处理和物流处理等内容。订单一般有待付款、待发货、待收货和待评价等状态。B2C 企业要分析订单转化率。

(5) 销售统计分析。销售统计分析可为网站的运营团队提供详尽的分析报表，为经营者的广告投放、网站阵列方式提供指导依据，还提供日、周、月、季营收报表(销售、预售、实收)，商品销售报表(汇总/明细)及商品类别销售报表(汇总/明细)。

(6) 网站统计分析。网站统计分析可对来访者 IP、地区、来访时间进行跟踪统计，提供图形化的统计分析工具，还可对站内的商品访问进行统计。网站经营者可以利用一些流量统计软件来完成网站统计分析，如百度统计(tongji.baidu.com)和友盟+(Umeng)等。

(7) 站点管理。优秀的网站绝非是一成不变的，应该能够根据市场需求进行相应的改进。如某个 B2C 网上商城站点管理解决方案如下：① 站点结构管理，网站主导航栏、网页布局均可按要求重新设置；② 站点样式管理，网站的主体风格、色彩搭配和图片等均可按要求进行调整；③ 站点数据管理，随时进行数据的分析、安全备份与恢复；④ 站点安全管理，采用更严密的权限分配策略、操作员权限重新配置等。

(8) 其他管理。其他管理包括物流进程监控管理、网站的内容管理、网站的功能管理和服务管理等。

五、B2C 电子商务成功的关键因素

近年来，虽然 B2C 电子商务在我国发展非常迅速，但目前许多 B2C 电商企业因不能赢利而面临生存危机。采取适合企业发展的赢利模式，是促进 B2C 电商企业可持续发展的关键。B2C 电子商务企业取得成功的关键因素包括以下几点。

1. 解决物流配送问题

物流配送是指在经济合理的区域范围内，根据客户的要求对物品进行拣选、加工、包装、分割、组配等作业，并按时送达客户指定地点的物流活动。在 B2C 电子商务模式中，物流是必不可少的关键因素之一。

2. 诚信与安全认证

根据中国互联网络信息中心的调研结果，最初许多人不接受电子商务这种购物模式的首要原因，是担心安全得不到保障。安全认证包括消费者身份确认及支付确认。诚信与安全认证是 B2C 电子商务网站取得成功的关键因素之一。

3. 合理使用支付方式

支付方式决定了资金的流动过程，对 B2C 电子商务网站的成功也发挥了决定性作用。目前，在 B2C 电子商务中，主要的支付方式有在线支付、货到付款及其他支付方式。

(1) 在线支付。在线支付主要是指依托银行卡完成的支付。B2C 电子商务网站接受银行卡支付的条件是：必须和相应的银行签约，成为特约网站。目前，在线支付方式主要有网上支付、第三方支付、电话支付、移动支付等。在线支付具有方便、快捷、高效、经济的优势。

(2) 货到付款。货到付款是最原始的支付方式。商家将商品交给客户，客户查验货物后支付货款。目前，货到付款不仅是当面支付现金，而且是很多网店可以在客户收到货物后用 POS 终端刷卡等，如京东商城、当当网和亚马逊等。

(3) 其他支付方式。其他支付方式包括银行转账、现金账户支付、现金抵用券支付、礼品卡支付和红包支付等。

4. 特色经营

B2C 电子商务企业取得成功的另一个关键因素就是特色经营。B2C 电子商务企业只有在产品定位和客户定位上下功夫，灵活经营，找准特色，才能在 B2C 电子商务里找到一条合适的经营之路。

美国沃尔玛在线的特色是大而全，几乎在线下能买到的，在线上也能买到，并且价格也不比线下高；京东商城最初的特色是在数码产品这一专业化的领域做到了产品全和价格低(京东商城现已逐渐发展为大而全)；聚美优品和唯品会的特色在于选择了细分市场和目标客户；爱尚鲜花网也选择了特色商品。

5. 网站黏着度

网站黏着度是指用户对于网站的依赖度。对于一个网站而言，网站黏着度越高，说明用户的忠诚度越高，用户越不容易流失，而且通常黏着度越高的网站赢利能力越强，商业价值越高。因此，需要 B2C 电子商务企业对自己平台上的商品进行价值分析，结合相关顾客分析，对商品的质量、价格和结构等方面进行优化，以增强平台的吸引力。B2C 电子商务平台的服务贯穿于购买前、购买中及购买后，网站黏着度的高低与平台提供的服务密切相关。

6. 有效控制成本

B2C 电子商务本质上属于零售业的一种，零售业在相当程度上代表着低利润。所以，B2C 企业首先要解决成本控制问题。据调查，顾客之所以选择网上购物，很大一个原因就是网上的商品价格较低。

7. 商业能力的合理应用

从目前的趋势看，企业越了解传统行业市场的货源调配、顾客管理、市场营销，越具备实战经验，就越能在电子商务时代脱颖而出。

商业能力包括对市场的了解，对供货商的选择，了解消费者的消费心理和行为习惯，刺激消费者的购物欲望等，而这些是传统商家比较擅长的。美国的沃尔玛在线在 2001 年推出网上零售以后，迅速发展成为仅次于易贝(eBay)和亚马逊的美国第三大在线销售商，中国的苏宁、国美、百联开设网店以后也都取得了不错的经营业绩，这些传统企业具有的商业能力是它们能够快速取得成功的重要原因。

8. 创造成功的网店品牌

创造一个成功的品牌对 B2C 电子商务企业来说是至关重要的。在虚拟的网络世界里，顾客可以不受任何时间和空间的限制从一个商店转到另一个商店，他们在网络上感受到的商店和商品都是无形的。优秀的品牌可以使顾客建立起对 B2C 电子商务企业的信任感，这种信任感反过来又为 B2C 电子商务企业造就了广阔的空间，使其进一步提高产品质量和服务。所以，在虚拟世界中，过硬的品牌更有助于企业取得成功。

第三节　C2C 电子商务模式

C2C 是个人消费者之间通过网络商务平台实现交易的一种电子商务模式，该模式需要为买卖双方提供在线交易的平台，在该平台中，卖方可以自行提供商品信息，而买方可以自由选择商品并支付。目前，淘宝是中国最大的 C2C 电子商务交易平台。

一、C2C 电子商务的特点

与其他电子商务模式相比，C2C 电子商务有如下特点：

(1) 用户数量大、分散，往往身兼多种角色，既可以是买方，也可以是卖方。

(2) C2C 电子商务平台为买卖双方提供交易场所、技术支持及相关服务。

(3) 没有自己的物流体系，依赖第三方物流体系。

(4) 商品多，质量参差不齐。既有有形商品，也有无形商品；既有全新商品，也有二手商品；既有大工厂统一生产的商品，也有小作坊个人制作的商品。

(5) 交易次数多，单笔交易额小，低价值商品加上物流费可能会造成商品价格偏高。

二、C2C 电子商务的优势

C2C 电子商务是一种与传统商业模式完全不同的交易方式，不受时间、地域限制，下面对其优势进行介绍。

1. 卖家成本降低

C2C 电子商务的一个优点就是交易环节的优化，它摒弃了传统商务活动中通过邮寄、传真或报纸等来传输信息的方式，大大降低了通信费用。同时，由于网上商店不需要店面租金，在很大程度上减少了卖家的资金投入，并且这种方式下卖家的存货量一般不会太多，可以随时更换商品或补充货物，不需要占压太多的资金，降低了卖家的成本风险。

2. 经营时间、规模不受限制

C2C 电子商务基于互联网提供的经营环境，可以在具备网络的前提下，随时、随地进行经营活动，无须聘请专人看店就可以将店铺打理得井井有条。同时，可以通过增加商品种类及网店页面来扩大店面的经营规模，比传统商业模式减少了很多的人力资源和装修成本。

3. 信息收集便捷

消费者在网店中购买商品时，会主动留下自己的联系方式，这是传统商业模式无法比拟的，大大提高了消费者信息收集的效率。

4. 扩大销售范围

在互联网环境下，C2C 电子商务模式不受地域范围的限制，商家面对的客户遍布全国甚至全世界，只要消费者具有上网的能力，都可能在互联网中搜索到商家的网店，成为商家的潜在客户。

三、C2C 电子商务平台的分类

按不同的角度 C2C 电子商务平台有以下分类。

1. 按交易的商品类型分类

按交易的商品类型，C2C 电子商务平台可以分为实物交易平台和智慧交易平台。

1) 实物交易平台

实物交易平台(如淘宝网、拍拍二手和易贝中国等)的商品种类很多，从汽车、计算机到服饰、家居用品，种类齐全。除此之外，这类平台还设置有网络游戏装备交易区和虚拟货币交易区等。

2) 智慧交易平台

威客网一般交易的是企业或个人的智慧，是常见的智慧交易平台。威客的英文 Witkey 是由 wit(智慧)和 key(钥匙)两个单词组成的，它也是 the key of wisdom 的缩写，是指那些利用互联网把自己的智慧、知识、能力、经验转换成实际收益的人。

(1) 威客网的用户按照行为可以分为两类：回答者和提问者。其中，提问者提出问题和发布任务，在获得满意的解决方案后支付报酬给回答者。回答者接受任务和回答问题，当回答者的解决方案得到提问者的认可后，回答者获得约定的报酬。

(2) 按参与的方式不同，威客网可分为三种类型，即 A 型威客(Ask Witkey)网、B 型威客(Bid Witkey)网和 C 型威客(C2C Witkey)网。

A 型威客网即知道型、知识问答型威客网，如百度知道和爱问等。

B 型威客网即悬赏型威客网，用户通过对某个项目进行投标并争取中标，从而获得项目开发机会，最终产生价值，如任务中国、孙悟空威客网、猪八戒威客网、一品威客网和时间财富网等。

C 型威客网即点对点威客网，用户通过对自身能力进行展示、证明，以及良好的经营状态，将能力转化为能力产品，与需求者之间建立 C2C 的买卖交易关系，如时间财富网等。

其实，A、B、C 型威客网的划分并没有绝对的界限，如时间财富网既属于 B 型威客网，又属于 C 型威客网。

(3) 威客的运营流程取决于其任务形式，具体内容如下：

① 现金悬赏任务流程(见图 3-5)：任务发布者发布任务→全额预付定金给威客网站→众多威客完成任务→任务奖金支付给作品最好的一名威客。现金悬赏任务流程易于操作和理解，但应该注意它的应用范围有一定的限制。现金悬赏任务流程主要适用于：a. 与生活相关的领域，如百度知道、新浪爱问用虚拟现金(积分)进行悬赏；b. 简单的在线工作，如起名、撰写文章、金额较低的图像设计和程序设计等；c. 威客营销，如万元悬赏征集广告语、好点子、产品使用建议等。

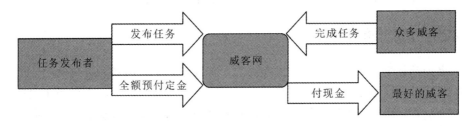

图 3-5　现金悬赏任务流程

② 招标任务流程(见图 3-6)：任务发布者发布任务→支付少量定金或不支付定金→经威客网站确认的高水平威客报名参加→任务发布者选择最合适的威客开始工作→根据工作进度由任务发布者或威客网站向威客支付酬劳。招标任务流程可避免任务发布者

预先支付大量现金,但需要威客网站对威客和任务发布者进行信用管理。招标任务流程主要适用于:a. 金额较大、难度较高的在线工作任务,如高水平的翻译、网站建设、企业策划、法律咨询、软件开发等;b. 工程技术领域,如化工、建筑、工程、电力、能源等。

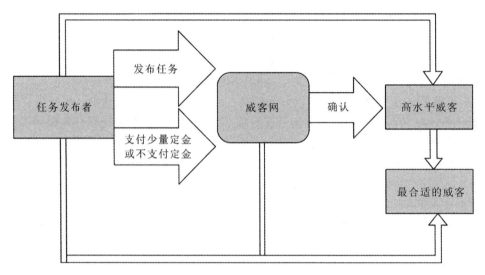

图 3-6　招标任务流程

2. 按交易平台的运作模式分类

按交易平台的运作模式,C2C 电子商务平台可以分为拍卖平台和店铺平台。

1) 拍卖平台

在拍卖平台运作模式下,C2C 电子商务企业为买卖双方搭建网络拍卖平台,按成交金额的比例收取交易费用。在拍卖平台上,商品所有者或某些权益所有人可以独立开展竞价、议价、在线交易等。

2) 店铺平台

在店铺平台运作模式下,C2C 电子商务企业提供平台,以方便用户在平台上开设店铺。其可以通过会员制的方式收费,也可以通过广告或提供其他服务收取费用。

拍卖平台与店铺平台间没有明确的界限,如淘宝网既是拍卖平台,又是店铺平台。

四、C2C 电子商务的营利模式

C2C 电子商务平台是一种主要通过网站为个体商户和个人消费者提供网络化的购销平台,以便消费者进行商品的选购。同时,为了保障交易双方的利益,C2C 电子商务平台还提供了商品广告、第三方支付系统、交易监管和评级、网店装修等功能,这些服务和功能也是 C2C 电子商务模式的基本盈利来源。C2C 电子商务的营利模式主要包括以下 5 项内容。

1. 会员费

会员费是大部分网站的营利方式之一。用户为了获得某些权限,如网上店铺出租、公司认证、产品信息推广等服务,需要注册为会员并付一定的费用。会员费一般采取第一年交纳、第二年续费的形式，若不再续费，该用户将变为免费会员，不再享受多种服务。缴费会员比免费会员能享受到更多、更高质量的服务，如特定或专供信息、增值服务等。

2. 网络广告费

网络广告费是将网站中有价值的位置用于放置各种广告，根据版面、形式、发布时长等因素来收取费用，如淘宝网中的竞价排名、直通车和智钻等。

3. 增值服务费

增值服务费是指某些超过质保期外商品用户的服务是有偿的服务，不仅需要收取成本费，还要收取一定数额的服务费，如辅助信息费、物流服务费和支付交易费等。

4. 特色服务费

特色服务费即商品或服务的特色展示费用，如淘宝网中的店铺装修工具、数据统计与分析工具等的费用。

5. 拍卖平台

拍卖平台的营利方式主要包括拍品信息费、保留价费用和佣金 3 种。拍品信息费是指拍品的信息登录在平台的费用；保留价费用是指拍卖交易不成功时，根据卖家事先设置的拍品保留价收取费用；佣金是指按拍品成交金额收取一定比例的费用。

以上只是 C2C 电子商务的部分营利模式，不同的 C2C 电子商务网站有所区别，但都是采用多种方式的结合来运营的，以实现更高的网站流量、用户黏性和重复购买率等。值得注意的是，如果某个 C2C 电子商务企业创造了自己独一无二的营利模式，那么就将难以被其他竞争者复制或超越。

五、C2C 电子商务的交易流程

根据 C2C 电子商务的交易对象，交易流程可分为买家交易流程和卖家交易流程。下面以淘宝网为例，介绍在淘宝网中买家和卖家的交易流程。

(一) 买家交易流程

根据买家在网店中购物的顺序，可以将买家的交易流程分为搜索和浏览商品、购买商品、付款、收货和评价。

1. 搜索和浏览商品

在淘宝网中购买商品需要买家根据自己的需要进行搜索，搜索完成后淘宝网将符合买家搜索条件的商品展示在网页中，买家浏览查看这些商品后，若有满足自己需要的商品，就将其加入购物车。

淘宝网中提供了多种搜索商品的方法，除了在搜索框中输入关键字进行搜索外，还可以按照需要在商品类目中搜索，如图 3-7 所示。搜索后，在打开的页面中可以设置更加详细的搜索条件，如商品品牌、商品卖点、商品款式、商品用途和商品价格等；还可按照需要对搜索结果进行排序，目前淘宝网支持综合、销量、信用和价格排序，如图 3-8 所示。当有需要的商品时，单击商品图片或商品标题即可进行商品详情页的浏览。

图 3-7 按类目搜索商品

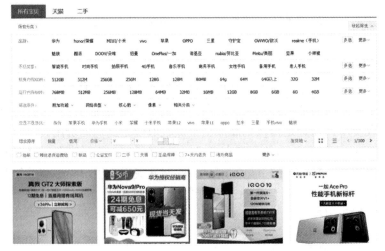

图 3-8 搜索结果及条件筛选

2. 购买商品

在网上搜索并找到所需要的商品后，可以将商品加入购物车并在购物车中进行结算，也可以直接单击商品信息页面中的立即购买按钮进行购买。购买商品前需要注意，要先确认商品的信息，包括商品的颜色、规格、数量、送货方式和收货地址等。

3. 付款

确认收货信息后，即可进入支付页面，在该页面中可以利用淘宝网提供的第三方支付平台——支付宝进行付款。买家可以预先在支付宝中充值，或者通过网上银行、信用卡和货到付款等方式进行支付。

4. 收货和评价

当买家收到货物并确认无误后，即可返回淘宝网中确认收货，同时对商品的质量、卖家的服务和物流服务等项目进行评价。交易完成后，卖家即可收到买家支付的货款。

(二) 卖家交易流程

卖家作为商品的销售方，需要先开设店铺，然后上传商品信息。卖家的交易流程如下。

1. 开设店铺并发布商品

在淘宝网中开设店铺需要先进行支付宝实名认证和开店认证，认证成功后，就可以在淘宝网中发布商品信息。信息发布后，买家即可在淘宝网中搜索到该商品。卖家在发布商品信息时，可选择一口价、个人闲置或拍卖的方式进行出售，一口价是指卖家以固定的价格出售商品。个人闲置商品是指已通过支付宝实名认证的淘宝网用户以闲置的方式发布的商品，通常是个人持有、自用的或从未使用的闲置物品，卖家可以根据自己的情况来进行选择。拍卖是指卖家出售商品时就设置宝贝起拍价、加价幅度。

不管采用哪种方式发布商品，发布前都需要准备商品资料，包括商品标题、图片、类别价格、数量、送货方式、运费、有无发票和保修单等信息。

2. 发货

发布商品并被买家搜索购买后，卖家需要发货，发货要及时，并尽量按照买家的要求选择对应的快递公司，并将发货情况告知买家。

3. 收款及评价

买家收到商品并确认付款后，卖家即可收到支付宝中暂存的款项。此时，卖家可以对买家进行评价，评价信息将记入买家的信用等级。

4. 提现

淘宝网中的所有货款都存放在支付宝平台中，卖家需要进行提现操作才能将其中的资金转移到自己的银行账户中。

总体来说，在淘宝网中进行交易的流程如图3-9所示。

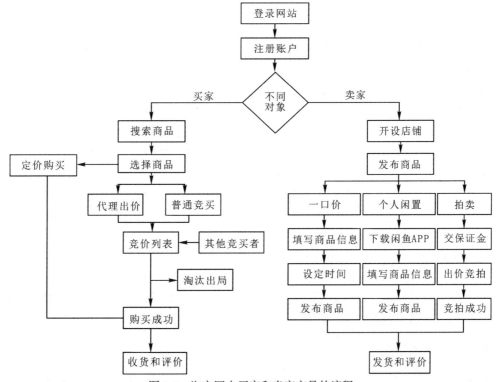

图3-9 淘宝网中买家和卖家交易的流程

六、C2C 店铺平台的运作模式

C2C 店铺平台运作模式又称网上商城运作模式，由电子商务企业提供平台，方便用户在网上开设店铺。目前，国内主要的 C2C 店铺平台有淘宝网、易贝等。

(一) C2C店铺平台的购买及开店的流程

1. C2C 店铺平台的购买流程

(1) 会员注册。如果是 C2C 店铺平台的新用户，首先要进行会员注册。

(2) 浏览搜索商品。可以利用 C2C 店铺平台的搜索引擎，也可以按照商品分类来选择购买的商品。一般 C2C 店铺平台都具有高级搜索的功能。

(3) 联系卖家。用户可以通过多种沟通工具联系卖家，除可以直接给卖家留言外，淘宝网买家还可以用阿里旺旺和卖家联系(卖家用千牛工作台)，如果用户已经下单，在订单详情页面可查到卖家的手机号。

(4) 出价和付款。如果选择的是以拍卖方式出售的商品，首先必须认真学习该拍卖网站的拍卖规则，其次要清楚邮费、剩余的时间、起拍价格、加价幅度和当前的价格。如果选择的是以一口价方式出售的商品，且卖家不包邮费，则买家的付款金额将是一口价加邮费。

(5) 收货和评价。收货后，买家应在第一时间检查物品的状况，如尺寸、新旧程度、颜色等是否和照片一致。如果和照片有出入或自己不满意，则可以和卖家协商进行退货处理。收货后，要对卖家进行客观、公正的评价。

2. C2C 店铺平台的开店流程

(1) 会员注册。方法与买方注册会员相同。如果作为买方已注册会员，则可以使用同一会员账号。

(2) 开通 C2C 店铺平台的支付工具，如在淘宝网开店则需要开通支付宝。

(3) 实名认证。如果用户要在 C2C 店铺平台上出售商品，则必须通过实名认证，具体有个人实名认证和商家实名认证两种。个人实名认证包括支付宝实名认证和淘宝开店认证，必须提供用户本人的身份证;商家实名认证时必须提供营业执照等能证明商家身份的证件。

(4) 发布商品，开设店铺。通过身份认证后，卖家就可以发布商品、开设店铺进行销售了。目前，在淘宝网上定价销售(拍卖)物品时不收取任何中介费用，是完全免费的，但 C2C 店铺平台的增值服务是收取费用的，如淘宝网的旺铺、试衣间等都要收取一定的服务费。

(5) 联络买家。在商品销售过程中，随时会有买家留言提问，卖家应及时、耐心地回复留言；也有买家通过站内信件的方式联系卖家，卖家应及时通过沟通工具联系买家。

(6) 发货和评价。确认收到买家的货款后或者知道买家已把货款付给第三方支付机构后，卖家就可以放心地安排发货了。卖家账户收到买家货款后，卖家须客观、公正地对买家进行评价，买卖双方互相进行评价后都会得到一定的信用积分。

(二) 货源的选择

C2C 店铺平台能否顺利开店，关键在于货源的选择。货源的好坏与店铺动态评分有着直接关系，并会直接影响网店的运营。因此，如何找到好货源，对于新手卖家而言至关重要。下面介绍几种货源选择渠道。

1. 淘宝网官方平台

淘宝网官方平台有两种主要的货源选择渠道：

(1) 阿里巴巴。阿里巴巴是国内最大的在线交易平台，目前已覆盖原材料、工业品、服装服饰、家居百货、小商品等 12 个行业大类的产品。

在阿里巴巴平台上选择货源方便、快捷，货源覆盖面广，但是客户对商品品质、供应链情况等难以把握。因此，在阿里巴巴平台上挑选货源时要比较商家的销量、评价和复购率，要注意查看图片质量、店铺单品及其销售情况、响应速度和发货速度、诚信通年限、是否有金牛标志等。另外，还需要查看厂家的联系方式、地址等信息。

淘宝卖家可以利用阿里巴巴的货源做代理，也可以通过阿里巴巴网上进货，然后在自己的店铺中上架销售。

(2) 淘分销平台。在淘宝卖家中心按商品→市场发现→淘分销的顺序进入淘分销平台。首先需要在卖家平台上注册，然后才能采购货物。淘分销平台上提供的都是有品牌的商品，品质相对较好，图片是原图，对商品的销售价格有控制，因此商家的利润空间有限。

2. 产业带工厂

产业带是一条带状的链条产业集中区域，是相关或相同产业的基地，在此区域内可以形成产业集聚效应，可以更好地壮大产业，如杭州的女装、扬州的毛绒玩具、深圳的 3C 数码、佛山的卫浴等。登录阿里巴巴源头好货首页，按产业带→产地地图的顺序单击，即可看到不同类目产品的产业带，以及每个产业带工厂的联系信息，用户可以实地考察其产品质量、价格等情况。客户在产业带工厂进货价格便宜、款式多、货源充足、供应链可把控，但缺点是要求进货量大、容易压货，且多数厂家不愿与小规模的卖家打交道。

3. 线下批发市场

普通的线下批发市场有很多，如广州流花服装批发市场、义乌小商品城等，这些都是开网店找货源的不错选择。线下批发市场更新快、品种多，但是容易断货，品质不易控制。

4. 当地特色产品

当地特色产品，如山西的核桃、枣等，在当地产量大，方便直接和农户对接，这样可以节约成本，提高利润。

第四节 医药电子商务模式

21 世纪，人类社会进入了信息、网络时代，电子商务建立在互联网技术基础之上突破了传统商务时空，得以迅速发展，伴随电子商务的发展医药行业也随之发展，交易量逐年增加，取得了非常可观的效益。本节主要介绍医药电子商务的主要模式。

医药电子商务与普通电子商务相比，既有相似之处，又有其独有的特点。医药电子商务模式可按以下方式分类。

一、按参与主体分类

按不同的参与主体，可将医药电子商务分为以下三种模式。

(一) 企业对企业电子商务模式

企业对企业电子商务模式是企业和企业之间开展的电子商务活动，具体是指政府、医药生产企业、医药流通企业、医疗机构、医药信息提供商、银行以及保险公司等通过网络结成相互的业务联系，通过互联网进行产品、服务及信息的交换。

我国医药电子商务目前开展的 B2B 模式可以分为三种类型：

(1) 以政府为主导的 B2B 采购平台：主要是服务于政府药品集中招标采购等，不以营利为目的，例如广东省第三方药品电子交易平台、江西省医药采购服务平台、海南省医药集中采购平合等。

(2) 以企业自身为中心主导的 B2B 模式：是具有药品经营资质的企业利用自身的医药产品资源，通过本公司网站与其他医药企业进行互联网药品交易，该模式的代表企业有九州通医药网、华源医药网、珍诚医药在线等，属于一对多的交易服务模式。

(3) 第三方电子交易市场的模式：第三方药品电子市场是聚集大量买方和卖方、以互联网方式进行药品交易活动的电子交易场所，第三方电子商务运营商不参与药品的交易活动，仅为所有药品的买方或卖方提供交易服务，属于多对多的交易服务模式。以海虹医药网为例，其建立的医药电子商务平台集中、全面地收集医药行业信息并进行加工处理，提供灵活多样的交易方式，可以集中，也可以联合或者分散；可以招标，也可以竞价、询价或者直接采购，较好地满足了客户的个性化需求。

B2B 模式为我国医药生产企业、批发企业与医疗机构搭建了良好的交流平台，其特点是实现信息互通，减少沟通成本和减少流通领域的中间环节，降低流通费用，使医药产品的流通过程透明化、规范化。

(二) 企业对顾客电子商务模式

企业对顾客电子商务模式是网上药店与个人消费者之间开展的电子商务活动，与普通电子商务的 B2C 模式基本相同。医药电子商务的 B2C 模式可以分为两种：

(1) 依赖于天猫、京东等大型电商平台，借助其出色的"引流"能力，在其平台上开设本企业的网络旗舰店。

(2) 自建平台，完全依靠自身的运营与推广能力为消费者提供电商服务，如康爱多、好药师、1 药房、健客网等。

B2C 模式相对于 B2B 模式而言，其交易范围得到了一定程度的扩大，参与的用户由原来的医药采购方拓展到了消费者。B2C 模式可以使企业增进与顾客的交流，为顾客提供更多选择，提供更具个性化的服务。

(三) 线上到线下电子商务模式

线上到线下电子商务模式是指将线下商务机会与互联网相结合，通过电子商务平台，将消费者、实体店以及网上商城三者紧密结合,实现搜索、下单、体验、共享的可逆消费闭环。对于医药电子商务企业来说,O2O能够融合传统线下医疗机构(提供服务)及线上医药电子商务网站(提供产品)的优势,成为医药电子商务和服务中重要的环节,在整体医药流通领域起到了重要的补充作用。例如线下的药店如果遇到没有的药品,可以在O2O平台上下单,然后由平台送到患者手里,或者由患者线上下单,到线下的药店取药。目前O2O主要有两种运营模式:

(1) 自营药店或自建独立的配送体系,这种模式可以实现标准化管理,从而保证服务质量,使用户获得较好的购药体验,但也面临运营成本较高的问题,代表企业有快方送药、送药360等。

(2) 采用与药店合作的方式,用户下单后由药店人员进行配送。这种模式运营成本相对较低,并可以快速复制推广至全国,但是配送服务质量很难标准化,管理难度大,用户体验也参差不齐,代表企业有叮当快药、药给力等。

二、按交易内容分类

按交易内容,可将医药电子商务分为以下三种模式。

(一) 产品(有形)交易模式

产品(有形)交易模式指通过互联网提供药品(包括医疗器械、直接接触药品的包装材料和容器)交易服务的电子商务。大部分的医药电子商务都是以有形产品交易为主。

(二) 信息(无形)服务模式

信息(无形)服务模式指通过互联网向网上用户提供药品(含医疗器械等)信息的服务活动,但不包括特殊药品(麻醉药品、精神药品、医疗用毒性药品、放射性药品)、有毒药品和医疗机构制剂的产品信息。

(三) 产品与服务相结合模式

2020年7月,国家发展和改革委员会等13个部门联合发布《关于支持新业态新模式健康发展激活消费市场带动扩大就业的意见》(发改高技〔2020〕1157号),在积极发展互联网医疗条款中明确指出:"以互联网优化就医体验,打造健康消费新生态。支持平台在就医、健康管理、养老养生等领域协同发展。"为此,很多走在行业前列的医药电子商务企业主动变革,打破单独运营状态,积极与医疗服务系统有效对接,探索将医疗服务、医保服务、医药服务、物流服务相融合的新型医药电子商务服务模式。比如康爱多就开设了康爱多互联网医院微信公众号,提供在线分诊导诊、预约挂号、名医线上问诊、慢病管理、用药指导、药品配送等医疗服务。

三、按网站的功能性分类

按网站的功能性,可将医药电子商务分为以下六种模式。
(1) 以药品集中招标采购为切入点的医药电子商务网站。
(2) 以药品供求关系为主的医药电子商务网站。

(3) 发布药品技术转让以及研发信息的医药电子商务网站。

(4) 发布医疗器械、医药耗材等信息的医药电子商务网站。

(5) 发布制药机械、科研小设备等信息的医药电子商务网站。

(6) 提供我国民族医药信息的医药电子商务网站。

巩固与练习

一、单项选择题

1. 下列属于 B2B 电子商务网站的是(　　)。

A. 阿里巴巴　　　　　　B. 慧聪网　　　　　C. 环球贸易网　　　　D. 以上都不是

2. 下列不属于 B2C 电子商务网站的是(　　)。

A. 天猫　　　　　　　　B. 快塑网　　　　　C. 一号店　　　　　　D. 唯品会

3. 下面关于 B2B 电子商务的说法中正确的是(　　)。

A. 只要企业想开展 B2B 业务，就可以通过 B2B 平台进行业务扩展

B. 在 B2B 模式下，企业可以通过批量采购来优化企业内部的采购体系和库存体系

C. B2B 电子商务平台可以通过广告费、中间费用和技术服务费等进行赢利

D. B2B 电子商务分为面向制造业或面向商业的垂直 B2B、面向中间交易市场的 B2B

4. 按无形商品或服务的电子商务模式划分，淘宝大学属于(　　)。

A. 网上订阅模式　　　　　　　　　　B. 付费浏览模式

C. 广告支持模式　　　　　　　　　　D. 网上赠予模式

5. 电子商务平台在网站建设方面应该做到(　　)。

A. 在保证消费者购物安全的前提下可以忽略其他的问题

B. 对消费者收取一定的交易费

C. 体现出网络购物与现实生活中购物的区别

D. 购物界面简单、操作方便

6. 下列关于医药电子商务模式叙述错误的是(　　)。

A. 与普通电子商务模式既有相似性，又有独有的特点

B. 以政府为主导的 B2B 采购平台属于公益性质

C. 第三方电子平台也参与了商品交易

D. 医药电子商务 B2C 模式与普通 B2C 模式基本相同

E. B2B 模式可以减少流通领域的中间环节，降低流通费用

7. 九州通医药网属于(　　)医药电子商务模式。

A. B2B　　　　　B. B2C　　　　　C. C2C　　　　　D. B2G　　　　　E. C2G

8. 京东大药房是(　　)模式的典型代表。

A. 自营型 B2C 模式　　　B. B2B 模式　　　C. 平台型 B2C 模式　　D. O2O 模式

二、多项选择题

1. 按照交易客体分类，B2C 电子商务模式可以分为(　　)。

A. 买方企业对卖方个人　　　　　　　B. 卖家企业对买方个人

C. 有形商品或服务　　　　　　　　　D. 无形商品或服务

2. C2C 电子商务的赢利模式包括(　　)等。

A. 会员费　　　　B. 网络广告费　　　　C. 增值服务费　　　D. 特色服务费

3. B2B 电子商务的赢利模式包括(　　)等。

A. 会员费　　　　B. 广告费　　　　C. 物流费　　　　D. 信息化技术服务费

4. 无形商品的电子商务运作模式主要包括(　　)。

A. 广告支持模式　　　　　　　　　B. 网上订阅模式

C. 网上赠予模式　　　　　　　　　D. 付费浏览模式

5. 下面属于平台型综合电子商务平台的有(　　)。

A. 小米商城　　　B. 京东商城　　　C. 聚美优品　　　D. 亚马逊

6. 闲置商品与二手商品相比较，其特点有(　　)。

A. 个人持有　　　B. 自用闲置物品　　　C. 二手商品　　　D. 专业卖家持有

7. 医药电子商务有(　　)模式。

A. C2C　　　　B. B2B　　　　C. B2C　　　　D. O2O

8. 以下(　　)为 B2B 模式的医药电子商务交易平台是。

A. 珍诚医药在线　　　　B. 1 药网　　　　C. 健一网

D. 商康医药网　　　　E. 京东大药房

9. 以下(　　)为 B2C 模式的医药电子商务交易平台。

A. 仁和药房网　　　　B. 1 药网　　　　C. 健一网

D. 健客网　　　　E. 叮当医药

10. 按网站的功能性来分，电商模式可分为(　　)类型。

A. 以药品集中招标采购为切入点的医药电子商务网站

B. 以药品供求关系为主的医药电子商务网站

C. 发布药品技术转让以及研发信息的医药电子商务网站

D. 发布医疗器械、医药耗材等信息的医药电子商务网站

E. 发布制药机械、科研小设备等信息的医药电子商务网站

三、实训题

1. 在淘宝平台上找一件需要的商品并进行购买，了解电子商务平台上的买家操作流程。

2. 分别在天猫商城和京东商城购买需要的商品，请根据自己的购物经历写出两者在购物环境、购物流程和购物体验方面的异同。

3. 广东康爱多公司目前覆盖医药电商、互联网医院、DTP 药房、E+药店平台等多条业务线，通过整合医生、药企、患者和药店资源，推动医药新零售业务升级。线上，患者可以通过医药电商平台购药，且有专业药师服务；通过互联网医院进行在线问诊、复诊续方以及疾病知识学习等。线下，患者通过 DIP 药房便可在医院购买新特药，也可以通过康爱多线下新零售自营店体验全新的医药新零售服务。

康爱多推动的医药新零售业务升级属于哪种医药电商模式？该公司采取的这种模式有哪些优点？

第四章 | 新兴电子商务

学习目标

1. 掌握跨境电子商务的特征、分类。
2. 了解跨境电子商务的主流平台、操作流程，以及跨境物流和跨境支付。
3. 了解社交电商的基础知识和发展趋势。
4. 掌握新零售的运营模式。
5. 掌握移动电子商务的概念、发展现状、趋势及应用。

引导案例

新零售的发展之路

突如其来的新型冠状病毒感染疫情对中国的各行各业造成了巨大的冲击，零售业也不例外。为了防止病毒的大规模扩散，大多数人被迫居家隔离。这使得传统零售商店的商品滞销，而那些新零售商店的商品则被线上客户抢购一空。该现象说明了新零售模式有着强大的引流能力，那么新零售商店该如何实现线上线下的双向引流呢？

1. 增加线上获客的流量入口

大商集团将企业 ERP 和 CRM 系统的数据接口全部打通，以确保门店和品牌专柜都愿意做线上品牌直播活动，且每周直播三到五次，营销效果明显。其中，信誉楼的直播方式在不断迭代，其最初用抖音等公域流量平台，现在做的则是基于私域流量的直播。

2. 创新线下购物体验

阿里巴巴的无人商店 TAOCAFE 为消费者提供了即买即走的购物体验，消费者进店前需要通过支付宝实名认证的识别，选好商品后即可带着东西直接离店。消费者不用再排长队等候结账，节省了不少时间，从而提升了顾客的购物体验。

第一节 跨境电子商务

随着经济与互联网的快速发展，为了加强不同国家间的商贸合作，跨境电子商务应运而生。跨境电子商务构建了开放、立体的多边经贸合作模式，拓宽了企业进入国际市场的途径，同时消费者还能通过该模式方便地获取其他国家的商品。

一、跨境电子商务概述

跨境电子商务是指分属不同关境的交易主体，通过电子商务平台达成交易、进行支付结算，并通过跨境物流送达商品、完成交易的一种国际商业活动。

跨境电子商务主要由跨境电子商务平台、跨境物流公司和跨境支付平台 3 部分组成。跨境电子商务平台用于进行商品信息的展示、提供在线购物功能，如速卖通、亚马逊和 eBay(易贝)等；跨境物流公司用于运输和送达跨境包裹，主要有中国邮政、DHL 和 UPS 等；跨境支付平台则用于完成交易双方的跨境转账、信用卡支付和第三方支付等支付活动。

(一) 跨境电子商务的特征

跨境电子商务融合了国际贸易和电子商务两方面的特征，更具复杂性，其主要表现在三个方面：一是信息流、资金流、物流等多种要素必须紧密结合，任何要素的不足或衔接不够，都会阻碍整体跨境电子商务活动的完成；二是流程繁杂，法规不完善，电子商务作为国际贸易的新兴交易方式，在通关、支付、税收等领域的法规还不完善；三是风险触发因素较多，容易受到国际政治经济宏观环境和各国政策的影响。具体而言，跨境电子商务具有以下特征。

1. 全球化

跨境电子商务依附于网络，具有全球性和非中心化的特性。任何人只要具备了一定的技术手段，在任何时候、任何地方都可以让商品、服务等信息进入网络，进而进行交易。跨境电子商务是基于虚拟的网络空间展开的，丧失了传统交易方式下的地理要素，跨境电子商务中的制造商可以隐匿其实际位置，而消费者对制造商的所在地也是漠不关心的。例如，一家很小的爱尔兰在线公司通过一个可供世界各地的消费者单击观看的网页，就可以在互联网上销售其商品和服务，消费者只需接入互联网就可以完成交易。

2. 可追踪化

跨境电子商务在交易过程中，议价、下单、物流、支付等信息都会有记录，消费者可以实时追踪自己的商品发货状态和运输状态。例如，对跨境进口商品，我国对跨境电商企业建立了源头可追溯、过程可控制、流向可追踪的闭环检验、检疫监管体系，这样既提高了通关效率，又保障了进口商品的质量。

3. 无纸化

跨境电子商务主要采取无纸化操作的方式，电子计算机通信记录取代了一系列的纸面交易文件，用户主要发送或接收电子信息。电子信息以字节的形式存在和传送，这就使整个信息发送和接收过程实现了无纸化。无纸化使信息传递摆脱了纸张的限制，但由于传统法律的规范是以有纸交易为出发点的，因此，无纸化也带来了一定程度上的法律混乱。

4. 多边化

跨境电子商务整个贸易过程的信息流、商流、物流、资金流已经由传统的双边逐步向多边的方向演进，呈网状结构。跨境电商可以通过 A 国的交易平台、B 国的支付结算平台、C 国的物流平台，实现与国家间的直接贸易。跨境电子商务从链条逐步进入网状时代，中小微企业不再简单依附于单向的交易或是跨国大企业的协调，而是形成一种互相动态连接的生态系统。依托于跨境电商生态圈，中小微企业之间可以不断达成可能的新交易，不断以动态结网的形态来组织贸易，也可以从中不断分享各类商务知识和经验。未来跨境电商的制高点是基于云和数据的全球电商生态圈，中小企业能够便利地获取跨境贸易所需要的各种服务，而通过各种服务，中小企业将会不断积累数据和信用。

5. 透明化

跨境电子商务不仅可以通过电子商务交易与服务平台，实现多国企业之间、企业与最终消费者之间的直接交易，而且在跨境电子商务模式下，供求双方的贸易活动可以采取标准化、电子化的合同、提单、发票和凭证，使得各种相关单证在网上即可实现瞬间传递，增加贸易信息的透明度，减少信息不对称造成的贸易风险。这将传统贸易中一些重要的中间角色被弱化甚至替代了，使国际贸易供应链更加扁平化，形成了制造商和消费者的双赢局面。通过电子商务平台，跨境电子商务大大降低了国际贸易的门槛，使得贸易主体更加多样化，大大丰富了国际贸易的主体阵营。

(二) 跨境电子商务与传统外贸电子商务的区别

传统外贸电子商务主要是由一国的进出口商通过另一国的进出口商进出口大批量货物，这些货物通过境内流通企业的多级分销，跨越多个流通渠道(如国内工厂、国内贸易商、目的国进口商、目的国分销商、目的国零售商)才能到达有需求的企业或消费者手中。与跨境电子商务相比，传统外贸电子商务具有进出口环节多、时间长和成本高等缺点，下面是两者的具体区别。

1. 主体不同

跨境电子商务通过网络将商品直接销售到海外消费者手中，其主体是商品；传统外贸电子商务则通过电子商务手段推广宣传企业或商品，从网络中寻找外商求购信息，其主体是信息。

2. 环节不同

跨境电子商务基于互联网及其独特的模式，大大减少了交易环节和交易成本；而传统外贸电子商务的进出口环节则没有变化。

3. 交易方式不同

跨境电子商务的商业活动基本都是在线上直接完成的；传统外贸电子商务的商业活动则都是在线下完成的，并且一般是通过大型的展会开发客户。

4. 模式不同

跨境电子商务的模式多样化，既有 B2B 跨境电子商务，又有 B2C、C2C 等跨境电子商务；而传统外贸电子商务则基本上是 B2B 模式。

(三) 跨境电子商务的发展趋势

跨境电子商务是未来国际贸易发展的必然趋势。在由互联网重塑的国际贸易中，跨境

电子商务已经成为我国贸易新的增长点，我国也成为全球主要跨境电子商务中心之一。在未来的发展过程中，跨境电子商务必将朝着有利于降低交易成本、促进全球贸易活动便利化、有利于营造良好的商务环境的方向发展。

1. 继续保持高速增长

从出口角度来看，出口跨境电子商务的卖家，所在的地域范围从广东、江苏、浙江等地区向中西部拓展，商品品类也由3C等低毛利率标准品向家居园艺、户外用品、汽配、服装、健康美容等新品类扩展。这些都将为我国出口跨境电子商务的发展提供新的发展空间。

从进口的角度来看，随着巴西、俄罗斯等新兴市场的不断加入，再加上互联网技术的发展、基础设施的不断完善，以及不断开放的政策，也将进一步拓展我国进口跨境电子商务的发展空间。研究表明，随着人均购买力的不断增强、国际物流水平的提高、网络支付水平的改善以及政策红利的支持，未来我国跨境电子商务的交易规模仍将持续高速增长。

2. B2C 模式将获得迅速发展

跨境电子商务模式中，B2B 模式占主导地位，2018 年，跨境 B2B 电子商务交易额占到整个跨境电子商务交易规模的 84%，但跨境 B2C 模式的交易规模增长迅速。在未来的发展中，跨境电子商务 B2C 模式的市场规模将不断扩大，预计到 2020 年，全球跨境电子商务 B2C 模式的交易额将达到 1 万亿美元；全球跨境电子商务 B2C 的消费者人数的年均增长率将超过 21%，总数将超过 9 亿人。而我国将成为全球最大的跨境 B2C 消费市场，跨境 B2C 的境内消费者将超过 2 亿人。

3. 逐渐走向阳光化

进口跨境电子商务受到历史因素和不完善的体制和机制的影响，海关对邮包的综合抽查率不高，并非每个邮包都会被拆包查验货值和商品种类，因此，实际上很多海淘快件邮包是不缴税的，这就直接导致了我国跨境电子商务中存在很多违规商品利用政策漏洞进行灰色通关的现象。

随着跨境电子商务规模的不断扩大，针对跨境电子商务的管理堵偏门、开正门势在必行，将灰色清关物品纳入法定行邮监管是必然要求。同时，跨境电子商务的阳光化发展是保障正品销售、降低物流成本、完善售后服务的前提条件，也是跨境电子商务的必然发展方向。

未来，随着跨境电子商务试点阳光化的不断推进，不断积累监管经验，跨境电子商务将进一步向阳光化、规范化、制度化发展。

4. 进口贸易保税模式潜力巨大

保税模式，是指商家借助大数据分析，将具有热卖潜力的商品通过海运等物流方式提前进口至保税区，待国内消费者在网上下单之后，商家从保税区直接发货，将商品送达消费者手中，这非常类似于 B2B2C 模式。与散、慢、小的国际直邮方式相比，保税模式采用海运等物流方式集中进口，可以降低物流成本。此外，商家从保税区发货的物流速度较快，几乎就相当于国内网购，缩短了消费者等待收货的时间，从而提高了消费者的购物体验。

从监管上来说，保税模式对于提高税收监管的便利性具有积极意义。虽然保税模式对商家的资金实力有更高的要求，但目前来看，这种模式是最适合跨境电商发展的集货模式，也是国内电商平台采取的主要经营模式。

二、跨境电子商务的分类

跨境电子商务按照交易模式和进出口方向，可以具体分类如下。

(一) 按照交易模式分类

按照交易模式的不同，可以将跨境电子商务分为 B2B 跨境电子商务、B2C 跨境电子商务和 C2C 跨境电子商务。

1. B2B 跨境电子商务

B2B 跨境电子商务是指分属不同关境的企业对企业开展在线销售商品或服务，通过电子商务平台达成交易、进行支付结算，并通过跨境物流送达商品、完成交易的一种国际商业活动。敦煌网、阿里巴巴国际站和环球资源等都是十分具有代表性的 B2B 跨境电子商务平台。

B2B 跨境电子商务平台主要有两种模式：一种是交易佣金+服务费模式；另一种是会员制+推广服务模式。在第一种模式下，商家可以免费注册、免费进行商品信息展示，平台只收取交易额佣金。平台按照类目分别设定固定的佣金比例来收取佣金，并实施阶梯佣金政策，当单笔订单数额达到一定金额时，即按照统一的标准进行收费。另外，平台还为商家提供了一系列的服务，如开店、运营和营销推广等，并从中收取一定的服务费。在第二种模式下，平台主要为商家提供贸易平台和资讯收发等信息服务，并收取会员服务费，针对不同的目标企业，提供不同的资讯服务。

2. B2C 跨境电子商务

B2C 跨境电子商务是指分属不同关境的企业直接面向个人消费者开展在线销售商品或服务，通过电子商务平台达成交易、进行支付结算，并通过跨境物流送达商品、完成交易的一种国际商业活动。速卖通、亚马逊、eBay、Wish 等都是十分具有代表性的 B2C 跨境电子商务平台。

B2C 跨境电子商务平台的模式主要包括保税进口+海外直邮模式、直营+招商模式和直营模式 3 种。

(1) 保税进口+海外直邮模式。该模式最典型的代表是亚马逊、天猫国际和 1 号店。亚马逊平台中的商家分为专业商家和个人商家，其中专业商家北美站点每月租金为 39.99 美元，欧洲站点每月租金为 25 欧元，上传商品的数量无限制且不收取费用。而个人商家按照每笔 0.99 美元，收取佣金，无须店铺租金。亚马逊在各地保税物流中心建立了自己的跨境物流仓储，在全球范围内拥有自己的物流配送系统，这是它与天猫国际、1 号店的最大区别。

(2) 直营+招商模式。该模式可以发挥企业的最大内在优势，通过招商的方式来弥补自身的不足，其典型代表为苏宁。苏宁在综合分析自身情况，充分发挥自身的供应链、资金链优势的同时，通过全球招商来弥补国际商用资源的不足，打造了为全球消费者服务的苏宁国际。

(3) 直营模式。该模式是指跨境电子商务企业直接参与采购、物流和仓储等海外商品的交易流程，拥有自己的物流监控和支付系统。直营模式的典型代表是聚美优品，它通过整合全球供应链，直接参与到整个买卖流程中，并独辟了海淘自营模式。2014年，聚美优品在河南保税物流区建设了自己的自埋仓，大大降低了商品运输时间，并能够全程跟踪物流信息。

3. C2C 跨境电子商务

C2C跨境电子商务是指分属不同关境的个人商家对个人消费者开展在线销售商品或服务，由个人商家通过第三方电子商务平台发布产品和服务信息，由个人消费者进行筛选并最终通过电子商务平台进行交易、支付结算和跨境物流配送等的一种国际商业活动。典型的C2C跨境电子商务平台有淘宝全球购、淘世界和洋码头等。

(二) 按照进出口方向分类

跨境电子商务按进出口方向可分为进口跨境电子商务和出口跨境电子商务。

1. 进口跨境电子商务

进口跨境电子商务是指境外卖家将商品直销给境内的买家，一般流程是境内买家访问境外卖家的购物网站选择商品，然后下单购买并完成支付，由境外卖家发国际物流给境内买家。在跨境进口贸易中，传统海淘模式是一种典型的B2C模式。除了海淘模式，还有进口零售电商平台的运营模式、海外代购模式、直发/直运平台模式、自营B2C模式、导购/返利平台模式和境外商品闪购模式等。

2. 出口跨境电子商务

出口跨境电子商务是指境内卖家将商品直销给境外买家，一般流程是境外买家访问境内卖家的网店，然后下单购买并完成支付，由境内卖家发国际物流给境外买家。中国电子商务研究中心监测数据显示，2018年上半年，中国跨境电商的进出口结构中，出口占比为77.1%，进口占比为22.9%。从进出口结构上来看，在一定时期内，出口跨境电子商务贸易额的比例将持续高于进口跨境电子商务。

我国出口跨境电子商务商品的品类主要有手机和手机附件、服装、健康与美容用品、母婴用品、家居用品、消费类电子商品、运动与户外商品、计算机和网络商品等。

三、跨境物流和跨境支付

(一) 跨境物流

与国内物流运输不同的是，跨境物流需要跨越边境，将商品运输到境外国家。目前最常见的跨境物流方式主要有邮政包裹、国际快递、专线物流和境外仓储。

1. 邮政包裹

邮政具有覆盖全球的特点，是一种主流跨境物流运输方式。目前常用的邮政运输方式包括中国邮政小包、新加坡邮政小包和一些特殊情况下使用的邮政小包。

邮政包裹对运输的管理较为严格，如果没有在指定日期内将货物投递给收件人，负责投递的运营商要按货物价格的100%赔付客户。需要注意的是，对于邮政包裹运输，含粉末、液体的商品不能通关，并且需要挂号才能跟踪物流信息，运送的周期一般较长，通常要15～30天。

2. 国际快递

国际快递主要是通过国际知名的四大快递公司，即美国联邦快递(FedEx)、联合国包裹速递服务公司(United Parcel Service，UPS)、TNT快递和敦豪航空货运公司(DHL)来进行国际快递业务的邮寄。国际快递具有速度快、服务好、丢包率低等特点，如使用UPS从中国寄送到美国的包裹，最快48小时内可以到达，但价格较昂贵，一般只有在客户要求时才使用该方式发货，且费用一般由客户自己承担。

3. 专线物流

专线物流一般是通过航空包舱的方式将货物运输到国外，再通过合作公司进行去往目的国的派送，具有送货时间基本固定、运输速度较快和运输费用较低的特点。

目前，市面上最常见的专线物流产品是美国专线、欧美专线、澳洲专线和俄罗斯专线等，也有不少物流公司推出了中东专线、南美专线和南非专线等。整体来说，专线物流能够集中将大批量货物发往某一特定国家或地区，通过规模效应来降低成本，但具有一定的地域限制。

4. 境外仓储

境外仓储是指在其他国家(或地区)建立境外仓库，货物从本国出口通过海运、货运和空运等形式储存到其他国家的仓库。当消费者通过网上下单购买所需物品时，商家可以在第一时间做出快速响应，通过网络及时通知境外仓库进行货物的分拣、包装，并且从该境外仓库运送到其他地区或国家，大大减少了物流的运输时间，保证了货物安全、及时和快速地到达消费者手中。

境外仓储的费用由头程费用、仓储管理费用和本地配送费用组成。头程费用是指货物从中国到境外仓库产生的运费；仓储管理费用是指货物存储在境外仓库和处理当地配送时产生的费用；本地配送费用是指在境外具体的国家对客户商品进行配送产生的本地快递费用。这种模式下运输的成本相对较低、时间较快，是未来的主流运输方式。

(二) 跨境支付

跨境支付是跨境电子商务必不可少的环节，当买卖双方的交易顺利达成，货物通过跨境物流送达买方，确认商品合格后，最后需要进行款项支付。跨境支付可以通过银行电汇、信用卡支付和第三方平台支付等方式进行。特别是第三方平台支付，随着跨境电子商务的发展，其需求日益增多。国际上最常用的第三方平台支付工具是eBay的贝宝(PayPal)、西联汇款等。在国内，银联最早开展跨境电子商务支付业务，其他支付工具紧随其后。

2015年1月，我国国家外汇管理局正式发布了《国家外汇管理局关于开展支付机构跨境外汇支付业务试点的通知》(汇发〔2015〕7号)和《支付机构跨境外汇支付业务试点指导意见》(汇发〔2015〕7号)，开始在全国范围内开展部分支付机构跨境外汇支付业务试点，允许支付机构为跨境电子商务交易双方提供外汇资金收付及结售汇服务。跨境支付的发展为国内第三方平台支付企业打开了新的广阔市场空间，帮助其获取到相对更高的中间利润，同时也有利于第三方平台支付企业对跨境商家进行拓展并简化支付的结算流程。对于境内消费者来说，由于无须再为个人结售汇等手续困扰，可以直接使用人民币购买境外商家的商品或服务，因此也大大简化了交易流程。目前，国内拥有跨境支付资格的支付企业数量达到 30 家，常见的支付工具包括支付宝、财付通、银联、网银在线、快钱和易宝等。

四、跨境电子商务平台

2019 年，我国跨境电子商务交易规模突破 10 万亿元，跨境电子商务平台企业已超过 5000 家，境内通过各类平台开展跨境电子商务的企业已超过 20 万家。在众多跨境电子商务平台中，速卖通、亚马逊、eBay 和敦煌网这 4 家跨境电子商务平台的市场份额占到了 80%，其他市场份额和知名度较高的平台还有兰亭集势、环球资源和中国制造网等。其中，速卖通主营 B2B 和 B2C 业务，敦煌网、环球资源和中国制造网主营 B2B 业务，而兰亭集势主营 B2C 业务。下面对这些典型的跨境电子商务平台进行介绍。

1. 速卖通

速卖通的全称为全球速卖通(AliExpress)，是阿里巴巴旗下面向全球市场打造的在线交易平台，可以简单地理解为国际版"淘宝"，主要针对国外中、小企业。在速卖通平台上，商家可以将商品信息编辑为在线信息发布到海外，消费者查看并购买商品后，平台通过国际快递进行货物运输，完成交易。速卖通于 2010 年 4 月正式上线，目前已经发展成为覆盖 230 多个国家和地区的全球最大的跨境电子商务交易平台之一，海外成交消费者数量已突破 1.5 亿。虽然在美国等成熟市场中，速卖通无论是品牌形象还是流量，都无法和亚马逊、eBay 平台相抗衡，但是在俄罗斯、巴西、以色列、西班牙、乌克兰和加拿大等新兴市场中，速卖通是非常重要和受欢迎的购物平台。

和其他竞争者相比，速卖通的优势包括较低的交易手续费、丰富的商品资源，以及使商家可以方便地将商品一键卖向全球的淘代销功能。速卖通还专门为商家提供了一站式商品翻译、上架、支付和物流等服务。另外，全球知名度和联盟站点，以及 Google 线上推广等为速卖通引入了更多优质的流量。

值得一提的是，对于没有进行过培训的跨境电子商务新商家而言，速卖通的一个优势在于其简单、易上手，后台界面是全中文，与客服的沟通也没有语言和文化上的差异。同时，商家还可以通过阿里巴巴提供的在线社区和线下的跨境电子商务培训课程，掌握后台操作的技巧并了解平台最新的政策。

2. 亚马逊

亚马逊是美国最大的一家网络电子商务公司，位于华盛顿州的西雅图市，是互联网上最早开始开展电子商务的公司之一。亚马逊成立于 1995 年，一开始只经营网络书籍销售业务，目前已涉及其他许多类目的商品。

亚马逊平台非常适合中国的工厂或在供应链方面有优势的品牌商，是一个非常优质的 B2C 平台，消费者主要为发达国家的中产阶层，对价格不敏感，因此产品利润率有保证。如果商家有给外国知名品牌代工的经验，并已建立商品品质把控标准，亚马逊绝对是不可错过的销售平台，对于自有品牌和专利，商家还可以在平台上进行商标备案，防止被其他商家跟卖和侵权。不过在亚马逊开店是有一定门槛的，不但开店手续复杂，而且上手相对困难，如果商家不小心触犯了它的规则，轻则会被警告，重则直接被封店。尤其是从2016年下半年开始，亚马逊对于中国商家的审核力度不断加强，没有进行过跨境电子商务培训的新商家，不管是在该平台上注册还是运营，都会遇到比以往更大的阻力。

3. eBay

eBay(易贝)是全美最大的在线商品交易平台，与亚马逊一样，eBay在中国也有独立的网站，致力于为中国商家开辟海外网络直销渠道。目前，eBay在全球数十个国家和地区都拥有本地站点，全球活跃消费者总数超过1.5亿，其核心市场是美洲和欧洲地区。eBay最初是一个拍卖网站，其创办的初衷是让美国人把家中的闲置物品放到网络上进行买卖。这种拍卖模式很容易吸引流量，同时每一个商家都可以将商品价格设置为最低0.01美分的底价，再让消费者竞相加价。由于创办时间早，国际知名度高，所以eBay上的商家非常多，商品也是琳琅满目。

eBay对入驻平台进行跨境电子商务交易的商家收取两笔费用：一笔是刊登费用，即商品上传展示费用；另一笔是成交费，即交易完成后，收取一定比例的佣金。在物流方面，eBay联合第三方合作伙伴——中国邮政速递，为中国消费者提供经济、便捷的国际e邮宝货运服务，并逐渐向俄罗斯、巴西等新兴市场延伸。

4. 敦煌网

敦煌网成立于2004年，是我国首个为中、小企业提供B2B跨境电子商务交易的网站，致力于帮助我国中、小企业通过跨境电子商务平台走向全球市场，开辟更加安全、便捷和高效的国际贸易通道。

敦煌网是中小额B2B跨境电子商务的首个实验者，其盈利模式与其他B2B电子商务不同，它主要以在线贸易为核心，通过收取交易双方佣金的模式进行运营，商家在敦煌网内进行注册、开店、发布商品都是免费的。

敦煌网的优势在于较早推出增值金融服务，根据自身交易平台的数据为商家提供无须实物抵押、无须第三方担保的网络融资服务。另外，敦煌网在行业内率先推出App移动端应用，不仅解决了跨境沟通和时差问题，而且打通了订单交易的整个流程。

5. 兰亭集势

兰亭集势成立于2007年，在海外消费者中有一定知名度，以销售国内的婚纱、家装和3C产品为主。这些产品毛利相对来说比较低，虽然业务量多，但盈利较少。其盈利主要靠制造成本的低廉与价格差。兰亭集势是跨境B2C电子商务平台，其基本商业模型为：使用Google推广，使用PayPal支付，使用UPS和DHL发货。兰亭集势通过自有电子商务平台和eBay、亚马逊等海外电子商务平台将中国商品卖到海外市场，主要是北美和欧洲市场。

6. 环球资源

环球资源成立于1970年，于2000年在美国纳斯达克股票市场公开上市，是外贸行业知名度比较高的B2B网站。环球资源致力于促进大中华地区的对外贸易，公司的核心业务是通过英文网站、电子杂志、采购资讯报告、贸易展览会(Trade Show)等形式促进亚洲各国

的出口贸易。

环球资源在国内网络不甚发达的年代，以在国外做贸易杂志起家，为中国制造提供了更为直接、有效的推广方式，也为自己在国外积累了一定的口碑和知名度。由于长期经营贸易杂志，其自身定位等挤近欧美消费者的习惯和喜好。

7．中国制造网

中国制造网创建于 1998 年，是焦点科技股份有限公司旗下综合性第三方 B2B 电子商务服务平台。中国制造网致力于为国内中、小企业构建交流渠道，帮助供应商和采购商建立联系、挖掘国内市场的商业机会。中国制造网内贸站为买卖双方提供信息管理、展示、搜索、对比和询价等全流程服务，同时提供第三方认证、广告推广等高级服务，帮助供应商在互联网上展示企业形象和产品信息，帮助采购商精准、快速地找到诚信度高的供应商。

五、跨境电子商务的操作流程

跨境电子商务虽然是不同关境主体之间的买卖交易，但作为电子商务的一部分，它同样具有电子商务的属性，首先消费者通过跨境电子商务平台浏览商品，然后进行价格等信息的沟通，最后涉及物流运输和支付等环节。整个流程与国内电子商务具有相似性，只是跨境电子商务的交易将涉及更多环节，如海关、税收和跨境物流等。

跨境电子商务出口的流程为：生产商或制造商将商品在跨境电子商务企业的平台上进行线上展示，待商品被选购下单并完成支付后，跨境电子商务企业将商品交付给物流企业进行投递，商品在经过两次(出口国和进口国)海关通关商检后，最终被送达消费者或企业手中。也有的跨境电子商务企业直接与第三方综合服务平台合作，让第三方综合服务平台代办物流、通关商检等一系列手续，从而更便捷地完成整个跨境电子商务交易的过程。跨境电子商务进口的流程除了与出口流程的方向相反外，其他环节基本相同。跨境电子商务的操作流程如图 4-1 所示。

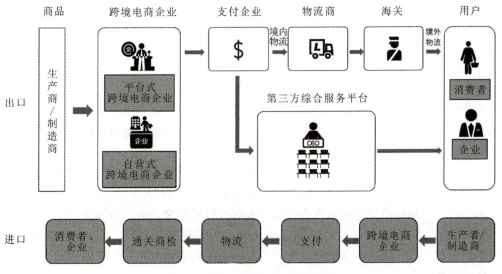

图 4-1　跨境电子商务的操作流程

第二节 社 交 电 商

以社交为主要特点的移动互联网时代，消费呈场景化、社交化趋势，同时消费人群更加细分，移动电商社交化成为一种趋势。在社交网络时代，消费者的购买行为越来越多地受到微信等社交媒体平台好友推荐的影响，社交推荐对消费者消费行为的影响可以说无处不在。不少电商平台由此开始了在移动端进行新的一轮布局，不愿错过社交电商这块营销阵地。

一、社交电商概述

社交电商，实际上是电商在社交媒体环境下的一种衍生模式，可以说是社交媒体与电商的一种结合。具体来说，社交电商是借助微信、微博等社交媒体，通过社交互动、用户自己生成内容等手段来辅助商品的销售，并将关注、分享、沟通、讨论等社交元素应用于电商交易过程的一种模式。简单地讲，通过时下流行的社交媒体和粉丝进行社交互动来拉动商品的销售，就是社交电商。

从 2014 年开始，智能手机等移动智能终端开始普及，人们的上网习惯发生了巨大的改变，不再花费好几个小时坐在计算机前面，而是拿起手机随时随地上网，上网的时间也越来越碎片化。随之而来的是人们的社交需求越来越强烈。微信、微博等社交媒体让趣味相同的人聚集在一起通过文字、图片、视频等信息进行交流互动，随后这些信息又以不同的方式被分享、传播，于是巨大的社交流量由此产生。单就微信生态下的流量红利来说，当下微信生态拥有 10 亿月活跃用户，占据了用户 50%以上的移动上网时间，触达传统电商大量未能有效覆盖的用户群体。在巨大的移动社交流量红利下，社交电商应运而生，并且进入飞速发展阶段，不少企业和商家纷纷发力社交电商。2017 年，拼多多的崛起印证了社交电商的潜力。据统计，2017 年，拼多多获客成本仅为 11 元/人，低于大多数电子商务平台。2018 年，拼多多第 1 季度成交总额超过 600 亿元，月活跃用户数高达 1.6 亿。2019 年，拼多多成交总额达 10 066 亿元，同比增长 113%，月活跃用户数达到 4.8 亿。

二、社交电商与传统电商的区别

传统电商设置有评论板块，借由一些消费者的评论对其他有消费意向的消费者的购买决策产生影响。这些消费者之间没有任何交互关系，只有评论信息有足够的说服力才可能带动其他消费者下单，且评论信息难以被扩散和传播。

而社交电商则不同，社交媒体平台上任何有亮点的话题和内容都可能被大范围传播，并且能够对其他用户产生影响，这就是社交电商的核心竞争力。

那么社交电商和传统电商具体有哪些区别呢？概括起来，有以下 6 点：

(1) 传统电商以商品为中心，商家与消费者之间的纽带是商品，只有当商品卖出后，商家才知道消费者是谁；社交电商以人为中心，首先需要建立人与人之间的联系，然后再进行商品销售。

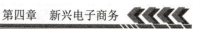

(2) 传统电商的流量更依赖于搜索流量，获取流量的成本较高；社交电商的流量更依赖于人与人之间的分享、传播，获取流量的成本较低。

(3) 传统电商中平台和品牌的资质和信誉是关键；社交电商则更重视人与人之间的信任关系，对新品牌来说机会更大。

(4) 传统电商创业的门槛越来越高，需要具备美工、运营、推广、客服、仓库等各方面职能；社交电商参与门槛较低，只需要一部手机即可开始创业。

(5) 传统电商的用户资源属于漏斗型，如找到 1000 个访客，然后通过营销推广，最后实现 50 单交易；社交电商的用户资源属于发散型，如 10 个消费者参与分享、传播，每人帮忙卖 5 单即可实现 50 单的交易量。

(6) 传统电商面向大众群体，消费群体不稳定，消费者随时可能选择其他的商家；而社交电商，通过社交互动与消费者建立信任关系，消费者的忠诚度高。

三、社交电商的模式

近年来，社交电商迅速兴起，发展出了多种模式，这里主要介绍社交内容电商、社交零售电商和社交分享电商。

1. 社交内容电商

社交内容电商是适用范围最广的社交电商模式，它的主要手段是通过将兴趣爱好相同的消费者集合起来，建立社群，然后推送高质量的内容增加消费者黏性，同时吸引更多的消费者访问，积累更多粉丝。

社交内容电商由内容驱动交易，因此需要持续不断地输出高质量的内容，而高质量的内容容易引起互动传播，能提高转发率和复购率，如针对社群成员共同的消费痛点创作的品牌或商品的营销文案。这就要求内容输出必须以消费者为中心来进行思考，尽量满足消费者的需求。

目前比较典型的社交内容电商平台有小红书、抖音等。

(1) 小红书目前有超过 2 亿用户，其社群包括"母婴圈""时尚圈""护肤圈""美食圈"等，并借助明星、网红、关键意见领袖(Key Opinion Leader，KOL)的影响让品牌或商品在短时间内集中爆发。小红书以图文内容分享为主，文案整体篇幅较长，通常包含了商品成分、商品的使用体验、使用场景等信息，这些优质用户原创内容(User Generated Content，UGC)可以让消费者更详细、更直观地了解商品，具有较强的说服力。

(2) 抖音以视频内容分享为主，通过直观的商品功能展示、商品使用场景展示，引起消费者的关注和传播，为品牌或商品做宣传。在淘宝等购物网站上也会实时上线很多抖音同款。截至 2019 年 1 月初，抖音国内日活跃用户数突破 2.5 亿，月活跃用户数突破 5 亿。

2. 社交零售电商

社交零售电商是以个体自然人为基本单位，通过社交媒体，利用个人社交人脉圈进行商品交易及提供服务的新型零售模式。这类模式一般通过整合商品、供应链和品牌，开设自营店，并开发线上分销商，招募大量个人商家，进行产品的一件代发，最终形成分销裂变。

与传统线下实体零售一样，社交零售的基本盈利点是商品的渠道分销利润。区别在于线下实体零售主要以实体店作为渠道载体，而社交零售是以个体自然人作为渠道载体，并且利用互联网及社交网络提高渠道运营效率。

目前比较典型的社交零售电商平台有云集微店、贝店等。

(1) 云集微店是个人零售服务平台，覆盖美妆、母婴、健康食品等品类，为商家提供物流、仓储、客服、培训、IT 技术支持等服务。大量商家通过社交关系扩散商品信息，增加商品曝光度，终端消费者看到商品信息后在云集微店下单，由云集微店官方完成配送和售后服务。订单完成后，商家即可获得提成收益。

(2) 贝店是贝贝网旗下通过手机开店的社交电商平台。贝店采用自营+品牌直供的模式，与数万个品牌直接合作，商家自己开店，无须囤货、发货，由贝店统一进行采购、发货服务，店主赚取推广费，即店主每卖出一件产品获得一定比例的佣金。

3. 社交分享电商

社交分享电商瞄准许多消费者讲究实用、实惠的心理特质，利用低门槛促销活动鼓励消费者分享，进行商品推广，吸引更多的消费者购买，以达到销售裂变的目标。社交分享电商对供应链效率及运营监管要求较高，需要雄厚的资金和大量专业人才的支持。

社交分享电商最典型的模式是拼团模式。拼团模式最大的优势在于可以用相对较低的价格买到高质量的商品，其高性价比在三、四线及以下城市具有较大优势，由于三、四线及以下城市人口相对集中，该模式可以通过拼团砍价的形式吸引更多追求高性价比的消费者群体。

目前比较典型的拼团模式社交分享电商有拼多多、京东拼团等。

(1) 拼多多的成功在于立足微信海量的流量形成低成本用户裂变，抓住三、四线及以下城市的用户对高性价比需求的真正痛点，然后找到爆款商品来形成销售的闭环。它借助社交+拼团+低价的组合，通过发起亲朋好友之间的拼团，实现用户量的快速提高。

(2) 京东拼团的实际操作规则与拼多多大同小异，消费者看中一件商品之后，可以选择自己开团或者参团，然后通过社交分享邀请更多的好友参团；当在有效时间内达到成团人数后，即可以拼购价购买商品。虽然采用低价拼购，但京东拼团的商品同样由京东自己的物流仓储和售后服务来提供保障。

无论是哪种社交电商模式，其销售策略都是以人为中心。而不同的模式，也面临着不同的挑战。社交内容电商依靠高质量的内容吸引用户，但内容容易被复制，导致内容同质化严重；社交零售电商依靠推广提成收益吸引分销代理加盟商，但受微信等社交媒体的监管影响较大；社交分享电商靠低价高质吸引用户，需要避免商品低价低质的情况出现。需要注意的是，社交电商的核心还是电商，供应链控制、商品品质、用户服务、消费体验等依旧是企业或品牌竞争的关键。

四、社交电商运营的基础

社交电商，顾名思义，社交是核心，是建立在人与人之间的交流之上的。因此，无论是哪种模式的社交电商，都建立在这两大基础之上：一是熟人关系；二是信任关系。缺少任何一种因素，社交电商都无法继续运营下去。

1. 熟人关系

社交电商是通过人与人之间的社交活动来促成交易的。因此，买卖双方关系越紧密，越容易促成交易行为。一般基于熟人关系的关系链可以分为以下 3 个层级：

(1) 浅层关系：指平时没有任何交集的陌生人。

(2) 中度关系：指关系一般的普通朋友。

(3) 深度关系：指亲戚、关系密切的朋友。

消费者通过社交媒体发起购物活动，通常首先将商品购买链接分享给亲戚朋友、关系密切的同学或同事，一起享受低价优惠，让好友之间形成一种良性的互动。因此，深度关系更容易促成交易行为。当然，浅层关系中也能实现交易，如将购物链接发送到一些微信群中，邀请不熟悉的群成员一起参与购买。

事实上，每个人的熟人关系是有局限的，社交零售电商或微商就需要通过微信、微博等社交平台开发更多人脉关系。同时，一些浅层的关系通过互动交流也能转化为中度或深度的关系，因此关系维护是很重要的。

2. 信任关系

除了熟人关系，信任关系也是社交电商运营中重要的因素。信任关系的核心在于如何实现社交关系的裂变，信任关系所催生的经济效应是由人脉关系和影响力来驱动的。例如，小红书这类社交电商主要依靠明星、网红生成高质量的内容，要想让消费者在平台中不断激发出消费欲望，就需要借助这些明星、网红的影响力，让消费者依赖平台的人脉关系和影响力。

熟人关系和信任关系是相辅相成的，熟人之间本身就拥有信任关系，在此基础上，只要对商品感兴趣就能促成交易。反之，建立了信任关系后，就能让关系从陌生转变为熟悉，从而有利于销售行为的开展。社交电商的价值在于消费者之间的互动和分享，在拥有高品质商品的前提下，熟人、朋友的推荐在形成购买决策过程中将起到非常重要的作用。

五、社交电商中的客户服务

传统电商时代，相比于客户服务，多数的电商运营者更加注重前端的运营和销售，把注意力都放到店铺装修与推广、数据分析、商品营销上，并且很多客服工作人员的服务方式、语言表达单一、死板，对客户服务缺乏深入的思考，不会认真地去收集消费者的咨询、反馈问题，并整理出友好、专业的客服话术。

进入社交电商时代，很多商家开始逐渐意识到客户服务的重要性。良好的客户服务是把握客流量、提高转化率的关键因素。

社交电商中的客服服务分为消费者期望的服务和超出消费者期望的服务两个层次，分别介绍如下。

1. 消费者期望的服务

消费者期望的服务是指消费者意料之中的，认为自己应该享受到的合理服务，如对消费者的基本尊重、提供基本的服务(如收到商品后，如果不会使用，能得到及时的帮助和指导；或者对商品不满意，能得到及时的退换货处理等)。这些服务是最基本的，是消费者本就应该享受到的。所以，商家即使提供了这些服务，消费者也不会产生惊喜感或对商家留下深刻的印象。此外，如果客服服务达不到消费者期望的最低标准，必然会导致消费者的流失。

2. 超出消费者期望的服务

消费者期望的服务是固定的，或千篇一律、走流程似的服务，无法让消费者感觉到商家真诚的态度，更不能给消费者留下深刻的印象。要想提高消费者的忠诚度，就应该给消费者提供超出其期望的服务。例如，在取得同意的情况下，与消费者进行电话沟通，语气亲和、礼貌，透出热情；对订单进行跟踪，及时通过通信工具感谢消费者购物；承诺更加优质的退换货服务，如将一般的 7 天无理由退换货，升级为 30 天无理由退换货等。简而言之，超出消费者期望的服务就是对消费者期望的服务进行优化和升级。

在社交电商中，超出消费者期望的服务不仅能给消费者留下好的印象，同时也能够塑造良好的品牌口碑、提高复购率，并得到有效的传播，形成社交裂变，具有非常重要的作用和巨大的价值。

六、社交电商的发展趋势

从整体来看，一方面，社交电商的消费群体包含了传统电商原有的消费者，因为当原有的传统消费模式不能完全满足这些消费者的需求时，社交电商提供了更多的消费场景供其选择；另一方面，社交电商的消费群体又能覆盖到传统电商未能触及的以微信生态群为主的其他消费者群体。因此，在拥有巨大社交流量的前提下，社交电商具有非常可观的发展前景。

目前而言，社交电商大体有两种发展方向：一种是类似小红书这类平台的精选模式，其消费者群体主要集中在一、二线城市；另一种是类似拼多多这类平台的低价模式，其消费者群体主要集中在三、四线及以下城市。前者的消费者更在乎商品性能和个性化，后者的消费者更重视商品的性价比和实用性。

无论是精选模式还是低价模式，都有发展的机会。但是，在精选模式下，是否能为消费者提供真正优质的商品，商品的品质和内容描述、社交圈推荐文案是否一致，对消费者的体验将产生很大的影响。而在低价模式下，如果平台无法杜绝假冒伪劣商品，商品质量方面的问题就会导致消费者的不断流失。不管是哪种模式，消费者的开发与维护都是很重要的，如果消费者流失严重或无法获得有效的新增流量，平台将无法保持正常运营或营利。

第三节 新 零 售

"未来的十年、二十年，没有电子商务一说，只有新零售"，2016 年 10 月马云在云栖大会演讲中首次提出了新零售这个概念。2017 年随即成为新零售元年，互联网平台、企业进行了各种新零售尝试，如智慧门店、沉浸式体验、快闪、全渠道等。

一、新零售概述

(一) 新零售的概念

新零售是时下电子商务行业中被人们热议的新概念。大家普遍认为新零售是传统零售与互联网+相结合的产物，而互联网 + 就是互联网+各个传统行业，但并不是简单地相加，而是利用信息通信技术及互联网平台，让互联网与传统行业进行深度融合，创造新的发展生态。下面分别介绍传统零售、新零售的概念。

1. 传统零售

传统零售是指包括所有向最终消费者直接销售商品或服务，以供其作个人及非商业性用途的交易活动。传统零售的产业链以商家为中心，便利店、购物中心、超市等零售业态都属于传统零售。传统零售具有以下特点：

(1) 每笔商品交易的数量较少，但交易次数频繁。

(2) 出售的商品属于消费资料，个人或社会团体购买后用于生活消费。

(3) 交易结束后商品即离开流通领域，进入消费领域。

2. 新零售

对于新零售，目前常见的解释是，企业依托于互联网，通过运用大数据、人工智能等先进技术，对商品的生产、流通与销售过程进行升级改造，进而重塑业态结构与生态圈，并对线上服务、线下体验及现代物流进行深度融合的零售新模式。线上线下均有相应的店铺是新零售的必要条件。

此外，有学者也提出新零售就是将零售数据化。线上消费者信息能以数据化呈现，而传统线下消费者信息数据化难度较大。目前，在人工智能等技术的帮助下，新零售能在线下门店进行消费者进店路径抓取、货架前交互行为分析等数据化转化，形成消费者标签，并结合线上数据优化消费者画像。

不管如何定义新零售，新零售都可总结为线上+线下+物流，其核心是以消费者为中心的会员、支付、库存、服务等方面数据的全面打通。

在传统零售模式下，消费者与商家之间没有更多的双向沟通，主要是因为地理位置或者目标消费人群形成的购买力，无法扩大为更广范围的、更全面的零售规模。同时，消费者无法享受更多的高质量、个性化的服务，这就造成了消费者即买即走，无法创造附加价值的情况。而新零售模式真正实现了以消费者为中心的经营理念，通过消费者→零售商→品牌商→生产与研发的顺序结构，组成了数据化、个性化、定制化的生产链。同时，供应链方面也进行了变革，减少了中间层级结构，增加了多级仓库，在提供高效服务的同时节省了成本。

(二) 新零售产生的背景

国内网购交易规模增速放缓已经是毋庸置疑的事实，传统电子商务发展的天花板已经依稀可见，对于电子商务企业而言，唯有变革才有出路。探索运用新零售模式来推动消费者体验升级，推进消费方式变革，构建零售业的全渠道生态格局，就成为传统电子商务企业实现自我创新发展的有益尝试。总的来说，新零售产生的背景，主要包括以下 4 个方面：

(1) 相关技术的成熟。电子商务行业，任何一种创新模式的产生几乎都离不开技术的支持。移动互联网与智能终端的普及，让移动购物有了实现的基础，大数据、人工智能的出现提供了更多的支付场景。例如，时下兴起的无人零售就是新零售之于传统零售的一种变革，从单纯的无人收银、无人货架，到人脸识别、图像识别、重量感应等高科技加持的无人便利店，各种无人业态呈现出爆发态势。这就是新技术为新零售提供的现实基础。

(2) 线上流量红利到达上限。一段时期内，线上零售替代了传统零售的功能，但从主流电子商务平台的获客成本可以看出，电子商务的线上流量红利逐渐到达上限。

(3) 传统电子商务面临发展瓶颈。由于互联网、移动互联网终端大范围普及所带来的消费者增长及终端流量红利的逐渐消失，传统电子商务所面临的增长瓶颈开始显现。

(4) 消费升级。如今，人们的消费观念倾向于理性化，相较于商品价格，人们更加重视商品质量及个性化和精准化的服务，对于高质量的商品或服务，消费者愿意接受更高的价格。新零售下的消费升级为消费者提供了相应的解决方案。

(三) 新零售的特点

具体来说，新零售呈现出以下 5 个方面的特点：

(1) 渠道一体化。企业或商家能够有效链接线上网店和线下实体门店，打通各类零售渠道终端，实现线上和线下数据的深度融合；线上可以进行宣传和销售，线下则可以进行企业形象展示并为消费者提供服务体验。

(2) 经营数字化。前面介绍过，新零售就是将零售数据化，通过数据化管理，企业能够构筑多种零售场景，从而沉淀商品、会员、营销、交易、服务等数据，为企业或商家的运营决策提供丰富、有效的数据依据。

(3) 卖场智能化。引入智能触屏、智能货架、智能收银系统等物联设备，增强卖场体验感，提升购物便捷性；进行大数据、云分析，从而更便捷、有序地解决库存、销售等问题。

(4) 高效的运营模型。商品管理是零售运营的核心，损耗是运营水平的核心指标。在新零售模式下，企业通过大数据模型，能够预测商品的销量和损耗。另外，通过在每个门店管理者的手机上安装单品管理的 App，能够帮助门店更加精准地下单。未来，甚至可能做到人工智能自动下单。

(5) 高效的赋能体系。赋能是新零售的典型特征，通常一线员工是企业最重要的赋能对象。例如，儿童零售品牌孩子王，其会员贡献了超过 95%的成交额，其重要策略之一就是通过赋能，将员工转换成为育儿顾问，目前孩子王超过 60%以上的员工拥有育婴师证书，同时建立管理机制，使育儿顾问与会员结成一对一的服务关系。此外，用数字化手段帮助员工管理客户，为每个员工提供专业、全面的母婴知识库，帮助员工回答各种专业方面的咨询问题。

二、新零售的商业模式

在新零售模式下，实体零售与电子商务的商业形态不再对立，线上线下融合发展将是电子商务发展的新常态。目前对于各行各业来说，新零售主要有以下几种模式。

(一) 传统实体企业向互联网转型的常见模式

2015 年政府工作报告中提出制定互联网+行动计划后，线下实体店开始大规模在网上开店。互联网对传统行业的渗透与融合包括两个方面：互联网+是互联网行业主动向传统行业的渗透；+互联网是传统行业主动加速行业的互联网化进程。互联网+环境下传统实体企业变革的模式主要有以下几种。

1. 在第三方购物平台上开网店

传统实体企业借助已经成熟的第三方购物平台(如天猫、京东商城)销售自己的产品，可增加销售额，培养网店运营人才，为企业的进一步拓展奠定基础。这比较适合较少涉足零售业的传统生产企业和刚刚起步的零售商，不管是代理品牌还是自有品牌，均可以通过投入有限的资源来拓展网上零售。例如，人民邮电出版社 2014 年开始在天猫开设旗舰店，进一步在零售端扩大其影响力。

2. 利用传统连锁店的品牌优势建立独立网购平台

传统实体企业利用传统连锁店的品牌优势建立一个属于自己的独立电商平台，在平台上为目标客户提供尽可能丰富的品类或某一个品类的众多品种。独立电商平台的虚拟渠道品牌可以和实体渠道品牌名称一致，也可以是一个新品牌，如苏宁电器的苏宁易购和国美电器的国美网上商城。

3. 借助自媒体做移动电商

自媒体是指私人化、平民化、普泛化、自主化的传播者，以现代化、电子化的手段，向不特定的大多数或者特定的个人传递规范性及非规范性信息的新媒体的总称。自媒体平台包括博客、微博、微信、论坛等。

4. 利用手机应用程序做移动电商

传统企业可通过手机应用程序(App)打通现有资源，结合线下实体店，开展 O2O 电子商务，提高企业服务水平和品牌知名度。同时，手机应用程序具有完善的会员管理系统，通过相关数据，能够对用户行为进行分析，进而精准地为用户推送信息，适时组织一些客户喜欢的优惠活动，提高用户黏着度。目前，手机应用程序已逐渐发展为信息传播+销售渠道+品牌推广+会员管理+社交平台的移动应用程序。

5. 自有品牌商组建虚拟渠道

自有品牌商组建虚拟渠道的目的不仅仅是建立品牌在虚拟空间的销售渠道，还包括建立品牌在虚拟空间的品牌影响力，从而建立品牌与消费者互动的通道。品牌商既可通过第三方的通用平台销售产品(如通过天猫、京东商城、当当网等销售)，又可以自建官方商城以提供产品和服务，还可以通过网络分销，借助外力快速占领市场。例如，李宁是中国体育用品的品牌商之一，2008 年底正式成立了电子商务公司，并建立了李宁天猫官方旗舰店和李宁官方网站，同时着手建立了网上分销和代理体系。

(二) 线上企业布局线下实体店

线上企业也在加速布局线下实体店。网店获得成功后，线下开设实体店可做到线上和线下相结合,如亚马逊、阿里巴巴、京东、小米、三只松鼠等均已开设了线下实体店。

美国时间 2015 年 11 月 3 日,亚马逊的首家实体书店 Amazon Books 在西雅图开张,2016 年 12 月 5 日又开放了 Amazon GO 无人实体店。2014 年 11 月 20 日,京东集团全国首家大家电京东帮服务店在河北赵县正式开业。2017 年 12 月 30 日,京东首家无人超市门店在山东烟台大悦城正式营业。2018 年底,京东有近一万家的京东家电线下体验店,除了京东家电,线下的京东实体店还有京东便利、7FRESH 线下生鲜超市。表 4-1 中所列为我国线上代表企业在线下布局的案例。

表 4-1　我国线上代表企业在线下布局的案例

线上代表企业	线下布局举措
阿里巴巴	百货超市领域:收购了银泰百货、高鑫零售、三江购物的部分股份
	便利店领域:推出了加盟式天猫小店赋能传统便利店,并开设无人便利店淘咖啡
	生鲜领域:打造了实体生鲜体验店盒马鲜生
	汽车领域:推出了天猫无人汽车超市
京东	百货超市领域:收购了永辉超市部分股份
	便利店领域:开设了京东便利店,京东到家无人货架的目标是覆盖京东便利店及中小门店
	生鲜领域:入股社区“肉菜店”钱大妈、开设实体生鲜体验店 7FRESH
	其他实体店:开设了京东帮服务店、京东家电线下服务店等
小米	开设线下实体店小米之家,截至 2018 年 12 月底,在我国境内已开设 586 个小米之家,另有小米授权店 1378 家,境外也在快速布局
三只松鼠	开设线下体验店三只松鼠投食店,截至 2018 年 10 月共计开设 45 家门店

(三) 线上线下一体化

1. O2O 基本模式

O2O(Online to Offline)模式为线上线下一体化的主要模式。O2O 是指将线下的商务机会与互联网结合,让互联网成为线下交易的前台。O2O 涵盖的范围非常广泛,只要产业链既可涉及线上又可涉及线下,就可称为 O2O。从用户需求的角度出发,O2O 线上线下一体化模式可以进一步分解为导流类 O2O 模式、体验类 O2O 模式和整合类 O2O 模式。

1) 导流类 O2O 模式

导流类 O2O 模式的核心是流量引导。这也是目前 O2O 模式中的主流模式。导流类 O2O 模式以门店为核心,O2O 平台主要用来为线下门店导流,提高线下门店的销量。使用该模式的企业旨在利用 O2O 平台吸引更多的新客户到门店消费,建立一套线上和线下的会员互动互通机制。常见的导流类 O2O 模式有利用地图导航来导流和利用手机应用程序入口来导流。

(1) 利用地图导航来导流。地图导航是基于地理位置服务的一种引流方式,主要软件有高德地图、百度地图和腾讯地图等。地图导航产品利用其在 O2O 和基于位置服务(Location Based Services,LBS)方面的优势,提供地图服务和导航服务,并进一步扩展到了餐饮、景点、酒店等的预订服务,并专门开发了独立的手机软件来满足用户需求,帮助商家引流。

例如，高德地图在用户、流量和渠道等方面的优势明显，消费者通过高德地图可进行景点门票预订、机票预订、美食查找等。通过手机上的高德购物导航，消费者可就近找到品牌门店进行消费，再回到网上完成下单支付。线上的卖家也因此可以吸引更多地理位置上与实体店邻近的买家。百度地图集聚了优势 O2O 领域的伙伴，如糯米网等，可基本满足用户的需求，进一步利用用户原创内容(User Generated Content，UGC)和商家生产内容(Business Generated Content，BGC)方式共建基于位置服务的生态圈。

(2) 利用手机应用程序入口来导流。门店里放置手机应用程序的标志，鼓励用户关注、下载和登录。手机应用程序有具体门店的优惠信息和优惠券，可吸引用户到店消费。该模式适用于品牌号召力较强，且以门店体验和服务拉动为主的品牌。

例如，优衣库的 O2O 引流是以强化线下体验为基础的，通过线上互动营销及手机应用程序等为线下导流，并注重线下向线上回流，从而形成良性循环。应用优衣库的手机应用程序可以查找最近门店的信息、电话号码、营业时间及在售产品等实时信息，消费者可以在手机应用程序上直接下单；此外，为线下门店提供位置指导，线下门店通过手机应用程序可以了解下单的客户在哪里。优衣库也积极强化线下门店体验，并以促销或发放优惠券的形式向客户推荐手机应用程序(扫二维码有优惠，所有产品的二维码只能用优衣库手机应用程序才能扫描)，实现线下向线上的回流。

2) 体验类 O2O 模式

体验类 O2O 模式的核心是使消费者能享受到良好的服务和感受到生活的便利。在网上寻找消费品，然后再到线下门店中体验和消费，是最典型的 O2O 模式。

如钻石小鸟(Zbird)将线上销售与线下体验店相结合。钻石小鸟网上销售的商品包括钻石、婚戒、配饰等，为满足消费者的需求，2004 年钻石小鸟开始采用线上销售与线下体验店相结合的营销模式，体验店开张当月商品销量就增加了五倍。其体验店只是网店的一个补充，商品展示还是以网络为主。

类似家具这种家居商品，实物给顾客的直观感受很重要。部分网店开设了家居体验馆，顾客在家居体验馆现场体验后，可在实体店购买也可在网店购买，如宜家家居网上商城和宜家家居线下体验馆即是这种模式。

3) 整合类 O2O 模式

整合类 O2O 模式的核心是全渠道的业务整合，即线上、线下全渠道的业务整合。该模式主要有先线上后线下和先线下后线上两种模式。

(1) 先线上后线下。先线上后线下，就是企业先搭建一个线上平台，再以这个平台为依托和入口，将线下商业流导入线上进行营销和交易，同时，用户又可到线下门店享受相应的服务体验。这个线上平台是 O2O 运转的基础，应具有强大的资源流转化能力和促使其线上线下互动的能力。在现实中，很多本土生活服务性的企业都采用了这种模式。比如，腾讯凭借其积累的流量资源和转化能力构建的 O2O 平台生态系统即采用了这种模式。

(2) 先线下后线上。先线下后线上，就是企业先搭建起线下平台，以这个平台为依托进行线下营销，让用户享受相应的服务体验，同时将线下商业流导入线上平台，在线上进行交易，以此促使线上线下互动并形成闭环。在这种 O2O 模式中，企业需自建两个平台，即线下实体平台和线上互联网平台。其基本结构是：先开实体店铺，后自建网店，再实现线下实体店铺与线上网络商城的同步运行。在现实中，采用这种O2O模式的实体化企业居多，苏宁云商构建的O2O平台即采用了这种模式。

三、影响新零售发展的因素和新零售发展的趋势

(一) 影响新零售发展的因素

1. 线上零售获客成本越来越高

电商经过多年的高速增长后，线上增量空间开始收缩，增速减慢，电商平台的获客成本越来越高，流量红利越来越小，线上企业纷纷转到线下寻求新的利润增长空间，这导致线上线下进一步融合。

2. 传统线下零售企业利润空间不断压缩

(1) 经营模式同质化。传统零售品牌缺乏个性化建设，导致企业同质化经营，日趋严重的同质化竞争极大地压缩了企业的利润空间。

(2) 经营成本不断升高。传统零售企业人力成本和房租成本等不断攀升，导致企业利润空间不断压缩。

(3) 受线上零售企业冲击严重。线上零售企业中间环节减少，一方面可以有效地降低交易成本，提高交易效率；另一方面可以与终端市场紧密连接，更加全面地掌握终端市场的消费需求。电子商务的出现，使产品性能、类别、价格上的透明度越来越高，市场竞争越来越激烈。很多电商企业建立了从生产领域直接到终端市场的供应链体系，在这种短、平、快的销售模式下，传统实体企业的利润空间进一步被压缩。

3. 新技术的应用开拓了线下场景智能终端市场

新技术的不断涌现和成熟应用，成为推动零售变革的核心力量，大数据、虚拟现实等技术革新，进一步开拓了线下场景和消费社交。科技领域的高速发展提供了零售市场创新的可能，而技术不断革新的背后是企业对数据化的不断探索与不懈追求。

4. 移动支付的普及是推动新零售创新的重要因素

移动支付越来越普及，并与消费者的日常生活紧密相连，成为人们的一种生活习惯。支付越来越便捷和高效是推动零售创新的重要因素。

5. 消费需求的变化

消费者的需求引领市场趋势，消费成为拉动经济发展的主要力量，需求推动消费升级成为主旋律。品质化、个性化、重体验是未来消费需求的主要特征。

6. 新中产阶级崛起

以"80"后、"90"后为代表的新中产阶级普遍接受过高等教育、追求自我提升，他们逐渐成为社会的中流砥柱。新中产阶级消费观的最大特征是理性化倾向明显，他们在意商品(服务)的质量以及相应的性价比，对于高质量的商品和服务，他们愿意为之付出更高的价格。

(二) 新零售的发展趋势

随着新零售模式的逐步落地，线上和线下从原来的相对独立、相互冲突逐渐转化为互为促进、彼此融合，电子商务的表现形式和商业路径必定会发生根本性的转变。2018 年，新零售的诞生带来了场景革命，目前竞争格局已经渐渐明朗，在这样的背景下，新零售呈现出以下 5 个方面的发展趋势：

(1) 消费者中心化。在零售市场竞争激烈的环境下，零售的发展已逐步走出以商品为中心的模式，转向以消费者为中心的模式。商品的品牌和品类已不是最重要的，如何用有特色的场景、服务、体验打动消费者才是最关键的要素。

(2) 流量竞争日趋激烈。流量是零售企业最重要的资源，未来的零售竞争是流量的竞争，即是客户资源的竞争。找到客户，建立有效连接并增强其黏性是零售经营的重点。

(3) 全渠道零售。传统的零售业以消费者的单渠道购物为主；互联网出现后，多渠道购物开始盛行；社交媒体出现后，人们开始了跨渠道购物的尝试；移动社交媒体普及后，人们已进入了全渠道购物阶段。未来的新零售会将线上线下全部打通，在全渠道条件下，购物的主动权掌握在消费者手中，消费者可以借助各社交媒体对零售商终端进行选择，享受极致的购物体验。

(4) 场景化体验渗透商品或服务。首先，设计者会根据场景设计商品功能，强化使用体验。其次，商品体验不足时，建立适当的服务场景还可以打动消费者。最后，通过对消费者的大数据分析，商家可轻松整理出消费者的需求，预判消费者的使用场景，优化商品或服务。

(5) 无人零售快速扩张。目前随着技术的发展、人工和租金的大幅上涨、基础设施的规模化和移动支付的普及，尤其是人工智能和物联网技术的飞速发展，无人零售已经具备加速发展的客观条件。各种新型的无人便利店、自动售餐机、办公室无人货架等，将成为新零售形态中不可或缺的一部分。

总而言之，新零售的诞生为电子商务行业带来了场景革命，未来新零售将指向的目标和追求为降低成本、提高效率，提升消费者体验、提供极致服务。

第四节　移动电子商务

在无线通信技术的带动下，传统的以桌面互联网为主的有线电子商务逐渐发展为移动电子商务。电子商务在移动网络中的应用越来越广泛，并成为人们日常生活中越来越重要的一种商务活动方式。

一、移动电子商务概述

移动电子商务(Mobile Business，MB；或 Mobile Commerce，MC；移动电商)也称无线电子商务(Wireless Business，WB)，是指在无线平台上开展的电子商务。移动电商是电子商务的一个新分支，同时也是电子商务的整合与扩展。

在移动电子商务时代，原有电子商务的技术支撑、业务流程和商业应用都会实现有线向无线的扩展与完善，从这方面来说，移动电商是电子商务发展的高级形式。

(一) 移动电子商务的概念

移动电子商务由电子商务衍生而来。传统的电子商务主要终端是个人计算机，是有线的电子商务；而移动电子商务的主要终端是手机、个人数字助理(PDA)等可以装在口袋里的可移动终端。

目前，较普遍的移动电子商务的定义是：移动电子商务就是利用手机、个人数字助理和掌上电脑等无线终端开展的电子商务活动。移动电子商务将互联网、移动通信技术、短距离通信技术、应用程序开发技术及其他技术完美地结合，使人们可以在任何时间、任何地点进行各种商贸活动，实现了随时随地、线上线下的购物交易和在线电子支付。

(二) 移动电子商务的特点

移动电子商务的发展，逐步改变着传统商务的消费和交易模式，使可移动化的交易、支付活动渗透到人们生活的方方面面。相对于传统电子商务，移动电子商务具备以下特点。

1. 开放性

移动电子商务因为接入方式无线化，使得任何人都更容易进入网络世界，从而使网络范围得以延伸，变得更广阔、更开放。

2. 即时性

移动电子商务活动不受时间限制，消费者不仅可以在移动的状态下进行购物活动，还可以在移动的状态下满足其即时产生的需求，获得相关的信息或服务。

3. 便捷性

移动终端一般体积小、按键少，便于消费者携带，并且操作简单。通过移动终端的拍照等功能，消费者可以便捷地保存商品的外观图片、店铺介绍、支付详情等信息。

4. 连通性

具有相同爱好或兴趣的消费者，可以方便地通过移动聊天的方式连接到一起，形成一个个社交圈。同时，商家可以有针对性地在这些社交圈中推销商品，并及时地获得消费者的反馈信息，以改善自身的产品或服务。

5. 可定位性

由于移动终端具备全球定位技术，因此通过全球定位技术平台可以对手持移动终端的服务对象进行精准定位。

6. 定制化服务

由于移动终端具有比 PC 端设备更高的可连通性与可定位性，因此商家可以通过具有个性化的短信息服务等方式进行更有针对性的广告宣传，从而满足消费者的需求。

7. 用户规模大

中国互联网络信息中心发布的《中国互联网络发展状况统计报告》显示，截至 2020 年 3 月，我国网民规模达 9.04 亿，手机网民规模达 8.97 亿，网民通过手机接入互联网的比例高达 99.3%。由此不难看出，以移动终端为载体的移动电子商务用户的规模远大于传统的电子商务用户的规模。

8. 支付更加方便、快捷

移动电子商务采用移动支付手段，用户可以随时随地完成支付业务，支付更加方便、快捷。

9. 更易于技术创新

移动电子商务领域因涉及 IT、无线通信、无线接入等技术，因而在此领域内很容易产生新的技术。随着我国 4G 移动通信技术的成熟与普及，以及 5G 移动通信技术的兴起及其未来大面积的投入商用，这些新兴技术将转化成更好的产品或服务，所以移动电子商务行业将有望在技术创新领域大有作为。

(三) 移动电子商务的发展历程

移动电子商务是在无线网络技术、移动通信技术和计算机应用技术的不断发展下逐渐兴起的，大致经历了以下几个阶段的发展历程。

1. 第一阶段的移动电子商务

第一阶段的移动电子商务访问技术主要是以短信为基础的，这种技术的实时性较差，不能立即回复用户的查询请求。并且，由于短信信息长度的限制，用户的查询请求也不能得到完整的回复。因此，这一阶段的移动电子商务存在着严重的问题，这也使移动电子商务系统部门提出了升级和改造移动电子商务系统的需求。

2. 第二阶段的移动电子商务

第二阶段的移动电子商务主要基于 WAP(Wireless Application Protocol，无线应用协议)，通过 WAP 可以使移动终端通过浏览器访问 WAP 所支持的网页，以实现信息的查询，这种方式初步解决了第一阶段的移动电子商务的问题。但由于访问 WAP 所支持的网页的交互能力较弱，移动电子商务系统的灵活性和便捷性不足，不能很好地满足用户的需求。

3. 第三阶段的移动电子商务

第三阶段的移动电子商务充分结合了 WAP、移动 IP 技术、3G 移动通信技术、数据库同步技术、移动定位系统技术、基于 SOA 构架的 Web Service、智能移动终端和移动 VPN 技术相结合的第三代移动访问和处理技术，大大提高了移动电子商务系统的交互性和安全性，为用户提供了一种快速、安全的移动商务办公机制。

4. 第四阶段的移动电子商务

第四阶段的移动电子商务是新生代的移动电子商务，它建立在 4G 移动通信技术、智能移动终端和智能安全加密技术发展的基础上，丰富了使用场景和覆盖内容，通过技术来进行精准化、个性化的信息推送。

(四) 移动电子商务的发展现状与趋势

在我国电子商务网站迅速增加、订单和交易金额不断增长的背景下，移动电子商务逐渐兴起，并在人们的生活中被广泛运用，在近几年保持着高速发展的趋势。下面将进一步介绍移动电子商务的发展现状和趋势。

1. 移动电子商务的发展现状

截至 2020 年 3 月，我国网络购物用户规模达 7.1 亿，较 2018 年年底增长 1.0 亿，占网民整体的 78.6%；手机网络购物用户规模达 7.07 亿，较 2018 年年底增长 1.16 亿，占手机网民整体的 78.9%。由于各大电子商务平台、品牌商陆续加大对移动端市场的大量投入，通过移动端进行消费的用户继续增多，预计未来一段时间内，移动电子商务市场仍将保持稳定增长。

现阶段，手机淘宝、天猫、京东和唯品会等传统电子商务巨头在移动电子商务的优势依旧(其中，京东、手机淘宝、天猫是用户口碑较好的 3 个平台)，在移动端整体网购交易规模中占比超过 80%，占据产业顶端。其他企业相较淘宝和京东等在市场规模方面仍存在差距，它们主要以新的交易模式为突破口，其中拼多多的发展较为突出，其致力于将娱乐、社交的元素融入电子商务运营中，从 2015 年成立发展至今已成为与手机淘宝、京东等相提并论的移动电子商务综合购物平台；而随着跨境、生鲜等垂直领域的火热，大量相关的初创电子商务企业涌现，它们多从自媒体营销中寻找突破口，其中以网易考拉等为代表的跨境电子商务、以每日优鲜等为代表的生鲜电子商务和以土巴兔等为代表的家装电子商务的崛起较为迅速。

总体而言，老牌成熟电子商务企业成功转移至移动端，优势依旧，初创电子商务企业在新兴领域和新模式探索方面仍有一定的发展机会。

2. 移动电子商务的发展趋势

移动电子商务的技术逐渐走向成熟，从简单的语音通信模式到如今复杂的数据通信，技术的发展正潜移默化地影响着人们的生活。利用上下班通勤等碎片化的时间，通过移动端进行网上购物、订餐、订票等已成为人们日常生活中不可或缺的一部分。移动电子商务基于商品特定品类和特定人群实现精准营销也不再是新鲜事。随着消费者习惯和需求的改变，未来移动电子商务将朝着更加智能化和全面化的方向发展。

(1) 去中介化成为移动电子商务发展的常态。去中介化历来受到商家和消费者的关注，而自媒体的兴起和发展恰好带来了去中介化的契机。自媒体条件下的电子商务模式依托微博和微信等移动社交平台，通过粉丝效应分享、传播从而吸引消费者，在社交场景中刺激消费者的购买欲望。例如，贝贝网开设的红人街频道，融合社交、内容和直播等新型营销模式，并通过与粉丝的互动引导消费者消费。另外，时下流行的微商行业也是通过自媒体形成了去中介化模式，商家与消费者之间进行直接的沟通与交流，直至达成交易。去中介化已成为移动电子商务的常态，并正在进一步深化。

(2) 提供信息将成为移动电子商务的重要应用。随着大数据时代的到来，信息的价值日益凸显，信息的获取对于带动交易的发生或间接引起交易具有非常大的作用。例如，消费者可以利用移动终端，通过浏览短信、邮件、网页等方式，获取股票行情、天气情况、旅行路线、电影场次、航班、游戏等信息，而这些信息有助于引导消费者进行消费。因此，提供信息将成为各大移动电子商务企业考虑的重点，可以通过在信息服务中植入广告来促进消费，同时提高消费者对移动电子商务的认同感。

(3) 移动电子商务企业的社交化应用成为热点领域。如今社交平台已经渗透到人们生活的方方面面，新消费人群更注重社群意见，社交平台也为各电子商务行业带来了新的流量入口。不只是微商等行业注重自媒体的应用，电子商务企业也在积极打造自己的社交电子商务平台。当然，企业推出社交化应用不等于只开发 App，还要突出自身产品或服务的个性，契合其目标消费者的需求。例如，贝贝网打造了与亲子服务相关的 App，同时，采用了闪购的商品组织形式进行限时特卖，并提供母婴市场重要的增值服务，涵盖育儿、早教等方面。

(4) 移动终端的应用更加注重页面展示。移动电子商务中的信息获取、交易支付等问题都和移动终端息息相关，对业务开展有着至关重要的影响。如今的 App 多如牛毛，很多 App 的界面千篇一律，要在众多的 App 中脱颖而出，App 界面的人性化设计就尤为重要，如展示更多的个性化商品推荐信息，或者注重浏览体验，带给消费者一种逛街的感觉。

(5) 安全性能优化成为移动电子商务的巨大机会。移动电子商务的使用离不开移动互联网，而移动互联网中本身存在的安全问题也给消费者的信息安全造成了巨大的隐患。在这样的大环境下，制定有关安全性的标准，出台相应的法律也将成为趋势。同时，相关的供应商和服务商也有了巨大的创新机会，谁能够带来更安全可靠的服务，谁就能拔得头筹、获得先机。

二、移动电子商务的分类

从应用的角度对移动电子商务进行分类，可将其分为信息服务类、交易服务类、娱乐服务类和行业应用服务类等。

1. 信息服务类

移动电子商务信息服务主要指通过移动网络提供的信息服务，主要包括移动信息服务(新闻资讯、天气预报等)、移动电子邮件服务和基于位置的服务(如位置查询、定位)等内容。

2. 交易服务类

移动电子商务所涉及的交易服务类业务按照交易方向的不同，可以分为移动金融服务和移动购物服务。移动金融服务主要包括银行业务、移动支付业务和移动电子薪水等业务。移动购物服务主要包括移动零售业务、移动售票业务和移动拍卖等业务。

3. 娱乐服务类

移动电子商务所涉及的娱乐服务类业务主要包括移动音乐、视频观看和下载及移动游戏等服务。

4. 行业应用服务类

移动电子商务所涉及的行业应用服务类主要是指面向行业的专门移动应用系统，如安全生产监控服务、公共事业缴费服务等。

三、移动电子商务的应用

移动电子商务的应用是指电子商务的主体通过各种无线技术和移动终端，在动态中进行商务活动，移动电子商务的应用领域非常广泛，在传统商务活动的各个层面、各个领域都起到了举足轻重的作用，如移动支付、移动营销、移动购物、移动旅游及移动娱乐等，以下简单介绍其中的几种。

(一) 移动营销

移动营销是指面向移动终端(手机或平板电脑)用户，在移动终端上直接向目标受众定向和精确地传递个性化即时信息,通过与消费者进行信息互动来达到市场营销目的的行为。移动营销能够帮助传统品牌企业快速、有效地抢占移动互联网营销阵地，将大量的线下消费者数据引导至线上，从而可促进营销活动线上部分和线下部分的有效整合。随着用户行为全面向移动端转移，移动营销将成为企业推广的重要渠道。移动营销的途径主要包括即时通信、移动电商平台、短视频及直播等 App 平台，移动营销逐渐与社交进行融合。在各种移动营销方式中，微信营销和移动社交营销额受企业欢迎。

1. 微信营销

目前，微信营销主要有微信朋友圈广告、微信公众平台推广两种方式。

1) 微信朋友圈广告

2015 年 8 月，微信朋友圈广告官方网站正式上线。用户需要填写一份微信朋友圈广告合作申请表，申请表中须包括公司名称、推广品牌与内容、计划投放金额、计划投放时间等内容，广告方案根据不同用户的预算而不同。用户提交合作申请表后，申请公众号，认证并成为广告主，方案审核通过后，朋友圈广告将按时自动上线。

微信朋友圈广告是基于微信公众号生态体系，以类似朋友的原创内容形式在朋友圈中展示的原生广告。用户可以通过点赞、评论等方式进行互动，并依托社交关系链进行转发，为品牌推广带来加成效应，按曝光次数计费。

2) 微信公众平台推广

微信公众平台简称公众号，是为个人、企业和其他组织提供业务服务与用户管理服务的服务平台。微信公众号有订阅号、服务号、小程序和企业微信四种类型，以下简要介绍前三种。

(1) 订阅号。订阅号主要传达给用户信息(类似报纸、杂志),每天只可以群发一条消息。如果想简单地发送消息，达到宣传效果，建议选择订阅号，个人、企业和其他组织均可注册订阅号。

(2) 服务号。服务号主要用于交互式服务(类似于银行客服电话、114 查号台，提供查询服务),用户认证前后都是每个月可群发 4 条消息。如果想进行商品销售，建议申请服务号，企业或其他组织都可以注册服务号。

(3) 小程序。小程序是一种不需要下载安装即可通过微信使用的应用程序，用户使用微信扫一扫或搜一下即可使用。全面开放微信小程序申请后，企业、政府、媒体、其他组织或个人，均可申请注册小程序。

个人和企业均可以打造公众号，并可实现与特定人群的文字、图片、语音的全方位沟通和互动。企业申请微信公众号后，再进行二次开发，可以实现商家微官网、微会员、微推送、微支付、微活动、微报名、微分享、微名片等功能。可以说，微信公众平台是企业与用户之间的一个载体，通过不断的信息互动和服务来使企业获得品牌影响力。同时，它

还是一个移动的客户关系管理系统，可以与用户进行一对一的沟通。这种管理客户和营销方式的成本比传统营销方式更低，效果更好。

2. 移动社交营销

随着社交+应用模式的不断创新，移动社交平台也开始顺应市场趋势，在广告、短视频、电商、游戏、教育等领域进行渗透，利用社交关系吸引用户使用，获得商业变现，赋予社交平台新的活力。移动社交营销是指通过移动社交平台实现营销活动的过程，主要有社交电商、短视频营销和直播营销等类型。短视频营销和直播营销将在第五章进行介绍，这里主要介绍社交电商，社交电商主要有以下两种方式。

1) 社交拼团

在电商领域，企业通过打造高性价比的产品，吸引用户通过社交平台分享、拼团，降低电商引流成本，提升线上购物信任度。而社交平台则可获取流量变现，实现商业模式多元化。

拼多多的商业模式是一种网上团购模式，以团购价来销售某种商品。拼多多成立于2015年，用了不到三年的时间(截至2018年2月)，就做到了月流水40亿元的销售规模。用户可以将拼多多拼团的商品链接发给好友，如果拼团不成功，则会退款。我们可以看到许多人会在朋友圈、微信群发送拼多多团购链接，其通过社交网络实现了一次裂变。朋友圈、微信群拼团模式是移动电商与社交媒体相结合的商业模式的创新，在几乎没做任何广告的情况下，很好地利用了社交媒体渠道，以用户去发展用户的模式迅速打开了市场。

2) 社交新零售

社交新零售是指借助微信、微博、QQ、直播、短视频等社交工具，以社交化关系建构零售模式、以集中运营降低成本的新型零售业态。据统计，目前社交新零售主要有以下几种模式。

(1) 以云集、环球捕手、贝店等为代表的平台分销模式。

(2) 以拼多多、淘宝特价版、京东拼购、洋码头砍价团、苏宁易购拼团等为代表的平台拼团模式。

(3) 以小红书、蘑菇街等为代表的平台+达人分享模式。

(4) 以什么值得买为代表的内容导购类平台。

(5) 以有赞、点点客、微盟等为代表的服务商类工具模式等。

(二) 其他移动电商应用

1. 移动金融

(1) 移动金融使用户能随时随地在网上安全地进行个人理财，也可以使用其移动终端核查账户、支付账单、进行转账及接收付款通知等。

(2) 移动金融的即时性非常适于股票等在线交易活动。

2. 无线医疗

医疗产业的显著特点是对急症病人而言每一秒钟都非常关键，在紧急情况下，借助无线技术，救护车可以在行驶中同医疗中心和病人家属进行快速、动态、实时的信息沟通。在无线医疗的商业模式中，病人和医院都可以从中获益，因此也都愿意为这项服务付费。

3. 移动办公

移动办公是通过手机、平板电脑等移动终端中的移动信息化软件，与企业的办公系统进行连接，将原本公司内部的局域网变为安全的广域网，摆脱传统办公时间和场所的限制，满足随时随地移动办公的需求。涉及的服务包括短信提醒服务、远程会议、信息浏览与查询远程内部办公网络访问等。移动办公有效地解决了企业管理与沟通方面的问题，使企业整体运作更加协调。

4. 移动旅游

移动旅游是指用户利用移动终端设备，通过无线网络，采用某种支付手段来完成和旅游产品提供者之间的交易活动。移动旅游电子商务可提供的服务主要有：旅游信息服务，各种旅游服务的查询和预订，旅游电商网站的个性化服务，为旅游爱好者提供自主交流的平台等。

相对于传统的旅游电子商务，移动旅游电子商务使用的终端可随用户移动，并支持地理定位，从而使游客可以随时随地获取基于位置的服务，如导航、定位、餐饮、住宿、景点介绍等。

5. 移动出行

移动出行主要表现为手机打车，手机打车是指利用智能手机内安装的应用软件发出招车请求。打车软件通常分为司机端和乘客端两种版本，分别安装在司机和乘客的手机上，双方匹配使用。

乘客打开乘客端打车软件后，可以发出招车请求，系统会自动进行派单或者由司机选择接单。

打车软件利用智能手机的卫星定位系统、地理信息系统和相应的推送服务机制，实现了乘客和司机之间的信息交互。使用打车软件不仅提高了乘客打车服务的品质和效率，缓解了乘客打车难的问题，还满足了乘客个性化的服务需求。目前，国内网约车的市场格局并不稳定，滴滴出行、神州专车和首汽约车等面临携程、高德地图、美团等跨界竞争对手的冲击。

6. 移动娱乐

移动娱乐的内容丰富多彩，涵盖了移动沟通服务、移动信息服务以及纯娱乐服务等多种形式。

(1) 移动沟通服务的典型应用如移动 QQ、微信等。

(2) 移动信息服务的典型应用如天气预报 App、手机广播等。

(3) 纯娱乐服务是目前移动电子娱乐的主要发展方向，也是移动产业的主要收入来源之一，其中的移动游戏、移动音乐、移动阅读、移动视频等因其能为移动运营商、服务商和内容提供商带来附加业务收入，而成为移动业务的利润增长点。截至 2018 年 12 月，手机网络游戏用户规模达 4.587 9 亿，手机音乐用户规模达 5.529 6 亿，手机网络文学用户规模达 4.101 7 亿，手机网络视频用户规模达 5.895 8 亿。

四、移动电子商务 App

(一) 移动电子商务App的主要形式

当前，移动电子商务 App 的主要形式有传统企业自建的移动商城 App、零售电商平台的移动端 App 和第三方移动网店 App 平台三种。其中，借助第三方移动网店 App 平台搭建的微店是最常见的移动网店形式。

1. 传统企业自建的移动商城 App

许多传统企业早已开始涉足电子商务领域，搭建电商平台。随着移动互联网的兴起，这些企业也以原有的电商平台为基础，推出各自的移动商城 App，与原有的电商平台相互配合，实施全方位的市场战略。

苏宁易购是苏宁云商集团旗下新一代的 B2C 网上购物平台，现已覆盖传统家电、3C 电器、日用百货等品类。与此同时，苏宁易购也推出了手机 App 应用。国美电器是苏宁电器强有力的竞争对手，国美电器网上商城名为国美在线。手机版国美在线是国美电器为配合当前 App 逐渐渗透的趋势而推出的移动端购物 App。

2. 零售电商平台的移动端 App

国内最有代表性的零售电商企业有阿里系(淘宝和天猫)和京东系两大阵营，它们很早便开发出了各自的移动端 App，以供买家在移动端浏览购物。但是这种方式只是传统 PC 端网店的延伸，依旧还是以原有的平台为中心，并没有完全发挥移动端 App 的优势。以阿里系为例，阿里系的移动网络零售在国内市场一直都非常好。在传统电子商务时代，阿里系就已经推出淘宝 App 和天猫 App。

无论是京东手机端 App 还是阿里系的手机端 App，它们对 PC 端平台的依赖度都非常高，网店的运营和对买家的维护基本都是在 PC 端平台上进行的。

3. 第三方移动网店 App 平台

第三方移动网店 App 平台是指为中小企业及个人卖家提供移动零售网店入驻、经营、商品管理、订单处理、物流管理和买家管理等服务的平台。微店(市场中有一款名叫微店的第三方开店运营平台，本部分内容中的微店则特指一种移动网店的模式)是微信兴起后的产物，是依据微信规则和机制而开展电子商务的。

微店对众多创业者来说极易入手，进驻微店的资金、人力等门槛较低，开店的成本也低，而且风险能得以有效控制。此外，有大量与微信界面相似的微店工具可以选择，使用简单。无论是买家对商品进行信息浏览和购买，还是卖家对商品、资金和货物等进行管理，都不需要太复杂的硬件设备和操作步骤，一部手机、一个微店 App 再加上简单的点击和编辑即可。

目前市场中比较常见的第三方微店平台有微信公众平台的微信小店、有赞微店和口袋微店等。

(二) 热门移动电子商务App

目前，移动电子商务 App 较多，其购物流程相似，但不同的移动电子商务 App 售卖商品的类别不同，有的属于综合性平台，如手机淘宝；有的专门售卖二手商品，如闲鱼。同时，不同移动电子商务 App 的消费者定位也不同，有的专营奢侈品，有的则走亲民路线。下面主要介绍目前热门的移动电子商务 App。

1. 手机淘宝

手机淘宝是淘宝网官方出品的 App，依托淘宝网强大的优势，为消费者提供更加方便、快捷的购物体验，方便消费者随时随地进行搜索比价、商品浏览、移动购物和订单查询等操作。目前，手机淘宝在所有终端中的流量占比已经遥遥领先，原因之一就是其大大改善了消费者的商品浏览体验，商品检索更加简便，购物体验更加个性化。目前，手机淘宝是消费者最常用的移动电子商务购物 App，其月均活跃用户数量近 2 亿，用户忠诚度高达85.7%。

2. 拼多多

拼多多是一家通过社交+电子商务模式，致力于为消费者提供物有所值的商品和有趣互动购物体验的新电子商务平台。基于平台大数据，拼多多根据消费者的喜好与需求，帮助工厂实现定制化生产，持续降低采购、生产、物流成本，让低价高质商品成为平台主流。拼多多 App 的商品已覆盖快销、3C、家电、生鲜、家居家装等多个品类，满足消费者日益多元化的需求。其用户中有近 60%来自三线及以下城市，这一比例明显高于其他电子商务平台。目前，拼多多是除手机淘宝外，消费者最常使用的移动电子商务购物平台，新增用户 7 天留存率高达 77.3%，领先于其他平台。

3. 唯品会

唯品会是一家专门做特卖的网站，主营业务是在线销售品牌折扣商品，其模式为与正规品牌合作，以低价折扣限时限量供应给消费者。其目标群体是有一定消费能力、年龄在20～35 岁的消费人群。唯品会中的商品种类丰富，如服饰、鞋包、美妆、母婴和家居等。唯品会 App 是唯品会针对移动终端用户推出的一款移动购物软件，消费者在该 App 中不仅能够购买到正品行货，还能享受到更多优惠和折扣。

4. 每日优鲜

每日优鲜是专注于优质生鲜的移动电子商务，致力于重构供应链，连接优质生鲜生产者和消费者，为消费者提供极致的生鲜电子商务服务体验。2018 年上半年每日优鲜在生鲜电子商务行业的用户规模占比突破 50%，连续 4 个季度领跑行业。2018 年，每日优鲜已完成水果、蔬菜、乳品、零食、酒饮、肉蛋、水产、熟食等全品类精选生鲜布局，在全国 20个主要城市建立城市分选中心+社区前置仓的极速达冷链物流体系，为消费者提供自营全品类精选生鲜 1 小时达服务。

5. 美团

美团 App 是美团网官方出品的手机应用软件，是国内成立较早、口碑较好和综合实力较强的大型团购 App，能够随时随地为消费者提供各个城市的美食、酒店和娱乐等众多信息及电子兑换券。同类软件还有很多，如大众点评、百度糯米等。

6. 闲鱼

闲鱼也叫淘宝二手，是淘宝网开发的闲置交易 App。用户可以直接使用淘宝或支付宝

账号登录闲鱼 App，然后根据需要自主上传二手闲置物售卖，或进行在线交易或管理商品等操作。闲鱼 App 为用户提供了更加方便的处理闲置物的方法，借助于淘宝网强大的研发实力，能够最大限度地保障用户的交易安全。

巩固与练习

一、单项选择题

1. 完成跨境电子商务，下列选项中属不可缺少的部分的是(　　)。

A. 拥有跨境物流运输系统　　　　　　B. 跨境电子商务平台

C. 跨境支付结算　　　　　　　　　　D. 以上都是

2. 移动电子商务是一种新型的商务运作模式，以下属于移动电子商务的是(　　)。

A. 敦煌网　　　　　　B. 天猫国际　　　　　C. 速卖通　　　　　D. 蘑菇街

3. 与传统电子商务相比，社交电子商务以(　　)为中心。

A. 企业　　　　　　　B. 商品　　　　　　　C. 人　　　　　　　D. 物流

4. 下面选项中(　　)是新零售的终极模式。

A. 实体店内部改革　　　　　　　　　B. 线上导流，线下消费

C. 线上线下一体化　　　　　　　　　D. 以上都不是

二、多项选择题

1. 跨境物流的方式主要包括(　　)等。

A. 邮政包裹　　　　　　B. 国际快递　　　　　C. 专线物流　　　　　D. 海外仓储

2. B2C 跨境电子商务的模式主要包括(　　)。

A. 保税进口+海外直邮　　　　　　　B. 直营+招商

C. 直营　　　　　　　　　　　　　　D. 交易佣金+服务费

3. 移动电子商务的特点包括(　　)。

A. 开放性　　　　　　　B. 即时性　　　　　　C. 便捷性　　　　　　D. 连通性

4. 社交电子商务是建立在(　　)这两大基础之上的。

A. 熟人关系　　　　　　B. 信任关系　　　　　C. 交易关系　　　　　D. 互动关系

三、实训题

1. 在亚马逊中找一件需要的商品并进行购买，了解跨境电子商务的买家操作流程。

2. 选择一个合适的跨境电子商务平台，注册为商家，掌握注册入驻商家的流程。

3. 安装天猫和京东 App，根据自己的观察和使用，从登录、退出、搜索、二维码扫描、拍照购等方面对比两个 App 的功能和体验。

4. 选择一个社交电子商务平台，写一份分析案例，分析平台的商业模式、优势和缺点等。

第五章 网络营销

学习目标

1. 掌握网络营销的含义。
2. 了解网络市场调研的方法。
3. 熟悉网络营销策略的应用。
4. 掌握常见的网络营销方法。

引导案例

小米手机的营销之路

小米手机是小米公司专为发烧友级手机控打造的一款高品质智能手机,于 2011 年 11 月份正式上市,主打中高端市场,重视用户体验和技术创新。小米手机以及后续迭代产品一经推出便销售火爆,曾一度因供不应求导致限量销售。

在小米手机众多的营销手段中,饥饿营销可以说是小米手机的主要营销手段。2011 年 9 月 5 日,小米手机开放购买,而通过官方网站购买则是其唯一购买渠道。首批成功预定小米手机的用户将根据排位顺序付款,30 万名用户将分批发货。小米手机在网络渠道上开展各种活动,礼品就是小米手机 F 码(能够提前购买手机的优先码)。小米手机惯用的限购和一次只销售少量手机的营销手段提高了用户的购买难度,从而极大地提高了品牌的价值。

微博是新兴的营销手段.小米手机抓住了时机,在各大门户微博平台上开展微博促销。其不仅采用了常用的关注、转发以获得奖品等方式,还通过一些名人或者事件来促进自身产品的宣传。除了这些,小米手机还采用了微直播、微访谈等典型的微博营销方式。通过微博这个平台,小米公司树立了良好的企业形象和产品形象。

小米手机官网是小米手机进行网站营销的主阵地、官方发布信息最重要的平台、购买手机的唯一渠道、小米手机论坛的所在地。小米手机官网集网站式的发布资源于一身,甚至包含了商城——旗下软件米聊。通过一系列的资源整合、资源集中,官网不仅给网站访问者提供了极大的方便,也使关于小米手机的各个项目之间相互促进,从而大大提升了网站的知名度和扩展度。

小米手机的成功是以手机本身的硬件为基础，配以完美的销售策略、营销方式，以制造各种话题作为推广手段实现的。网络营销是其成功的重要决定因素之一。

第一节 网络营销概述

网络营销不是网上销售，也不是网站推广，它不限于网上，也不等同于电子商务，它是传统营销理论在互联网环境中的应用和发展。下面我们将对网络营销的相关基础知识进行介绍，包括网络营销的产生和发展，网络营销的概念、网络营销的特点与功能等内容。

一、网络营销的产生和发展

网络营销随互联网进入了商业应用的领域，20 世纪 90 年代初，互联网技术在全球范围内得到了快速发展，各大企业开始利用互联网技术为用户提供信息服务和拓展企业业务，并以新的方式和理念，通过一系列网络营销策划，探索和发展出了新的营销模式。

(一) 网络营销的产生

网络营销的产生是多方因素相互作用的结果，技术、消费观念、消费行为、市场环境等都对网络营销的产生和发展起到了积极的促进作用。

1. 技术

在互联网为全球信息沟通提供渠道时，商业贸易将互联网传输大量信息数据的功能挖掘了出来，并迅速在商业应用上展现出可观的发展前景，网络营销开始逐步出现并冲击着传统的营销模式。针对网络市场特征实施的营销活动，更有效地促成了个人和组织的交易活动。而随着互联网影响的进一步扩大，人们对网络营销的理解进一步加深，网络营销推广的优势和形势也开始逐渐扩大，并快速普及到各个行业和领域。

2. 消费观念

传统市场营销观念向现代市场营销观念的转变，让消费者成为营销的核心和主导，工业化和标准化的市场不再是主流，消费者需求更加多样化、个性化，消费者不仅能对商品购买做出选择，而且更希望个性化需求得到满足。同时，网络时代信息获取的便捷性，增强了消费者的消费主动性，也方便消费者进行对比，增加了对商家及产品的信任感。

3. 消费行为

随着消费活动的逐步升级，消费的便利性、趣味性开始成为影响消费者消费行为的主要因素。网络营销低成本的特点，让网络商品和服务具有很大的价格优势，而价格也是影响消费者消费行为的主要因素。

4. 市场环境

对于企业而言，网络营销可以有效降低店面租金、库存等运营成本，缩短运作周期，增强企业在市场中的竞争力。同时，网络营销便于企业采集消费者数据，制定更精准的营销策略，从而取得更理想的营销效果。

(二) 网络营销的发展

我国网络营销虽然起步较晚，但发展非常迅速，互联网技术的逐渐成熟和政府的大力支持，使网络营销发展至今，已经成为很多企业都无法舍弃的营销手段。1994 年至今，我国网络营销大致经历了 5 个发展阶段。

1. 萌芽阶段(2000 年之前)

1994 年，我国国际互联网正式开通，此时我国的网络营销并没有清晰的概念。1997年 3 月，Intel 在 Chinabyte (比特网)网站上投放了一个 468 像素 × 60 像素的动画旗帜广告，这是我国第一个商业性的网络广告，它的出现打开了我国网络营销的大门。1999 年，以阿里巴巴为代表的一批 B2B 网站的诞生，极大地推动了网络营销的发展，网络营销开始走向发展应用阶段。

2. 发展应用阶段(2001—2004 年)

2001 年之后，网络营销正式进入实质应用和发展时期。该阶段网络营销的主要表现为：网络营销服务市场初步形成，企业网站建设发展迅速，网络广告形式和应用不断发展，E-mail 营销市场改善，搜索引擎销售向深层次发展，网上销售环境日趋完善。

3. 高速发展阶段(2004—2009 年)

网络营销高速发展阶段，最突出的特点是第三方网络营销服务市场的蓬勃兴起，网站建设、网站推广、网络营销顾问等均获得了快速发展，网络营销服务市场的规模不断扩大，网络营销的专业水平、人们对网络营销的认识和需求层次持续提升，网络营销资源不断丰富，网络营销方法不断推陈出新。

4. 向社会化转变阶段(2010—2015 年)

2010 年之后，网络营销进入全员营销时代，社会化媒体性质的网络营销蓬勃兴起，建立于智能移动设备的营销的重要性不断增强，移动营销迅速崛起。

5. 多元化与生态化阶段(2016 年至今)

2016 年以后，网络营销向开放式转变，传统网络营销方法得到不断调整和创新，向多元化与生态化模式转变，信息社交化、用户价值、用户生态思维、社会关系资源等成为影响网络营销的主要因素。

二、网络营销的概念

网络营销作为一门新兴学科，目前并没有完整、统一的定义。网络营销是企业利用网络进行品牌宣传、开展商品或服务营销的一种策略，其最终目的在于吸引消费者进入目标网站并进行商品或服务的购买。从原则上来说，网络营销是以互联网媒体为基础，以其他媒体为整合工具，并以互联网的特性和理念去实施营销活动，更有效地促成品牌的延伸或个人和组织交易活动实现的营销模式。网络营销建立在互联网的基础之上，借助互联网来满足消费者需求，为消费者创造价值，不是对某种方法或某个平台的应用，而是包括规划、实施、运营和管理等内容，贯穿于企业开展网络活动的整个过程。

1. 网络营销不等同于网络销售

网络销售是网络营销发展到一定阶段产生的现象，但网络营销本身并不等于网络销售。一方面，网络营销的目的不仅仅是促进网络销售，很多情况下还有助于提升企业的品牌价值，加强与消费者之间的沟通，拓展对外信息发布渠道和改善对客户的服务等。另一方面，网络销售的推广手段也不仅仅依靠网络营销，往往还需要采取许多传统的方式，如传统媒体广告宣传、发布新闻和印发宣传册等。

2. 网络营销不等同于电子商务

电子商务主要是指交易方式的电子化，它是利用 Internet 进行的各种商务活动的总和，我们可以将电子商务简单地理解为电子交易，电子商务强调的是交易行为和方式。因此，可以说网络营销是电子商务的基础，在具备开展电子商务活动的条件之前，企业同样可以开展网络营销。网络营销只是一种手段，无论传统企业还是互联网企业都需要网络营销，但网络营销本身并不是一个完整的商业交易过程。

3. 网络营销是手段而不是目的

网络营销具有明确的目的和手段，但网络营销本身并不是目的。网络营销是为实现网上销售目的而进行的一项基本活动。网络营销是营造网上经营环境的过程，也就是综合利用各种网络营销方法、工具、条件并协调它们之间的相互关系，从而更加有效地实现企业营销目的的手段。

三、网络营销的特点与功能

电子商务的飞速发展为网络营销提供了广阔的发展空间和市场需求，同时随着安全性、保密性等问题的解决，网络营销将会有更快的发展。

(一) 网络营销的特点

网络营销不仅会改变传统营销方式，还会改变人们的生活和工作方式。电子商务环境下网络营销的特点主要体现在以下六个方面。

1. 全球性

网络的全球互联共享性和开放性，决定了网络信息无地域、无时间限制的全球传播性，由此也决定了网络营销效果的全球性。网络营销的全球性为国际贸易提供了方便，能帮助世界范围内的进出口商建立直接联系，出口商可以在网上发布商品信息，图文并茂地展示所供应的商品；进口商需要什么商品可通过 E-mail 与其及时取得联系并协商成交。

2. 交互性

企业可通过互联网展示商品图像和基本信息，顾客可通过搜索引擎搜索所需的商品，可利用论坛、博客、网络营销客服软件进行产品信息交流。网络营销实现了企业与顾客之间双向的沟通与交互，使得顾客可以在产生某种产品需求的第一时间就能了解产品信息。互联网的交互性可提高企业对市场变化的反应速度。

3. 个性化

互联网上的促销是一对一的、理性的、消费者主导的、非强迫性的，并且是一种低成本与人性化的促销。企业提供的各种销售信息可以在服务器中集中存储，这样，企业可以消费者为中心处理商品信息，根据消费者的需求推销自己的产品，克服了传统促销方式缺乏针对性的缺陷。

4. 整合性

利用内联网与外联网技术，各企业可在内部信息安全的前提下共享相关数据信息、协调管理项目、增加企业协同开发新产品的机会和提高联合提供优质服务的能力。一个产品的设计和开发制造，可以由不同的企业共同完成，即可先在联网的计算机上单独完成各个部分和环节，再进行组合。互联网的这种特性使其尤其适用于技术难度大、投资大、风险大的国际合作开发项目。

5. 平等性

传统的营销活动由于地理环境、配备设施、店面大小、市场规模等因素的差别，造成了营销的不平等竞争，影响了企业的竞争实力，形成了市场垄断。而网络营销对任何厂商和消费者都是平等的，厂商可以将产品的全部信息展现在互联网上，顾客可以在网上货比三家，从而确定自己的购买行为。网络营销的平等性营造了相对公平的市场竞争环境。

6. 经济性

一方面，网络营销的成本较低，无论是基于互联网现有的网络营销提供商，还是投资购买服务器搭建企业电子商务网站等，企业所花的费用都比传统营销要少得多；另一方面，网络营销实际上是一种直销方式，因而可以减少商品流通的中间环节，并且可以减少库存压力，降低企业经营风险。

(二) 网络营销的功能

网络营销的功能主要包括企业品牌推广、信息搜索、信息发布、促进销售、维护客户关系和网上调研六个方面。

1. 品牌推广

网络营销的重要任务之一就是在互联网上建立并推广企业的品牌。知名企业的线下品牌可以在网上得以延伸，一般企业则可以通过互联网快速树立品牌形象，并提升企业整体形象。网络上的品牌建设以企业网站建设为基础，通过一系列的推广措施，取得消费者和公众对企业的认知和认可。

2. 信息搜索

网络营销竞争能力的强弱可以通过信息的搜索功能反映出来。企业在营销活动中，需要获取各种商机、进行价格比较、了解竞争者的竞争态势及对商业情报等相关信息进行决策研究，这些信息的获取均可以通过多种信息搜索方法完成。搜索功能已经成为营销主体能动性的一种表现及提升网络经营能力的竞争手段。

如今的信息搜索功能已由单一化向集群化、智能化发展，网络搜索的商业价值得到了进一步扩展。例如，消费者在百度上搜索某本书籍，链接到的不是某个网上商城的首页，而是针对这本书的专门页面。这个页面显示了书的价格、折扣、消费者评分、评价链接、编辑推荐、图书内容简介等信息，并且该页面还会显示类似"购买本书的消费者还买过"、

"看本书的消费者还阅读了"等栏目向消费者推荐其可能感兴趣的相同类型的其他书。

3. 信息发布

网络营销的基本思想就是通过各种网络营销模式，将企业营销信息以高效的手段向目标消费者、合作伙伴和公众等群体传递，因此信息发布就成为网络营销的基本职能之一。互联网作为一个开放的信息平台，使网络营销具备了强大的信息发布功能，通过网络营销发布信息后，企业可以主动进行跟踪，及时获得回复，也可以与消费者进行交互式的再交流和再沟通。由此可见，网络营销方式下的信息发布效果是其他营销模式所无法比拟的。

4. 促进销售

市场营销的最终目的是增加销售，网络营销也不例外，各种网络营销方法大都直接或间接地具有促进销售的效果。事实上，网络营销对于促进线下销售同样很有价值，这也就是为什么一些没有开展网络销售业务的企业一样有必要开展网络营销的原因。

5. 维护客户关系

互联网提供了更加方便的在线客户服务手段，从形式最简单的常见问题解答(Frequently Asked Questions，FAQ)，到邮件列表，以及聊天室和微信群等各种即时信息服务，方便了企业维护与客户的关系。客户服务质量对于网络营销效果具有十分重要的影响，良好的客户关系是网络营销取得成效的必要条件，通过增强网站的交互性和客户参与度等方式可以在开展客户服务的同时，增进客户与企业之间的关系。

6. 网上调研

通过在线调查表或者电子邮件等方式，企业可以完成网上市场调研。相对于传统市场调查，网上调研具有高效率、低成本的特点，因此，网上调研成为网络营销的主要功能之一。

网上调研不仅为制定网络营销策略提供支持，也是整个市场研究活动的辅助手段之一，合理利用网上市场调研手段对于市场营销策略具有重要意义。网上调研与网络营销的其他功能具有同等地位，既可以依靠其他功能的支持而开展，也可以相对独立地进行，网上调研的结果反过来又可以为更好地发挥其他功能提供支持。

四、传统市场营销与网络营销的区别

网络营销是基于计算机网络技术的迅速发展而形成的一种网络经济营销模式，是一种新的市场营销途径。它与传统市场营销模式的不同主要表现在以下三个方面。

1. 营销理念不同

传统市场营销的根本目标是通过满足消费者的需求来实现企业价值，是先有消费者需求再有以需求为基础的营销活动，是一种滞后的营销活动。而网络营销可以提供更加直接的企业与消费者的交流方式，及时掌握消费者的需求，并对未来某一段时间内的需求进行预测，与消费者建立一种长期的需求关注和伙伴关系，消费者的角色发生了转变，成为企业营销策略的提供者，体现了消费者至上的理念。

2. 营销模式不同

传统市场营销的营销者主要是销售者自身。这种营销方式常常使企业与消费者之间的关系变得非常僵化，不利于企业的长期发展。而网络营销模式着重强调为消费者提供优质、便利的服务，让消费者在需求的驱动下主动寻找企业，使企业和消费者变成了一种合作关系，而不再是消费者的单向、被动接受。

3. 营销媒介不同

传统市场营销的营销媒介主要是营销人员与消费者的直接接触或广告，消费者十分被动。而网络营销以网络为平台，可以通过计算机、手机等网络终端为消费者提供更加便利的服务以实现营销的目的。

五、网络营销的优势

网络营销是企业整体营销战略的一个组成部分，是建立在互联网基础之上并借助互联网来实现一定营销目标的一种营销手段。因此，互联网所具备的独特优势网络营销都具备。与传统营销相比，网络营销的优势表现在以下六个方面。

(一) 网络营销有利于企业降低成本

对于企业来说，网络营销极具诱惑力的一点便是可以降低企业的交易成本，这体现在以下三个方面。

1. 降低采购成本

企业采购原材料是一个烦琐、复杂的过程。运用网络，企业可以加强与主要供应商之间的协作关系，将原材料的采购与商品的制造过程有机地结合起来，形成一体化的信息传递和信息处理体系，简化采购程序。

2. 降低促销成本

与其他销售渠道相比，网络营销的促销成本降低了不少。第一，商品特征、公司简介等信息存储在网络空间，可供消费者随时查询；所有的营销材料都可直接在线上更新，从而节省了打印、包装、存储和交通等费用。第二，可以节省广告宣传费用。

与传统的广告相比，无论是在宣传的广度还是深度方面，网络广告都具有明显的优势，且各类网上推广营销工具和方法的费用都较低。

3. 降低售后服务成本

网络营销在提高售后服务效率的同时，大大降低了其运作成本。传统的售后服务主要通过电话、书信等手段与消费者沟通，不但需要不少人力，还常常会造成延误，使本可能快速解决的问题演变为消费者的不满甚至退货。而在网络营销模式下，企业与消费者之间可通过各类通信软件及时交流，解决问题。另外，企业可在网页上提供商品注意事项、问题解答、使用程序等资料，方便消费者随时查询，极大地降低了售后服务成本，并提高了售后服务质量。

(二) 网络营销的互动性更强

网络是一个互动信息传输通道。网络营销突破了传统营销模式的单向性，互动性极强。不管是大型企业，还是中、小型企业，都可以通过网站平台、线上讨论和电子邮件等方式，以较低的成本在营销过程中对消费者进行即时的信息收集。也正是基于这种极强的互动性，在企业进行网络营销的同时，消费者也可通过互联网对企业、对商品进行关注与讨论，并有机会对商品的设计、包装、定价和服务等问题发表意见。这种双向互动的沟通方式，不仅提高了消费者的参与性和积极性，还提高了企业营销策略的针对性，有助于实现企业的营销目标。

(三) 网络营销的宣传范围更广

互联网是一个全球普及的网络平台。网络营销不再局限于某一地区或某一国家，而是将其宣传推广力度拓展至全世界的范围，使企业品牌超越空间的限制进行传播。在传统的市场营销中，企业品牌大多数是以一个区域作为主要宣传点，这样就造成了品牌推广的局限性；而选择网络营销，则可以有效地解决品牌推广地区局限性这一难题。

(四) 网络营销的持续时间更长

网络营销可以让企业举办 24 小时不间断的品牌秀，企业通过网络营销可将商品发布到互联网上，可以让企业商品的瞬间展示变为持续性展示。不同于报纸、杂志及电视、广播的简短推广方式，网络营销可以让企业品牌长时间地在互联网上停留，从而避免消费群体因一时不察而忽略了整个品牌。这种从不中断的营销方式，使得消费者在任何时间都有机会参与到企业的营销当中。

(五) 网络营销的传播速度更快

网络营销的传播速度是毋庸置疑的，这得益于网络中社交群体、朋友圈之间信息的高效传输。网络营销真正达到了一传十、十传百、百传千的效果，好的商品和品牌在网络营销中能够快速形成口碑。

(六) 网络营销能够更加有效地服务于消费者

任何企业，要想取得竞争优势，就必须充分考虑消费者的需要，正可谓"得消费者心者方能得天下"，网络营销正是实现这一目标的最佳方式。网络营销是一种以消费者为导向，强调个性化的营销模式。它比起传统市场营销的任何一个阶段或方式，更能体现消费者的"中心"地位，消费者拥有更大的选择自由。消费者可根据自己的个性需求，在全球范围内不受限制地寻找自己满意的商品。如一家销售户外活动商品的企业，在网络上开展了定制旅行袋的业务，邀请消费者自行设计或修改旅行袋的样式、颜色、尺寸、装饰品和附件等，还可绣上自己的姓名或其他标志。

第二节　网络市场调研

市场调研是网络营销工作的关键环节，网络市场调研就是基于互联网系统进行营销信息的收集、整理、分析和研究的过程，一定阶段、一定地区内的市场竞争状况、商品情况、消费者需求和购买行为变化、目前营销策略的效果、未来市场成长的机会和潜力等都可以通过市场调研取得基础数据资料。企业通过对详细的市场调研数据进行分析，可以解决市场营销的难题，为企业制订商品计划、营销目标和价格策略等提供科学依据。

一、网络市场调研的含义与特点

(一) 网络市场调研的含义

网络市场调研是指以科学的方法，借助于互联网，系统地、有目的地对消费者、生产者、经营者及整个市场的信息进行收集、整理、分析和研究的过程。网络市场调研的主要目的是为企业开展网络营销提供决策依据。

网络市场调研与传统市场调研相比有很多相似的地方，但互联网自身的特点又使得网络市场调研有别于传统市场调研。

(二) 网络市场调研的特点

基于互联网的特点，与传统市场调研方法相比，网络市场调研具有以下几个方面的特点。

1. 网络市场调研信息的及时性和共享性

网络中信息传播的速度非常快，任何连接到网络中的用户都能快速地接收到来自各方的信息。企业采取各种手段来进行信息的收集与统计，通过网络统计分析软件可以快速看到调研的结果，大大提高了传统市场调研的效率。同时由于网络的开放性，任何用户都可以主动参与调研，成为调研的对象，并自主查看调研的结果，充分体现了网络市场调研的共享性。

此外，参与调研的用户一般都是企业商品或服务的潜在消费者，会认真思考并回复调研的内容，保证了调研结果的客观性和真实性，能够反映真实的消费者需求和市场发展趋势。

2. 网络市场调研方式的便捷性和经济性

网络市场调研只需要一台能够上网的计算机就能开展调研工作，无论是调研者还是被调研者都能通过网络进行交流，十分方便；并且，还能省去传统调研方式中大量的人力、物力、财力和时间资源，调研者只需在网络上发出调研请求并提供相关信息，被调研者就能按照自己的意愿参与调研并回复。调研的过程不会受到外界环境，如天气、交通和运输等因素的影响，调研的结果也省去了大量人工处理与分析，可以直接用计算机自动处理完成，是一种十分经济、便捷的调研方式。

3. 网络市场调研过程的交互性和充分性

由于网络的交互性，在进行网络市场调研的过程中，消费者可以主动对商品或服务的设计、定价和服务等一系列内容发表自己的意见，避免了传统调研方式因问题不合理而出现的结果偏差。这种调研方式是一种双向互动的沟通方式，大大提高了消费者参与调研的热情与积极性，并且能够及时向企业反馈信息，使企业的营销决策能有的放矢。

同时，网络市场调研方式还具有传统调研方式(如留置问卷、邮寄问卷)的优点，被调研者拥有充分的时间来进行思考，并能够自由发表自己的看法。

4. 网络市场调研结果的可靠性和客观性

由于网络市场调研的被调研者一般都对企业的商品或服务比较感兴趣，调研的针对性很强，参与调研的用户也会相对认真地回答相关问题，调研结果的可靠性较高。同时，由于网络市场调研不受其他人为因素的干扰，调研结果的准确性较高，能够最大限度地保证调研结果的客观性。

5. 网络市场调研无时空和地域的限制性

网络市场调研是基于互联网环境进行的，很好地解决了传统市场调研的区域与时间限制。企业可以任意选择时间进行调研，被调研者可以在全天的任何时段参与调研。

6. 调研信息的可检验性和可控制性

首先，通过互联网，企业可以方便地进行网络市场调研信息的收集，并对收集信息的质量进行系统的检验和控制。其次，企业可以对调研内容附加全面规范的指标解释，防止因被调研者对内容理解不当或调研员解释口径不一致造成的调研结果偏差。最后，网络市场调研的结果由计算机依据设定的检验条件和控制措施自动实施，保证调研复核检验的准确性和客观公正性。

二、网络市场调研的对象

网络市场调研的对象主要包括消费者、竞争者、合作者等相关人群，通过对目标人群进行调研，可以分析市场的营销机会，及时调整营销策略。

1. 消费者。

不同的网络市场拥有不同的消费人群，不同的消费人群会体现出不同的特征和差异性。企业在进行市场调研时，应该通过网络跟踪目标消费人群的购买行为，调研其购买意向，收集消费者对企业、商品、服务、支付、配送、性价比等各方面的意见，综合整理后以供参考。

2. 竞争者

网络营销环境下的企业竞争者不仅包括现有竞争关系的企业，还应该观察潜在竞争者、商品替代者等，分析不同类型的竞争者带来的威胁，了解竞争者的营销动向、商品生产、企业管理等信息，结合消费者的反馈，分析出本企业的威胁和机会，作为制定更加合理、有效的营销策略的依据。

3. 合作者等相关人群

企业的联盟企业、供应商、第三方代理等提供的行业评估信息也可以为企业的网络营销策略提供有价值的信息数据。

三、网络市场调研的步骤

网络市场调研具有一定的独特性，其调研步骤主要包括以下五个方面。

(一) 明确问题与确定调研目标

网络市场调研的首要条件是明确调研的问题与目标，即调研什么、为什么调研。然后再根据这个目标来确定调研的范围、内容和方法，制订详细的调研计划。一般来说，可以

从以下 5 个角度来设定调研目标:

    (1) 谁最有可能在网上使用你的商品或服务?

    (2) 谁最有可能购买你提供的商品或服务?

    (3) 在同类型的行业中,谁已经开展了网络业务,他们具体在做什么?

    (4) 你的竞争者对你的目标消费者的影响如何?你的目标消费者对竞争者的印象如何?

    (5) 企业的日常运作可能要受哪些法律、法规的约束?如何依法运营?

(二) 制订调研计划

明确调研目标后,即可根据目标来制订有效的信息搜索即调研计划。调研计划是对调研本身的具体设计。传统市场调研计划主要包括调研的目的与要求、调研对象的范围与数量、调研样本的选择及抽样、调研项目与内容等。一般情况下,网络市场调研主要包括确定资料来源、调研方法及手段、抽样方案和联系方法等。

1. 资料来源

市场调研的资料来源可能是一手资料也可能是二手资料。一手资料是调研人员通过现场实地调研,直接向有关调研对象收集的资料;二手资料则是经过他人收集、记录和整理所积累的各种数据资料。只要保证资料来源的准确性与真实性,不管是一手资料还是二手资料都可以被采用。

2. 调研方法及手段

网络市场调研的方法有很多,如网上搜索法、在线调研法和电子邮件调研法等,具体采用哪一种调研方法需要企业根据实际情况进行分析。

3. 抽样方案

抽样方案包括抽样方法、抽样数量和样本判断准则等。

4. 联系方法

网络市场调研一般通过电子邮件、QQ 等网上交流方式进行联系。

(三) 收集信息

互联网不受时间和空间的限制,企业可以在全国甚至全球范围内进行信息收集。网络中的信息丰富且繁杂,企业需要采用合适的方法才能找到需要的信息,从而行之有效地用于网络市场调研。网上搜索、在线问卷调研等方法均可用于收集所需信息。

(四) 分析信息

收集信息后,调研人员就需要进行信息的分析,从庞大的数据中提炼出与调研目标相关的信息,作为后续工作的依据。分析信息需要借助一些数据分析技术,如交叉列表分析技术、概括技术、综合指标分析和动态分析等,或者采用国际上较为通用的 SPSS、SAS 等分析软件。不管采用哪种方法进行分析,都要保证分析的速度、准确性与真实性,因为在网络信息时代,信息的传播非常迅速,如果竞争者比你更快地占据了市场,企业就将失去既有的优势。

(五) 撰写报告

网络市场调研的最后一个阶段是撰写调研报告。这就需要调研人员把调研情况与市场营销策略结合起来，以标准的调研报告的书写格式，写出调研报告。

网络市场调研报告的内容主要包括标题、目录、引言、正文、结论、启示及建议和附录等。其中，正文的内容就是对本次网络市场调研的主要说明，如调研目的、调研方法和调研数据的统计分析等。

四、网络市场调研的方法

在网络上既可直接进行一手资料或原始信息的调研，也可利用互联网的媒体功能与搜索引擎收集二手资料，进行间接网络市场调研。下面将网络市场调研的方法具体介绍如下。

(一) 网络市场直接调研的方法

在互联网上收集一手资料或原始信息的过程即为网络市场直接调研。按调研的思路不同，目前常用的直接调研方法可细分为以下三种。

1. 网上观察法

网上观察法是通过相关软件和人员，记录网络浏览者浏览企业网页时所点击的内容等活动来实施的。

2. 在线问卷法

在线问卷法是指请求浏览网站的个人通过填写在线问卷来参与企业的各种调研。除了自己设计问卷外，企业还可依托专业的问卷调研平台进行问卷设计和发布，收集和分析用户数据，如问卷星、91 问问调研网等。在问卷调研平台中可通过模板轻松创建在线调研问卷，然后通过邮件、QQ、微信群、朋友圈、二维码等多渠道将问卷链接发给好友填写，受邀参与有效填写问卷的用户可获得由调研平台或企业自行提供的奖品。同时，问卷调研平台会自动对调研结果进行统计分析，企业可随时查看或下载问卷结果，以便收集和分析用户数据。图 5-1 和图 5-2 分别为问卷星平台首页和问卷发布、分析与下载页面。

图 5-1　问卷星平台首页

图 5-2　问卷星问卷发布、分析与下载页面

3. 网上实验法

网上实验法是指通过网络平台设计并发布几种具有不同内容和形式的广告，对比各个广告带来的效果，以收集市场行情资料。

(二) 网络市场间接调研的方法

网络市场间接调研是指利用互联网收集与企业营销相关的二手资料信息，包括市场、竞争者、消费者和宏观环境等，是企业应用最多的网络市场调研方式。目前，在网上查找资料主要有以下三种方法。

1. 利用搜索引擎查找资料

在互联网中提供一个搜索信息的入口，根据搜索者提供的关键词对互联网信息进行检索，筛选出与关键词相关的信息。

2. 访问专业网站收集资料

各种专题性或综合性市场调研网站中都提供了一些特定的市场调研资料，企业若知道需要的资料可以从哪些网站中获得，就可以直接打开并访问这些网站。

3. 利用大数据平台查找资料

移动互联网的发展和社交网络的普及使用户每天的网络活动都生成海量的数据。随着大数据技术的成熟，这些数据将变废为宝。基于大数据平台(如百度指数、阿里指数)，能够快速收集和抓取用户的社会属性、生活习惯和消费行为，如年龄、性别、品牌和商品偏好及购买水平等信息。大数据平台并不都是免费的，有的大数据平台需要付费来获取用于市场调研的数据资料。

第三节　网络营销策略与网络广告

互联网的商业应用改变了传统的买卖关系，带来了企业营销方式的改变，对市场营销提出了新的要求，营销的内容也发生了较大变化，但影响网络营销的基本因素仍是产品、价格、渠道和促销。

一、网络营销策略

网络营销策略是企业根据自身在市场中所处地位的不同而采取的多种营销策略的组

合，包括网络营销产品策略、定价策略、渠道策略和促销策略。

(一) 网络营销产品策略

网络销售产品是指企业在网络营销过程中为满足网络消费者的某种欲望和需要而提供给他们的企业网站、相关咨询、企业生产的产品与服务的总和。

在网络营销中，产品的整体概念可分为五个层次，分别对应不同的网络营销策略。

1. 核心利益层次

这一层次是指产品能够提供给顾客的基本效用或利益。企业在确定产品的核心利益时要从顾客的角度出发，要根据以往的营销效果来制订当前的产品设计开发策略。要注意网络营销的全球性，企业在提供核心利益时要面向全球市场。

2. 有形产品层次

物质产品必须保障品质，企业应注重产品的品牌和产品的包装，在样式和特征方面要根据不同地区的文化来针对性地进行设计。

3. 期望产品层次

在网络营销中，顾客处于主导地位，消费呈现出个性化的特征，不同的消费者可能对产品的要求不一样。为满足这些个性化的需求，对于有形产品，要求企业的设计、生产和供应等环节必须实行柔性化的生产和管理；对于无形产品(如服务、软件等)，要求企业能根据顾客的需要提供服务。

4. 延伸产品层次

在网络营销中，由于大多数竞争者都能提供送货、安装等附加服务，所以网络营销应突破传统的限制来加强和延伸外延产品的开发，如增加售后服务、免费提供培训等产品增值服务。

5. 潜在产品层次

潜在产品与延伸产品的主要区别是客户没有潜在产品层次的需要时，仍然可以很好地获得所需要的产品核心利益，但得到潜在产品后，消费者的心理会得到超值的满足，消费者对产品的偏好度与忠诚度会得到强化。

刚进入线上销售并选择适合网络营销的产品时，建议企业从以下角度进行考虑：选择具有持续性消费特征或者有后续性消费特征的产品(如零食、生活用品、生活服务等)；选择单价相对较低的产品，以免造成压货等；选择体积小、方便运输的产品；选择具有分享特性的产品，方便在亲朋好友、朋友圈间传播扩散这些商品信息(如美容护肤、健康类产品等)；选择有质量保证的正规厂家生产的产品；选择具有较高利润的产品，这样的产品更适合进行网络分级代理销售。

(二) 网络营销定价策略

网络营销价格是指企业在网络营销过程中买卖双方的成交价格。网络营销价格的形成机制是极其复杂的，会受到成本、供求关系和竞争等多种因素的影响和制约。企业在进行网络营销决策时，必须综合考虑各种因素，从而采用相应的定价策略。很多传统营销中的定价策略在网络营销中得到了应用，同时也得到了创新。根据影响网络营销价格因素的不同，网络定价策略可分为如下几种。

1. 竞争定价策略

竞争定价策略是企业根据竞争对手同类产品或服务的定价调整自己相应产品或服务的定价策略，这种定价策略可以使企业保持相对价格优势。此种定价策略除了要随时关注竞争对手同类产品或服务的定价外，还要密切关注客户和潜在客户需求的变化。

2. 个性化定价策略

消费者往往对产品外观、颜色和样式等有具体的内在个性化需求，个性化定价策略就是利用网络的互动性和特定消费者的需求特征来确定商品价格的一种策略。利用网络的互动性，企业可以实时了解消费者的需求，从而使个性化营销成为可能。

3. 自动调价、集体议价策略

根据季节变动、市场供求状况、竞争状况及其他因素，在考虑收益的基础上，企业可建立自动调价系统对价格进行自动调整。同时，建立与消费者直接在网上协商价格的集体议价系统，可使价格的调整具有灵活性和多样性。例如，团购网站就是商家依据薄利多销的原理，给出低于零售价格的团购价格或消费者在单独购买时得不到的优质服务，从而使消费者获得更多实惠。

4. 特有产品的特殊价格策略

特有产品的特殊价格策略就是根据产品在网上的需求来确定产品价格的定价策略。当人们对某种产品有很特殊的需求时，企业不用更多地考虑其他竞争者，只要制订自己最满意的价格就可以了。这种策略往往针对两种类型的产品：一种是创意独特的新产品(炒"新")，它利用网络沟通的广泛性和便利性，满足了那些品位独特、需求特殊的客户先睹为快的心理；另一种是有特殊价值的商品(炒"旧")，如古董、纪念物或其他具有收藏价值的商品。

5. 捆绑销售策略

捆绑销售是将两种产品捆绑起来销售的销售和定价方式。纯粹的捆绑销售只有一种价格，消费者必须同时购买两种或两种以上的商品。混合搭售则是一种菜单式销售，企业既提供捆绑销售的选择，也提供单独购买其中某种商品的选择。

不是所有的产品和服务都能随意地捆绑在一起。捆绑销售要达到 1+1>2 的效果取决于两种或多种商品的协调和相互促进，而不存在难以协调的矛盾。

例如，在用户确定要购买某款手机后，在商品介绍详情页的上方，会有一个相关商品的推荐区域，以提醒用户购买手机壳、移动电源、蓝牙耳机、手机支架等相关产品，促其增加消费。图 5-3 所示为京东商城某款手机的搭售示例。

图 5-3　京东商城某款手机的搭售示例

6. 众筹自定价策略

众筹自定价策略是指众筹项目在达到最低筹资目标后，众筹产品或服务的价格会依据参与众筹的买家数量而调整：买家越多，平均每位买家需支付的钱越少。在该模式下，消费者在定价环节中的主动性得到了极大释放，人人都能够以自己的力量去影响最终的价格。例如，2013 年 7 月 3 日 12 时，乐视超级电视就是通过该模式进行销售，最终在 49 分钟内售出了 1 万台电视机，回流现金 7500 万元。

(三) 网络营销渠道策略

随着电子商务以及网络技术的迅速发展，越来越多的消费者选择在网上购物。网络营销渠道就是指借助互联网将产品或服务从生产者转移到消费者所经历的各个中间环节连接而成的路径。网络营销渠道策略主要有以下三种。

1. 渠道的推式策略

推式策略也称高压策略，是指由企业的销售人员主导推动分销渠道上各环节人员推销的活动策略。推式策略一般用于销售过程中需要人员推销的工业品和消费品，在企业规模小或无足够的资金推行完善的广告促销，市场比较集中，渠道短，产品单价高等情况下应采用推式策略。推式策略常用的方法有示范推销法、走访销售法、网点销售法、服务推销法等。

2. 渠道的拉式策略

拉式策略也称吸引策略，是指生产企业通过使用密集的广告宣传、销售促进等活动，引起消费者的购买欲望，激发购买动机，进而促使零售商向批发商、经销商、代理商等中间商进货，各类中间商向生产企业进货，最终满足消费者的需求，达到促进销售的目的。在企业资金充足，产品差异化小，新产品初次上市，产品销售对象广泛等情况下应采用拉式策略。拉式策略常用的方法有广告宣传、代销、试销、召开产品展销会及订货会等。

3. 渠道的线上线下融合策略

互联网+时代给传统的渠道管理与运营带来了极大挑战，线上与线下渠道相融合，是零售行业发展的必然趋势。消费者的生活及消费轨迹也已开始融合，企业应快速整合各种线上线下的渠道，聚合二者的优点，多角度、全方位地拉近与消费者的距离，从各个方面关注并提高客户体验。

(四) 网络营销促销策略

促销是指企业通过人工和非人工的方式与消费者进行沟通，从而引发、刺激消费者的消费欲望，使其产生购买行为的活动。网络促销策略一般有四种形式，即网络广告、站点推广、网络销售促进和网络公关。

1. 网络广告

网络广告是指企业借助互联网平台发布企业的产品或服务信息，对企业及企业产品或服务进行宣传推广的一种营销方式。网络广告主要有以下几种形式：以推销商品或者服务为目的的含有链接的文字、图片或者视频等形式的广告；电子邮件广告；付费搜索广告；商业性展示中的广告；其他通过互联网媒介推销商品或者服务的商业广告。

2. 站点推广

站点推广是指企业利用网络营销策略，扩大站点知名度，增加网站流量，从而起到宣传和推广企业、产品或服务的目的。站点推广策略也可以延伸到移动端的 App 推广。

3. 网络销售促进

网络销售促进是指企业为了促进在线产品或服务的销售，运用各种短期诱因(如限时折扣、赠送优惠券、抽奖、满减等活动)，以吸引消费者购买产品或服务的促销方式。

4. 网络公关

网络公关是指企业借助互联网的交互功能吸引用户与企业保持密切关系，以树立企业的良好形象，培养客户忠诚度，从而促进产品或服务销售的一种活动。网络公关的主要工作内容有事件营销、口碑营销、网络新闻发布、危机公关等。

二、网络广告

网络广告有广义和狭义之分，具体如下。

从广义上说，通过互联网形式传播商业信息的行为都是网络广告。

从狭义上说，网络广告是指商家通过网站、网页、互联网应用程序等互联网媒介，以文字、图片、音频、视频或者其他形式，直接或者间接地推销商品或者服务的商业广告。

本书所述网络广告取其狭义。

(一) 网络广告的发展

1994 年 10 月 27 日，美国著名的 Wired 杂志推出了网络版 Hotwired，其主页上有 MCI 等 14 个客户的横幅广告，这是广告史上里程碑式的事件，标志着网络广告的诞生。

我国的第一个商业性网络广告出现在 1997 年 3 月，传播网站是 Chinabyte，该广告的表现形式为 468 像素 × 60 像素的动画旗帜广告。英特尔和 IBM 公司是最早在国内互联网上投放广告的企业。我国的网络广告一直到 1998 年初才稍具规模。

艾瑞咨询中国网络广告核心数据显示，2018 年中国网络广告市场规模达到 4844 亿元，同比增长 29.2%；网络营销的发展重心进一步向移动端转移，移动端广告占比达 76%，预计 2021 年将接近 85%；阿里巴巴、百度和腾讯的网络广告营收位列前三。

(二) 网络广告的形式

网络广告的形式多种多样，根据不同的标准有不同的分类。

根据信息表现形式的不同，网络广告可以分为文字广告、图片广告和视频广告等。

根据广告在网页中出现的形式，网络广告可以分为横幅广告、按钮广告、弹出式广告、分类广告和信息流广告等。

根据所选择网络工具的不同，网络广告可以分为搜索引擎关键词广告、电子邮件广告、社会化媒体广告和即时信息(Instant Message，IM)广告等。

下面具体介绍几种常用的网络广告形式。

1. 横幅广告

横幅广告(Banner)又称为旗帜广告，它是以 GIF、JPG 等格式建立的图像文件，定位在网页中，大多用来表现广告内容。横幅广告是最早的网络广告形式，表 5-1 所示为横幅广告的类型与规格。

表 5-1　横幅广告的类型与规格

类　　型	规格(像素 × 像素)
全幅旗帜广告	468 × 60
半幅旗帜广告	234 × 60
垂直旗帜广告	120 × 240
宽型旗帜广告	728 × 90
小型广告条	88 × 31
1 号按钮	120 × 90
2 号按钮	120 × 60
方形按钮	125 × 125

2. 文本链接广告

文本链接广告是指在热门站点的网页上放置其他站点的文本链接。该类广告能对网站起到软性宣传的作用，但是一小段文本传达的信息是有限的，最大限度地发挥这段文本的作用需要好的创意。文本链接广告是一种对浏览者干扰最少、费用较低、却最有效果的网络广告形式。

3. 网络视频广告

网络视频广告是指视频中含有广告的网络广告形式，其主要表现形式有标准的视频形式、画中画形式和焦点视频形式等。如果在广告播放时用户单击此广告，则将自动转到此广告客户的网站。用户可控制广告音量，也可选择重播该视频广告(视频广告不会自动重播)。

4. 搜索引擎广告

搜索引擎广告涉及多种方式，但基本原则都是广告主付费以换取搜索结果页面上的优先排名或显示位置。下面以目前国内流量比较大的搜索引擎网站百度来举例说明。

1) 竞价广告和品牌华表

(1) 竞价广告是一种用户自主投放、自主管理，按照广告效果付费的新型网络广告形式。在输入关键词搜索时，位于搜索结果页面的左侧写有"广告"二字的即为竞价广告，每一个关键词的价格不同。图 5-4(a)所示为百度竞价广告的展示位置。

(2) 品牌华表通过关键词精准匹配展现在网页右侧的图文品牌展示位。品牌华表主要针对客户的品牌推广营销策略，可自行将通用词(如手机、欧洲自由行、英语培训等)、节日词(如国庆节、圣诞节)等关键词与自己的品牌关联。品牌华表按周购买，最短购买时间为 1 周，最长为 13 周。图 5-4(b)所示为百度品牌华表的展示位置。

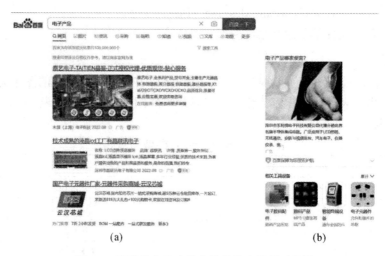

图 5-4　百度的竞价广告和品牌华表的展示位置

2) 品牌专区

品牌专区是指在百度网页搜索结果最上方为知名品牌量身定制的资讯发布平台，是为提升网民搜索体验而整合文字、图片、视频等多种展现形式的创新搜索模式。品牌专区是百度首创的搜索引擎上的品牌图文专区，用户在百度主页的搜索框中输入品牌全称或简称的时候就可以看到它，其中包含图片与多个栏目区。图 5-5 为百度品牌专区搜索结果。

图 5-5　百度品牌专区搜索结果

5. 信息流广告

信息流广告又叫原生广告，就是与内容混排在一起的广告，是最不像广告的广告，也是看上去最像普通内容的广告。这种广告是通过大数据算法，由机器智能分析用户在平台内的一系列行为和兴趣分布，将用户兴趣热点和广告进行精准匹配并主动推送给用户的一种全新广告形式。这种广告被嵌入用户日常浏览的资讯、社交动态或视频流中，从广告素材和广告文案上与普通内容的广告完全一致、高度原生，并且通过用户的刷新行为不断变化，更易于被用户接受。

2015 年年初，微信朋友圈接入了信息流广告，之后今日头条、微博等各大社交媒体

App 也先后接入了信息流广告。2016 年 6 月，在手机百度 App 和百度浏览器首页等位置接入了信息流内容，而新推的信息流广告就被嵌入其中。信息流广告是最适合移动互联网时代的广告形式，是未来网络广告发展的趋势。

6. 电子邮件广告

电子邮件广告具有针对性强(除非肆意滥发)和费用低廉的特点，且广告内容不受限制。它可以为具体某一个客户发送特定的广告，这是其他网络广告方式所不及的。一般电子邮件广告做得越简单越好，文本格式的电子邮件广告兼容性最好。

7. 插播式广告

插播式广告即弹出式广告，是指在访客请求登录网页时强制插入一个广告页面或弹出广告窗口，有点类似于电视广告，都是强迫人们观看的。插播式广告有各种尺寸，有全屏的，也有小窗口的，互动程度不同，静态的和动态的都有。通常，网站的 VIP 会员可以关闭广告窗口(电视广告是无法做到的)。

8. 游动式广告

游动式广告也叫移动广告，从外观上看有些类似于按钮式广告，但它与按钮式广告有着本质的区别。它会在屏幕上移动，像漂浮在水面上的树叶一样。当网页被上下滚动翻看时，它也会跟着移动，一直出现在屏幕上，只有当网页被关闭时才会被同时关闭。

9. 社会化媒体广告

社会化媒体广告是一种交互式广告，在广告内容中发布消费者同意展示的图像或用户名，使得用户可以与广告发布者产生交互，如微博、微信、QQ 空间等社会化媒体中出现的广告。以新浪微博为例，包括顶部公告、底部公告、右侧推荐、粉丝头条、粉丝通及微任务等广告形式。

10. 手机网络广告

手机网络广告已经成为网络广告市场的主流，在 PC 端适用的搜索引擎广告、数字视频广告、横幅广告等形式，在手机端同样适用，同时也有一些专门适用于手机的广告形式，如 App 开屏广告、社交网络红包广告、LBS 广告、移动 Wi-Fi 广告等。

(三) 网络广告的收费模式

目前常见的网络广告的收费模式有以下几类。

1. 每千人印象成本收费模式

每千人印象成本收费模式也称为 CPM(Cost Per Thousand Impressions)收费模式，这是网络广告最科学的收费模式，是按照有多少人看到投放的广告来收费的。每千人印象成本指的是在广告投放过程中，听到或者看到某广告的千人平均分担的广告成本，传统媒介多采用这种计价方式。在网络广告中，每千人印象成本取决于印象的尺度，该尺度依含有文字广告、图标广告、标题广告等页面被访问的次数而定。

2. 每点击成本收费模式

每点击成本收费模式也称为 CPC(Cost Per Click)收费模式，该模式以点击次数计费。

这样的方法加上点击率的限制可以提高作弊的难度,是宣传网站站点的最优方式。但是,不少经营广告的网站觉得这种方法不公平。例如,虽然浏览者没有点击,但是已经看到了广告,对于这些看到广告却没有点击的流量来说,网站没有收益。

3. 每行动成本收费模式

每行动成本收费模式也称为 CPA(Cost Per Action)收费模式,它是按广告投放的实际效果(如按回应的有效问卷数或注册成为会员或下订单数等)来计费的。这种模式对于网站而言有一定的风险,但若广告投放成功,其收益也会比每千人印象成本收费模式大得多。

4. 每销售成本收费模式

每销售成本收费模式也称为 CPS(Cost Per Sale) 收费模式,它是指广告主为规避广告费用风险,只有在网络用户点击广告并进行在线交易后,才按销售额付给广告站点费用的收费模式。

无论是每点击成本收费模式、每行动成本收费模式,还是每销售成本收费模式,都要求目标消费者点击甚至购买后,广告主才付费。

5. 竞价广告收费模式

竞价广告是一种网络定向广告,它通过上下文分析技术让广告出现在最合适的页面上,从而可以有效地将产品或服务推荐给目标客户。

以搜狐为例,其竞价广告服务采用实时计算、实时划账的计费方式。这就需要客户的账户中要预存一定数额的资金。当账户资金用完时,应及时补充,否则系统会在一个月内自动删除该账户。续费金额 100 元起,无上限要求。竞价广告按点击计费,广告收费=有效点击次数×广告投放价格。

广告投放竞价时,不同网站设置的每次点击最低起价不同,一般以 0.05 元为一个竞价单位。出价高的广告排在前面,同一价格的广告,则按照投放时间的先后顺序进行排列。

6. 按时长付费模式

按时长付费模式即包时方式(Cost Per Time,CPT),这是广告主按广告投放时间的长短付给广告站点费用的一种付费方式。

很多国内的网站是按照“一小时、一天、一月多少钱”这种固定收费模式来收费的。这种收费方式对广告主和网站都不公平,无法保障广告主的利益,是一种不科学的网络广告收费模式。尽管现在很多大型网站已经采用每千人印象成本收费模式或每点击成本收费模式等较为科学的收费模式,但很多中小型站点由于自身管理与发展比较落后,依然在使用包时的收费方式。

7. 其他计价模式

某些广告主在实施特殊营销方案时,会提出以下方法个别议价:

(1) CPR (Cost Per Response):根据浏览者的每一个回应付费。

(2) CPL (Cost Per Leads):根据搜集潜在客户名单多少付费。

(3) CPP (Cost Per Purchase):根据实际销售的笔数付费。

(4) PFP (Pay-For-Performance):根据业绩付费。

相比而言,每千人印象成本收费模式和包时的收费方式对网站有利,而每点击成本收费模式、每行动成本收费模式、每回应成本收费模式、每销售购买成本收费模式或按业绩收费模式则对广告主有利。目前，最为流行的计价方式是每千人印象成本收费模式，其次是每点击成本收费模式。

第四节　常用的网络营销方法

网络营销的功能需要通过一种或多种网络营销方法实现。常用的网络营销方法有网络广告、搜索引擎营销、病毒性营销、网络社群营销、自媒体营销、软文营销及网络直播和短视频营销等，下面主要介绍除网络广告以外的其他六种网络营销方法。

一、搜索引擎营销

调查表明，使用搜索引擎进行搜索是人们发现新网站的基本方法。搜索引擎是基于互联网应用，使用率仅次于即时通信。因此，做好搜索引擎营销是企业网站推广的基本任务。

搜索引擎营销(Search Engine Marketing，SEM)就是根据用户使用搜索引擎的方式，利用用户检索信息的机会，尽可能地将营销信息传递给目标用户。搜索引擎营销的方法包括搜索引擎优化、登录分类目录网站及关键词竞价排名等。

(一) 搜索引擎优化

搜索引擎优化(Search Engine Optimization，SEO)就是企业通过提高网站设计质量，使网站界面友好，设计合理，便于百度等技术型搜索引擎索引，通常不需要自己登录搜索引擎，而是让搜索引擎自动发现的网站。一般认为，搜索引擎优化主要有两方面的要求，被搜索引擎收录和在搜索结果中排名靠前。搜索引擎优化包括内部优化和外部优化。

1. 内部优化

网站的内部优化主要通过以下几种手段实现：

(1) META 标签优化，如 title(网页标题)、keywords(关键词)、description(描述)等的优化。图 5-6 所示为阿里巴巴首页的 META 标签。

```
<head>
    <meta charset="utf-8">
    <meta name="data-spm" content="a2638t"/>
    <meta name="keywords" content="1688"/>
    <meta name="description" content="阿里巴巴（1688.com）是全球企业间（B2B）电子商务的著名品牌,

    <title>阿里巴巴1688.com - 全球领先的采购批发平台,批发网</title>
```

图 5-6　阿里巴巴首页的 META 标签

(2) 内部链接的优化，包括相关性链接(Tag 标签)、各导航链接及图片链接等。

(3) 网站内容更新，每天保持网站内容的更新(主要是文章的更新等)。

2. 外部优化

网站的外部优化主要通过以下几种手段实现：

(1) 外链类别，如博客、论坛、B2B、新闻、分类信息、贴吧、知道、百科、相关信息网等，尽量保持链接的多样性。

(2) 外链运营，每天添加一定数量的外部链接，使关键词排名稳定提升。

(3) 外链选择，与一些和本企业网站相关性比较高、整体质量比较好的网站交换友情链接，巩固、稳定关键词排名。

(二) 登录分类目录网站

登录分类目录网站是最传统的网站推广手段，由寻求收录的网站管理员向分类目录网站提交网站信息，经过分类目录网站编辑人工审核通过后，将不同主题的网站放在相应目录下，形成分类目录网站。登录分类目录网站包括免费登录和付费登录，最初以免费登录为主。随着基于超级链接的技术性搜索引擎重要性的提高，现在传统分类目录网站的影响力已经越来越小，因而此方法只作为一种参考方法。

(三) 关键词竞价排名

关键词竞价排名是搜索引擎广告的一种形式，是按照单次点击付费较高者排名靠前的原则，对购买了同一关键词的网站进行排名的一种营销方式。关键词竞价排名一般采用按点击量收费的方式收费。

关键词竞价排名方式有别于传统的搜索引擎营销方式，其主要特点有：可以方便地统计分析用户的点击情况，可以随时更换关键词以增强营销效果。目前，关键词竞价排名成为一些企业利用搜索引擎营销的重要方式。

二、病毒性营销

病毒性营销(Viral Marketing)也称为病毒式营销或病毒营销，是一种常用的网络营销方法，常用于网站推广、品牌推广等。病毒性营销利用的是用户口碑传播的原理。在互联网上，这种口碑传播更为方便，可以像病毒一样迅速蔓延，因此病毒性营销成为一种高效的信息传播方式。由于这种传播是用户之间自发进行的，因此几乎是不需要费用的网络营销手段。病毒性营销既可以被看作是一种网络营销方法，也可以被认为是一种网络营销思想，即通过提供有价值的信息和服务，利用用户之间的主动传播来实现网络营销信息传递的目的。

病毒性营销并非真的以传播病毒的方式开展营销，而是通过用户的口碑宣传，使得信息在网上像病毒一样传播和扩散，利用快速复制的方式传向数以万计的受众。

Killerstandup.com 是圣地亚哥一家出版公司的网站。为了推广这个网站，该公司的网络营销人员创建了第二个网站 FreeJokeBooks.com，这个网站提供可免费下载的笑话和幽默段子的电子书。通过公司网络编辑人员的精心设计，这些电子书看起来像一个独立的网站，并且包含有 Killerstandup.com 和 FreeJokeBooks.com 的超级链接。在电子书通过电子邮件流传的过程中，很多用户通过链接访问到上面的两个网站，几天之内就获得了来自多个国家的约 3 万次点击，而且网站的访问量还在快速增加。Killerstandup.com 的营销手段就是病毒性营销。

病毒性营销具有自身的基本规律，成功的病毒性营销策略必须遵循病毒性营销的基本思想，并充分认识其一般规律，包括：为用户免费提供有价值的信息和服务，而不是采用强制性或者破坏性的手段；在进行病毒性营销策略设计时，有必要对可利用的外部网络营销资源进行评估；遵照病毒性营销的步骤和流程；不要指望病毒性营销方案的设计和实施完全没有成本；希望病毒性营销信息会自动在大范围内进行传播是不现实的，进行信息传播渠道设计和给予一定的推动是必要的。

三、网络社群营销

网络社群是指因某种关系而连接在一个圈了的互联网用户，如 QQ 群、微信群、同一微信公众号的订阅用户、同一话题的参与者、同一用户(如明星)的共同关注者(粉丝)、微群、微博好友圈、微信朋友圈等。

网络社群营销是指通过互联网将有共同兴趣爱好的人聚集在一起，将一个兴趣圈打造成为消费家园，通过产品或服务来满足群体需求而产生的商业形态。网络社群营销是在网络社区营销及社会化媒体营销的基础上发展起来的用户连接及交流更为紧密的网络营销方式。如通过微信培养各种粉丝，先给粉丝传递价值，然后再谋求盈利，这是网络社群营销的普遍形式。网络社群营销聚集的人群会通过各种关系延伸到陌生群体，最后会形成庞大的市场。未来的商业形态会以各个自媒体的社群营销为主体。

四、自媒体营销

自媒体的崛起是近年来互联网的一个发展趋势。自媒体营销就是利用社会化网络、在线社区、博客、百科、短视频、微博、微信、今日头条、百度、搜狐、凤凰、UC 等平台或者其他互联网协作平台和媒体来传播和发布信息，从而形成的营销、销售、公共关系处理和客户关系服务维护及开发的一种营销方式。这里主要介绍微博、微信及头条号营销的相关内容。

(一) 微博营销

微博营销以微博为营销平台，每一个粉丝(听众)都是潜在的营销对象，商家利用不断更新自己微博的方式向网友传播企业信息和产品信息，建立品牌、推广产品、促成交易，等等。该营销方式注重价值的传递、内容的互动、系统的布局和准确的定位，微博的火热发展使其营销效果尤为显著。微博营销涉及的范围包括认证、有效粉丝、话题、开放平台和整体运营等。2012 年 12 月后，新浪微博推出了企业服务商平台，为企业在微博上开展营销活动提供帮助。

1. 微博营销的分类

微博营销一般可分为个人微博营销和企业微博营销，两者的难度和有效性区别较大。

(1) 个人微博营销是依靠用户个人的知名度来得到别人关注和了解的，以明星、成功商人或者社会中其他比较成功的人士为例，他们运用微博往往是希望通过这样一个媒介来让自己的粉丝更进一步地了解和喜欢自己，这些个人微博通常用于抒发用户的个人感情，功利性并不是很明显，一般是由粉丝们跟踪转发来达到营销效果的。

(2) 企业一般以盈利为目的，运用微博往往是想通过微博来增加知名度，最后将自己的产品卖出去。企业微博营销往往难度较大，因为企业的知名度有限，短短的微博也不能使消费者直观地了解商品。微博更新速度快，信息量大，企业进行微博营销时，应当培养自己固定的消费群体，与粉丝多交流、多互动，多做企业宣传工作。

2. 微博营销的技巧

企业在开展微博营销时应注意使用以下几种技巧:

(1) 注重价值的传递和写作技巧。微博的数量数以亿计,只有那些能为浏览者创造价值的微博才具有商业价值,此时微博营销才有可能达到期望的商业目的。要想把企业微博运营得有声有色,单纯传递内容价值还不够,还必须讲求一些技巧与方法。例如,微博话题的设定和表达方法很重要。如果博文是提问性的或悬念性的,能引导粉丝思考与参与,那么浏览和回复的人自然就多,也容易给人留下印象。反之,新闻稿一样的博文会让粉丝想参与都无从下手。

(2) 加强互动,使微博持续发展。微博的魅力在于互动,拥有一群不说话的粉丝是很危险的,因为他们会慢慢变成不看你内容的粉丝,最后就可能离开。因此,互动性是使微博持续发展的关键。需要强调的是,企业的宣传信息不能超过微博信息的10%,最佳比例是3%~5%,更多的信息应该是粉丝感兴趣的内容。

(3) 注重准确的定位和粉丝的质量。微博粉丝数量众多当然是好事,但是,对于企业微博来说,粉丝的质量则更为重要。因为企业微博最终商业价值的实现,需要这些有价值的粉丝的参与。

(二) 微信营销

微信营销是指企业通过微信提供用户需要的信息,推广自己的产品,从而实现点对点营销的一种网络营销方式。

1. 微信营销的常见方式

(1) 利用二维码开展O2O营销模式。将微信二维码放在网络文章或线下的推广活动中,让用户通过扫描二维码关注企业的微信公众平台,从而开展O2O营销模式。

(2) 利用微信公众平台互动形成客户关系管理系统。在微信公众平台上,企业可以实现与特定群体的全方位沟通和互动。

公众平台可以向粉丝推送新闻资讯、产品信息和最新活动信息等,甚至能够提供咨询和客服等功能,形成自己的客户数据库或将普通关系的粉丝发展成朋友圈的好友,使微信公众平台成为一个客户关系管理系统。

(3) 将小程序与微信公众号相关联,增强用户黏性。

① 将企业的微信公众号与小程序相关联,将企业已拥有的用户资源转移到小程序中,可实现销售转化,增强用户黏性。通过微信公众平台后台→小程序管理→关联小程序的流程,即可使小程序关联微信公众号。

② 将门店小程序关联到公众号。门店小程序是微信公众平台向商户提供的对其线下实体店进行管理的一个应用程序。可将其设置到公众号介绍页、自定义菜单中,还可以将其插入图文消息中,从而被微信用户搜索和转发。这个小程序类似一张店铺名片,可以展示线下门店的名称、简介、营业时间、联系方式、地理位置和图片等。使用小程序的商家,可以快速将门店小程序展示在微信小程序中的附近小程序页面,当用户走到某个地点,在微信中打开发现→小程序→附近的小程序,就能看到商家的小程序了。

2. 微信营销的技巧

(1) 做好数据分析，精准挖掘客户。基于数据分析对客户进行精准挖掘，实现微信的精准营销，微信营销的数据分析通常包括用户分析、图文分析、消息分析等。在充分了解客户信息的基础上，针对客户与潜在客户的偏好，针对性地进行一对一的微信营销。

(2) 打造优质内容，增强粉丝黏性。用户在微信上的个性化需求更加凸显，只有有价值的内容才能成功吸引消费者的注意力，并能使消费者主动进行转发宣传，在微信上达到核裂变式的病毒营销传播效果。

(3) 整合沟通渠道，形成微信矩阵。微信的本质仍然是沟通和建立关系，它整合了包括订阅号、服务号、多客服系统、微信群、个人微信号在内的沟通渠道，这几种沟通渠道各有倚重，互为补充，对其充分利用，则可形成微信矩阵的整合营销效果。其中订阅号注重信息的推送；服务号和多客服系统常作为营销者的官方客服渠道；微信群是群体传播，旨在使粉丝保持活跃，增强粉丝的参与感和认同感；营销者申请个人微信号与消费者进行沟通，则更具人性化。

(4) 获取粉丝信任，促成效益转化。企业能通过微信与粉丝建立较强的关系连接，随着微信运营的层层推进和营销者通过多种方式建立的沟通渠道，营销者和粉丝之间会建立高度的信任关系，这种来自粉丝的信任有可能转化为实实在在的经济效益。

(三) 头条号营销

头条号是今日头条旗下的自媒体平台，致力于帮助企业、机构、媒体和自媒体在移动端获得更多推荐和关注的机会，在移动互联网时代持续扩大企业的影响力，同时实现品牌传播和内容变现。

1. 头条号的特色

头条号基于移动端今日头条海量的用户基数，通过强大的智能推荐算法，优质内容将获得更多被推荐的机会，而业界领先的消重保护机制，可让原创者远离侵权烦恼，专注内容创作，借助头条广告和自营广告，让入驻媒体/自媒体的价值变现有了更多可能。

头条号的流量大，阅读网民多，所涉及的产品内容也非常广泛。不少企业希望在头条号上对自己的公司做网络推广，但是头条号属于个人自媒体创作平台，只能发布指定形式的媒体，软文或企业类广告是不能在该网站上发布的。

2. 头条号营销的技巧

(1) 优化关键词。头条号和其他平台的不同之处在于其个性化的推荐算法。作者发布文章后，系统会分析用户(读者)的特征与文章的特征，将两者进行匹配，实行个性化精准推荐。系统需要通过识别标题和正文关键词等来对文章特征进行分析，所以标题会直接影响系统对文章的识别。好的标题可以使系统识别到更多关键词，使系统识别更精准，从而实现更好的个性化精准推荐。相反，如果标题没有足够的关键词，正文也没有足够的关键词，系统就无法做到精准识别，系统推荐文章的读者人群就会与实际目标人群出现偏差，甚至会出现较大的偏差。例如，一篇育儿类文章，如果标题和正文看上去都像旅游类文章，那么系统就会将其推送给对旅游类内容感兴趣的用户，文章的点开率和读完率就都不会太高，如果文章的点开率和读完率很低，有效推荐量也就比较低。

(2) 撰写有吸引力的标题。标题应该体现一篇文章最核心的点，是最吸引人的地方。在头条号，如果其他因素恒定，文章点开率越高，则推荐量越大，并且越热的文章越容易被推送。相反，如果文章不能吸引读者点开并阅读，推荐量就会比较小。有的营销人员为了让标题吸引人，不惜危言耸听、夸大事实以吸引用户的眼球，这种方法是不推荐使用的。影响推送的因素中，除点开率之外，系统对账号的整体质量判定也很重要。如果一个账号为了吸引用户的眼球而使用名不副实的标题，从而严重影响用户体验，系统识别后会对账号内容自动过滤，该账号的推送量会受到很大影响。因此文章作者应该恰如其分地拟定文章的标题。

五、软文营销

软文是基于特定产品的概念诉求与问题分析，对消费者进行针对性心理引导的一种文字模式。软文营销是指通过满足特定的概念诉求，以摆事实、讲道理的方式使消费者走进企业设定的思维圈，以强有力的、有针对性的心理攻势实现产品销售的网络营销模式。其表现形式包括新闻、第三方评论、访谈、采访和口碑等。

一篇够"软"的软文应该是这样的：文笔好，内容引人入胜，使读者有持续阅读的冲动；广告植入"润物细无声"。这种软文甚至会达到使读者多读几遍之后才恍然大悟"我刚刚是不是读了几遍广告啊"的效果。即使有些读者很早便发现"这就是一条广告"，但依然会佩服软文的作者。要想写好软文，首先要了解软文的基本类型。

(一) 软文的基本类型

根据载体的不同，软文可以分为两大类：一类是文章体裁，分为记叙文、议论文和说明文等；另一类是文学体裁，分为小说、诗歌、戏剧和散文等。在这些文体中都可以植入企业产品信息或品牌信息，因此都可以成为软文的载体。

根据内容特点的不同，软文可分为新闻类、故事类和科普类等。新闻类软文包括新闻通稿、新闻报道和媒体访谈等。软文题材包括企业重大事件、行业重大事件、新产品上市、企业领导人创业故事、企业领导人访谈和企业文化等。

根据软文撰写目的的不同，软文可以分为产品类软文、服务类软文、品牌类软文和公关类软文等。

(二) 软文营销的技巧

营销产品不同，受众群体不同，软文的写作模式也不同。要想写好互联网软文，需要掌握以下技巧。

1. 具有吸引力的标题是软文营销成功的基础

就整篇软文而言，文章的标题犹如企业的 LOGO，代表着文章的核心内容。标题不但要能够吸引读者的注意力，还应该让读者动心，产生"让我瞧瞧"的欲望。类似"人类可以长生不老？""保肝价太高，市民怎么办？""奥普浴霸何以'霸'京城？"等标题曾经风靡一时，为什么？因为其不但像新闻标题，而且比新闻标题更吸引人。

2. 抓住时事热点，以热门事件和流行词为话题

时事热点是指那些具有时效性、最新鲜、最热门的新闻。软文的成功发布需要依靠天

时、地利。"天时"主要表现在企业发布软文时对发布契机的把握和对当时新闻热点的巧妙跟随。当新闻媒体在连续"炒"某个重要话题时，企业要快速做出应变，撰写并发布与此话题相关的软文。"地利"主要是指软文发布的版面位置。软文写作时要学会使用网络流行词，如"给力"、"浮云"、"OUT"等，这样能使读者在阅读时产生亲近感。

3. 广告内容自然植入，切勿令用户反感

一篇高质量的软文能让读者感受不到一丝广告的味道，读完之后还会觉得受益匪浅，感觉为他提供了不少帮助。作者要在写软文之前就想好广告的内容和目的，如果软文的写作能力不是很强的话，最好把文章中的软文部分放在开头第二段。如果作者没有高超的写作技巧，切勿将软文中的广告放在最后，因为文章内容如果不够吸引人，读者可能不等读完就已经关闭了网页。

4. 软文内容应契合用户口味，精准定位受众

软文写作的目的绝不是简单地为企业品牌或产品做广告。要想真正发挥软文的营销价值，需要认真调研目标用户的兴趣爱好和习惯特征等，从而了解用户的口味和需求，精准定位目标受众。

只有这样，才能写出满足用户需求的内容，为用户提供一定的价值，进而引起受众的关注，促其进行阅读和传播。

六、网络直播和短视频营销

网络直播和短视频营销是移动互联网普及过程中的产物，发展势头迅猛。

(一) 网络直播营销

1. 网络直播与网络直播营销的含义

网络直播即指互联网直播。按照国家互联网信息办公室发布的《互联网直播服务管理规定》中的定义，互联网直播，是指基于互联网，以视频、音频、图文等形式向公众持续发布实时信息的活动。

按照直播的表现形式，可以分为文字直播、图文直播、语音直播、视频直播四种形式，其中视频直播是最主要的形式。视频直播按照播出的内容，又可分为电竞游戏直播、体育赛事/演出直播、秀场娱乐直播、生活直播等。随着智能手机、平板电脑的普及，移动直播迅速崛起。

移动直播是指直播发布者以智能手机、平板电脑等手持终端为主要录制设备，依托直播平台以网页或客户端技术搭建的虚拟网络直播间，主播提供实时表演及其他内容的娱乐形式，该形式支持主播与用户之间互动和用户向主播打赏。目前活跃用户较多的移动直播平台有映客、YYLIVE、花椒、一直播、秀色、六间房等。

网络直播营销是指通过数码技术将产品营销现场或企业形象信息实时地通过网络传输到观众的眼前。它是网络视频营销的延伸，使观众能实时地接收到企业信息并与企业进行即时对话，让用户有与企业零距离接触的感觉，并能使企业形象深入人心。这种即时视频与互联网的结合，创造了一种对企业非常有用的营销方式。

2. 网络直播营销的方式

(1) 企业自主创造型直播。企业通过网络直播营销可以将产品发布会搬到网上，通过直播软件或直播网站跟用户进行即时互动，让用户亲身体验新产品的魅力，既能使产品形象深入人心，同时也能使用户与企业进行平等对话，让用户感觉自己受到尊重，使用户对公司更加友好，从而促成即时成交。

(2) 病毒营销型直播。视频营销的厉害之处在于传播精准，它首先会使用户产生兴趣，关注视频，再让用户由关注者变为传播分享者，而被传播对象势必是有着和他一样兴趣特征的人，这一系列的过程就是由目标消费者做筛选和传播的过程。如果直播营销结合视频营销的这种特点一起使用，当视频传播到一定程度，积累了一定数量的粉丝之后，再来一场直播，把这批人一次性地聚集在一起，然后主播再与这批忠实的粉丝进行互动，加深感情，那么对后面的产品或服务的进一步推广就大有裨益了。

(3) 事件营销型直播。事件营销一直是线下活动的热点，国内很多品牌都依靠事件营销取得了成功。其实，策划有影响力的事件，编制一个有意思的故事，再将这个事件拍摄成视频，也是一种非常好的营销方式，而且，有事件内容的视频更容易被网民传播，然后将事件的最后结局进行一场现场直播，让之前积累的关注度全部聚集在一起，并在事件营销中合理植入产品信息，这样做往往会事半功倍。

(4) 结合其他传媒型的直播模式。由于每一个用户接触互联网的媒介和方式不同，单一的视频传播很难有好的效果。因此，在做直播前，企业需要通过制作一定数量的视频短片，并首先需要在公司的网站上开辟专区，吸引目标客户的关注。其次，也应该跟主流的门户、视频网站合作，以提升这些视频的影响力。而且，对于互联网用户来说，线下活动和线下参与也是重要的一部分。

企业适时地把关注这些视频的用户聚集在一起，进行一场网络直播，再配合线下活动，这样就有可能将聚集的粉丝真正转化为企业的忠实用户。

淘宝、京东等电商企业已经率先开始利用网络直播做营销活动。最为典型的一种是内容+电商直播互动媒介，已经和电商场景实现了高度融合，成为网站增强用户黏性的手段之一。许多直播平台，如斗鱼、一直播、陌陌、YY 等陆续上线了电商功能，符合条件的主播们都能将商品放入直播间售卖。

(二) 短视频营销

1. 短视频和短视频营销的含义

短视频是一种视频长度以秒计，主要依托于移动智能终端实现快速拍摄与美化编辑，可在社交媒体平台上实时分享和无缝对接的新型视频形式。短视频内容融合了技能分享、幽默搞笑、时尚潮流、社会热点、街头采访、公益教育、广告创意、商业定制等主题。短视频长度从几秒到几分钟不等，由于内容较短，可以单独成片，也可以成为系列栏目。短视频的出现既是对社交媒体现有主要内容(文字、图片)的一种有益补充，同时，优质的短视频内容亦可借助社交媒体的渠道优势实现病毒式传播。

国外比较有代表性的短视频发布平台有 Instagram、Snapchat 等。国内有代表性的短视频平台有抖音、快手、西瓜视频、火山小视频、小影、小咖秀、秒拍、美拍等。

短视频营销就是企业和品牌主借助于短视频这种媒介形式进行社会化营销(Social Marketing)的一种方式。近年来各种短视频平台纷纷崛起，无论是普通百姓还是影视演员，都纷纷加入短视频拍摄大军。短视频能拉近偶像与粉丝之间的距离，这也是短视频 App 流行起来的重要原因之一，在巨额资金与海量内容生产背后是相当可观的用户注意力和流量，它们成为短视频营销商业变现的重要保障。

2. 短视频营销的方式

(1) 短视频创意定制。短视频内容采用 PGC(Professionally-generated Content，专业生产内容)和 UGC(User-generated Content，用户原创内容)等形式，按企业的要求进行内容定制生产，已成为一种具有高转化效果的营销方式。创意内容＋短视频形式可以最大限度地体现短视频内容的价值，让营销信息植入得更加自然。

(2) 短视频冠名。在短视频领域，企业通常可用品牌或者产品命名短视频栏目名称。基于短视频的超强流量，再加上冠名带来的多频次的品牌展示，更容易为企业在社交媒体中带来大量曝光机会，同时还能提升企业的美誉度。这种方式具有执行速度快，覆盖人群广等优势。

(3) 短视频植入广告。依托于短视频达人的高人气，以贴片广告、播主口播等形式植入企业产品信息或品牌信息，可以使这些信息获得更好的曝光效果。这种方式具有易操作、到达率高、成本低等优势。

(4) 短视频互动营销。这种方式通常是由企业发起某一活动，借助短视频平台和短视频达人的粉丝影响力，带动粉丝参与活动，并由此可能引发一场覆盖全网的短视频传播风暴。短视频传播具有视觉化的优势，整个互动形式一般都具有很强的互动性、热点性和舆论性，极易形成爆点，感染目标人群。

(5) 短视频多平台分发。除了美拍、秒拍这种专业的短视频平台外，优酷、腾讯、爱奇艺这类视频门户网站和一些新闻、社交客户端以及新媒体都已成为短视频传播的渠道。一般情况下，企业应在多平台投放短视频，以提高传播效果。

(6) 短视频+活动出席。邀请知名网络主播出席企业的线下活动，除了对活动进行现场直播以外，针对直播内容或者线下活动的其他精彩内容，进行内容剪辑，形成一段精彩的短视频在线上进行二次传播，目前也是短视频营销常用的一种方式。

除了以上形式，目前，短视频+电商、短视频+网综等形式也正逐渐被越来越多的企业所运用，短视频营销的方式会越来越丰富。

巩固与练习

一、单项选择题

1. 追本溯源，网络广告产生于(　　)。

A. 美国 　　　B. 英国 　　　　C. 法国 　　　　D. 中国

2. 下列选项中，(　　)不属于网络营销的职能。

A. 网站推广 　B. 信息发布 　　C. 网络广告 　　D. 客户服务

3. 网络广告中的每千人印象成本收费模式是指(　　)，每行动成本收费模式是指(　　)。

A. CPA   B. CPC   C. CPM   D. CPP

4. 企业可以在互联网上展示商品目录,提供有关商品信息的查询,还可以和客户做双向沟通。这指的是网络营销的(　　)特点。

A. 跨时空   B. 个性化   C. 交互性   D. 经济型

5. (　　)是指企业通过向目标市场提供各种满足消费需求的有形和无形产品来实现其营销目标。

A. 定价策略   B. 产品策略   C. 分销策略   D. 促销策略

6. 网络市场调研的第一步是(　　)。

A. 收集信息   B. 制订调研计划

C. 明确问题与确定调研目标   D. 确定调研的具体内容

7. 网络营销的主要传播渠道是(　　)。

A. 企业→批发商→零售商→消费者   B. 企业→消费者

C. 企业→中介商→消费者   D. 企业→零售商→消费者

8. 以下关于网络营销与传统营销不同点的说法中,错误的是(　　)。

A. 目标不同   B. 销售方式不同   C. 决策速度不同   D. 促销力度不同

9. 下列各项中,(　　)是网络广告。

A. 横幅广告   B. 路牌广告   C. 灯箱广告   D. 公交车车身广告

二、多项选择题

1. 以下各项中,属于网络营销特点的是(　　)。

A. 交互性   B. 拟人化   C. 经济性   D. 成长性

E. 跨时空   F. 个性化   G. 单媒体

2. 调研报告的基本内容包括(　　)。

A. 标题   B. 目录   C. 引言   D. 正文

E. 结论   F. 启示和建议   G. 调查问卷

3. 产品整体概念分为(　　)。

A. 核心利益层次   B. 有形产品层次   C. 期望产品层次

D. 延伸产品层次   E. 潜在产品层次

4. 下列对网络营销的认识中,(　　)是正确的。

A. 网络营销就是网上销售   B. 网络营销不仅限于网上

C. 网络营销不是孤立存在的   D. 网络营销等于电子商务

5. 整合营销理论主要是指(　　)。

A. 产品和服务以客户为中心

B. 以客户不能接受的成本定价为主

C. 产品的分销以方便客户为主

D. 由压迫式促销转向加强与客户的沟通和联系

6. 二手资料的信息来源有(　　)。

A. 内部来源   B. 原始资料   C. 报刊书籍   D. 商业信息

7. 下列关于网络营销策略的说法中,正确的是(　　)。

A. 以网络为基础的营销活动,使宣传和销售渠道统一到了网上

B. 网络营销策略已经由传统的 4P 营销组合逐步转向 4P 与 4C 相结合的整合营销组合

C. 以网络为基础的营销活动，营销策略的范围在无限收缩

D. 以网络为基础的营销活动，使得地域和范围的概念消失了

二、实训题

登录百度推广的首页，回答问题或完成任务。

1. 什么是百度推广？

2. 百度有哪些推广形式？每种推广形式是如何计费的？

3. 如何加入百度推广？

4. 在百度网站的首页搜索栏中输入某关键词，查看"竞价广告""品牌华表""品牌专区"等展示形式与位置。

第六章 电子支付

学习目标

1. 了解电子支付的相关知识。
2. 掌握网上银行的概念与功能。
3. 熟悉第三方支付的相关知识。
4. 掌握移动支付的相关知识。

引导案例

第三方支付的发展

微信支付最为成功的功能仍然是业界津津乐道的微信红包功能。微信红包功能出现于2014年除夕，从除夕到初八，微信抢红包活动深受微信用户的追捧，有超过800万用户参与了抢红包活动，超过4000万个红包被领取。

微信抢红包活动的高潮出现在2015年的春节。

2015年，春节将近，互联网企业的"红包大战"一触即发。微信、微博等社交平台正将红包变身为新的广告营销方式。而微信也在2015年春节期间推出红包新玩法，与央视春晚合作，让春晚主持人引导观众参与"摇一摇"抢红包活动。红包由广告品牌商赞助。

这一举措正式将微信红包的使用场景从个人社交场景转向了企业营销场景，让微信借助春晚列车，在中国进行广泛的市场渗透，并推动"微信支付"向三、四线城市渗透。而且，红包还由广告主买单，这无疑是一个多方共赢的策略。此外，广告主的信息不仅在电视上呈现，还会伴随着人们抢红包和分享红包的过程层层传播，带来多层的裂变式传播。

此次"红包大战"也是一场网络营销资源整合的大战，微信可谓拔得头筹。它不仅利用微信庞大的"粉丝群"来实现口碑传播，更借助春晚的热度进行快速营销，创造出多方共赢的盛况，使微信红包在朋友圈中广泛流传开来，更使微信支付成为用户购物付款的主流方式之一。

第一节　电子支付概述

目前，以互联网为主要平台的电子支付方式在许多国家逐渐投入使用，应用面也越来越广，已经形成一定的理论与应用体系，并处在不断发展和完善之中。本节主要从理论角度阐述电子支付的产生、概念、特点和方式等内容。

一、支付方式的发展

1. 物物交换

在货币产生以前以物易物的社会中，物物交换既是一种原始的商品交换行为，也是一种结清债权、债务的行为，可以从广义上把这种行为称为最原始意义上的结算，其中采用的支付手段是以物易物。例如，原始社会里以马换食品就是一种物物交换。

2. 货币支付

物物交换的支付结算方式受到很大限制，因为并不是一方就一定具有对方所愿意接受的物，也不容易做到等值交换。当货币作为交换的媒介物出现后，这种用货币支付来交换物品的行为才是具有现代意义的货币结算。货币有实物货币(如牛羊)、贵金属货币(如金银)、纸币(如美元、欧元)等不同的形式。

3. 银行转账支付结算方式

以银行信用为基础，以银行为支付结算中介的货币给付行为，称为银行转账支付结算方式。正是由于商业信用与银行信用的产生，才促进了交易环节与支付环节的分离，产生了以银行为中介的支付结算体系，它们也是商品经济社会的基础。此时的货币不仅包括现金、存款等，也包括支票、本票、汇票等。

4. 电子支付方式

电子通信手段和技术特别是网络技术的发展和普及，产生了以电子计算机及其网络为手段，将负载有特定信息的电子数据取代传统的支付工具用于资金流程，并且有实时支付效力的一种支付方式，即电子支付方式。在互联网技术得以广泛应用的今天，支付宝、财付通、微信支付、网上银行等电子支付也流行起来。

二、电子支付的概念

电子支付(Electronic Payment，E-Payment)，是指通过电子信息化手段实现交易中价值与使用价值交换的过程，即完成支付结算的过程。电子交易的当事人，包括消费者、商家、金融机构等，通过计算机网络实现货币支付和资金流转。其在线支付使用银行或其他中介机构发行的数字金融工具——电子货币，如电子现金、电子支票等。

电子支付是互联网发展到一定阶段的必然产物，它以虚拟的形态、网络化的运营方式适应电子商务发展的需要。从事电子商务交易的消费者、商家和金融机构可以使用安全的电子支付手段，通过网络进行货币的支付或资金的流转。

三、电子支付的特点

电子支付与传统的支付方式相比，具有以下特点：

(1) 电子支付是采用先进技术、通过数字流转来完成货币支付的，其支付方式是通过电子化的方式进行的；而传统的支付方式则是通过现金的流转、票据的转让及银行的汇兑等物理实体的转移来完成的。

(2) 电子支付是在开放的系统平台上进行的，而传统支付则是在封闭的系统中运作的。

(3) 电子支付具有方便、快捷、高效、经济的优势。用户只要拥有一部手机或一台能上网的计算机，便可随时随地在很短的时间内完成支付，而且电子支付的费用很低，仅相当于传统支付方式费用的几十分之一甚至更低。

电子支付系统是由参与者及其相互之间的交互协议组成的，其作用是在参与者之间开展有效的金融交易。

四、电子支付的方式

现金支付是主要的传统支付方式，具有小额支付和交易笔数多等特点。而随着电子支付的广泛应用，用户可以通过越来越多的电子支付工具来进行交易的支付，如电子现金、电子钱包、银行卡和电子支票等。

1. 电子现金

电子现金是现实货币的电子化或数字模拟，以数字信息的形式在互联网中流通。它将现金的数值转换为一系列加密序列数，然后用这些序列数来表示各种金额的币值，以实现电子支付。

电子现金兼有纸币和数字化的优势，具有安全、方便和经济等特点，在使用过程中涉及商家、用户和银行 3 个主体，需要经过提取、支付和存款 3 个过程。电子现金的基本流通模式包括用户与银行执行提款协议从银行提取电子现金、用户与商家执行支付协议支付电子现金、商家与银行执行存款协议将交易所得的电子现金存入银行，具体介绍如下：

(1) 取款协议(Withdrawal Protocol)。通过执行取款协议，用户可以从自己的银行账户上提取电子现金，以便进行电子商务交易活动。取款协议需要保证在用户匿名提取的前提下获得带有银行签名的合法电子现金，同时用户还将与银行交互执行盲签名协议。在这个过程中，银行必须确保电子现金上包含必要的用户身份信息。

(2) 支付协议(Payment Protocol)。支付协议用于实现用户使用电子现金从商店中购物的活动。在这个过程中，需要验证电子现金的签名，以确保电子现金的合法性，同时还通过知识泄露协议来防止商家滥用电子现金。

(3) 存款协议(Deposit Protocol)。用户和商家将电子现金存入自己的银行账户。在这个过程中，银行将检查存入的电子现金是否被合法使用，如果使用不合法，银行将使用检测协议跟踪非法用户的身份，并对其进行惩罚。

2. 电子钱包

电子钱包是一种支付结算的工具，可以看作是一个由持有人在线进行电子交易和储存交易记录的软件，是一种网上购物的新型钱包。电子钱包不仅具有普通钱包的功能，能够存放电子现金、信用卡等，还能进行电子安全证书的申请、存储和删除等管理操作，存储电子商务网站中收款台上所需的其他信息、存放地址簿，以及保存用户交易的信息记录，方便日后查询。

在电子商务活动中，用户在使用电子钱包时需要基于电子钱包服务系统，既可以使用与自己银行账号连接的电子商务系统服务器上的电子钱包软件，也可以使用互联网上的其他电子钱包软件，这些软件一般都是免费的。

3. 银行卡

银行卡支付是电子商务发展过程中使用频率一直比较高的一种支付方式，在 B2C、C2C 和小额的 B2B 电子商务交易活动中，银行卡使用很广泛。

1) 银行卡的应用领域

银行卡的广泛使用不仅推动了电子资金转账(Electronic Funds Transfer，EFT)系统和电子银行的建立和发展，也推动了社会信息化和经济全球化的进程。银行卡主要应用于以下领域：

(1) 使用银行卡，人们不用携带大量现金就能购物，直接通过 EFT 或 POS 系统即可进行资金的转移。

(2) 银行卡持卡人可以通过 ATM 系统进行存取款、转账和查询等操作，也可以使用信用卡预支现金。

(3) 不同对象可以与银行的主机系统联机。如企事业单位可以与银行的主机系统联机，联机后即可使用单位内部的终端系统与银行进行电子商务交易活动。个人可以通过个人计算机与银行的主机系统联机，以实现查询、转账和投资理财等电子商务交易活动。

(4) 在互联网中进行各种电子商务交易活动可以通过银行卡账户来实现资金的消费或转移。

2) 银行卡的分类

随着电子支付的发展，银行卡的种类逐渐丰富起来，但不同银行卡的结算方式、使用权限和使用范围等都有所不同。通常按照银行卡的结算方式进行分类，可将银行卡分为贷记卡、借记卡和复合卡 3 种。

(1) 贷记卡是最早出现的一种银行卡，也叫信用卡。它是银行等金融机构发放给持卡人为其提供自我借款权的一种银行信用方式。信用卡由银行或专门的信用卡公司签发，持卡人凭卡可以在银行规定的信用额度内消费或支取现金。信用卡根据持卡人的资信等级，设有不同的信用额度，一般资信等级越高信用额度越高。信用卡要求持卡人在规定的期限内结清余额，否则将支付额外的利息。

(2) 借记卡是在信用卡的基础上推出的，它要求持卡人必须在发卡行有存款。借记卡主要用于消费和 ATM 存取，是目前使用最多的一种银行卡。

(3) 复合卡是一种兼具贷记卡和借记卡功能的银行卡，它要求持卡人必须事先在发卡行缴存一定金额的备用金，当备用金不足时，可以透支复合卡内一定信用额度的资金。

4. 电子支票

电子支票是纸质支票的电子化，通过借鉴纸质支票转移支付的优点，将其改变为带有数字签名的电子报文，使资金以数字的形式从一个账户转移到另一个账户的一种电子支付方式。电子支票必须保证其合法性，目前一般是通过专用网络、设备、软件及一套完整的用户识别、标准报文和数据验证等规范化协议完成数据传输。

电子支票的支付过程包括开具电子支票、电子支票付款和资金清算 3 个方面。用户首先要在提供电子支票服务的银行注册，获得电子支票，然后才能使用电子支票向商家支付，最后商家根据自己的需要定期将电子支票存到银行，进行资金清算。

第二节　电子支付系统

电子支付系统是保证电子商务中资金流转的基础。具有代表性的国际电子支付系统有 SWIFT 系统和 CHIPS 系统。我国也初步建成了以中国人民银行现代化支付系统为核心的现代化支付体系。

一、电子支付系统的概念和发展

电子商务的发展要求信息流、资金流、商流和物流四流畅通，以保证交易的速度。没有适当的支付手段相配合，电子商务的发展只能是纸上谈兵。在这种情况下，电子支付系统应运而生，它是电子商务得以顺利发展的基础条件。

1. 电子支付系统的概念

电子支付系统是指支持消费者、商家和金融机构之间使用电子支付方式将支付信息通过网络安全地传送到银行或相应的处理机构，以实现货币支付或资金流转的支付系统。电子支付系统是传统的支付系统的电子化，是以网络为依托，借助计算机及其他终端设备，运用一系列的支付方式，按照既定规则及程序，来实现电子支付。

2. 电子支付系统的发展

电子支付系统的发展与电子银行业务的发展密不可分。从历史角度看，电子支付经历了 5 个发展阶段：

第一阶段，各金融机构之间的支付系统互联，如利用计算机处理银行之间的货币汇划、结算等业务。

第二阶段，金融机构和其他非金融机构系统互联，如代发工资等。

第三阶段，金融机构基于专用网向个人提供自助银行服务，如 ATM 系统。

第四阶段，金融机构基于互联网向商家和消费者提供支付服务，如 POS 系统。

第五阶段，金融机构基于互联网向政府、企业和个人提供支付、转账、结算等服务，形成电子商务环境。

现在，电子支付系统已经发展成一个集 Intranet、Extranet 和 Internet 于一体的广泛的系统，如图 6-1 所示。

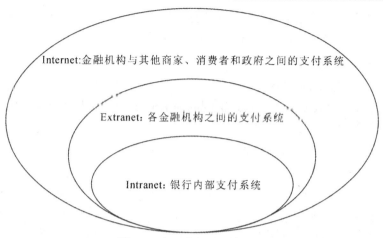

图 6-1　电子支付系统构成图

二、电子支付系统的参与者

电子支付系统的参与者包括发行银行、支付者、商家、接收银行和清算中心等。它们在电子支付系统一般模型中的关系如图 6-2 所示，其中的实线代表电子支付操作的流向，虚线代表资金或商品的流向。

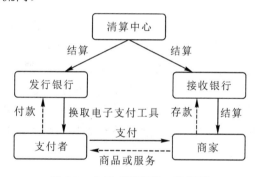

图 6-2　电子支付系统一般模型

电子支付系统的参与者具体的参与行为如下：

(1) 发行银行。发行银行为支付者发行有效的电子支付工具，如电子现金、电子支票和信用卡等。

(2) 支付者。支付者付款给发行银行，从发行银行处换得电子支付工具。

(3) 商家。商家接收支付者的电子支付工具并为支付者提供商品或服务。

(4) 接收银行。接收银行从商家收到电子支付工具，并验证其有效性，然后提交给清算中心。

(5) 清算中心。发行银行和接收银行将支付信息发给清算中心，清算中心定期清算，将清算结果返回两家银行进行结算。

三、常用的电子支付系统

一个电子支付系统能否在互联网或其他开放的网络上被广泛采用，不仅取决于其是否具有提供全天候服务、异地交易及交易费用低廉等优势，还取决于能否安全、方便、高效地完成支付。下面简单介绍几种常用的电子支付系统。

1. 自动柜员机系统

自动柜员机系统(CD/ATM 系统)是利用银行发行的银行卡，在自动取款机(Cash Dispenser，CD)或自动柜员机(Automated Teller Machine，ATM)上执行存、取款和转账等功能的一种自助银行系统。该系统深受用户的欢迎，有效地提高了银行的工作效率，降低了银行的运营成本，是最早获得成功的电子资金转账系统。

2. 销售终端系统

销售终端(Point of Sales，POS)系统可通过自动读取设备读取商品销售信息(如商品名称、单价、销售数量、销售时间、销售店铺等)和银行卡的持卡人信息，商品销售信息通过通信网络和计算机系统被传送至有关部门进行分析加工以提高经营效率，持卡人信息通过银联中心和发卡行系统联系，以完成支付和结算。销售终端系统最早应用于零售业，以后逐渐扩展至其他行业，如金融、宾馆等服务行业，应用范围也从企业内部扩展到了整个供应链。

同自动柜员机系统一样，销售终端系统也是一线的便民服务系统。系统网络的覆盖面广，服务网点多，能提供实时、全天候的电子资金转账服务。

3. 电子汇兑系统

电子汇兑(Electronic Agiotage 或 Electronic Exchange)是指利用电子手段处理资金的汇兑业务，以提高汇兑效率、降低汇兑成本。具体来说，电子汇兑就是银行以自身的计算机网络为依托，为客户提供汇兑、委托收款、银行承兑汇票、银行汇票等支付结算服务。

电子汇兑系统涉及的金额通常很大，是典型的大额支付系统。它直接支持一国货币和资本市场的运作，支持跨国界、多币种交易，同时，中央银行的公开市场操作也要依赖大额支付系统来实现。因此，大额支付系统的效率会直接影响资金的周转速度，从而决定一国金融市场的运行效率。

4. 网上支付系统

网上支付(Net Payment 或 Internet Payment)也称网上支付与结算，是指以金融电子化网络为基础，以商用电子化工具和各类交易卡为媒介，以现代计算机技术和通信技术为手段，通过计算机网络系统特别是互联网，以电子信息传递的形式来实现资金的流通与支付。对于传统的支付系统而言，银行是系统的参与者，用户很少主动参与到系统中；而对于网上支付系统来说，用户成为系统的主要参与者，这从根本上改变了支付系统的结构。常见的网上支付系统模式有网银转账支付模式、用户直连网银支付模式和第三方支付模式。

(1) 网银转账支付模式。网银转账支付模式依据转入账户和转出账户的不同，可以细分为同行转账模式和跨行转账模式。

(2) 用户直连网银支付模式。在这种模式下，用户可直接用网上银行进行支付和结算。

(3) 第三方支付模式。最初(2004 年至 2018 年 6 月 30 日)，第三方支付模式是具备一定实力和信誉保障的非银行独立机构，采用与银行签约的方式，提供与银行支付结算系统接口的支付平台模式，如支付宝、财付通等都是如此。在我国，根据中国人民银行的规定，

2018 年 6 月 30 日之后，第三方支付机构不再直接和银行直联，必须接入网联清算有限公司(网联)的系统，通过网联再和银行对接。

综上所述，网上支付与结算的过程涉及用户、商家、银行或其他金融机构，以及商务认证管理部门。因此，支撑网上支付的体系可以说是融购物流程、支付与结算工具、安全技术、认证体系、信用体系及金融体系为一体的综合性系统。

5. 移动支付

移动支付也称为手机支付，是用户使用其移动终端(通常是手机)对所消费的商品或服务进行费用支付的一种支付方式。移动支付将移动终端设备、互联网、应用提供商及金融机构相融合，为用户提供货币支付、缴费及理财等金融服务。常见的移动支付应用提供商有手机端支付宝、微信、云闪付、翼支付等。随着移动支付的普及，线下支付、移动支付与网上支付(电脑端)已形成了一定的竞争与合作关系。各种支付方式互相合作，共同促进了电子商务的发展。

在电子商务交易中，除了以上的支付方式外，还有银行汇款、货到付款、电子现金、电子支票、指纹支付和刷脸支付等方式。

随着金融科技与移动支付的加速融合，未来，生物识别支付可能将取代手机扫码支付，成为推动无现金结算进程的主力。

第三节　网上银行

随着电子商务的快速发展，1995 年 10 月，全球第一家网上银行 SFNB(Security First Network Bank，安全第一网上银行)在美国诞生，它的出现对传统金融业产生了巨大的冲击，由此开启了网上银行的快速发展。目前，网上银行已经彻底融入人们的日常生活，使人们足不出户就能安全、便捷地完成各项金融业务。

一、网上银行的概念

网上银行又称网络银行、虚拟银行或在线银行，是指金融机构利用网络技术在互联网上开设的银行。网上银行实质上是传统银行业务在网络中的延伸，它采用互联网数字通信技术，以互联网作为基础的交易平台和服务渠道，为用户提供开户、销户、查询、对账、转账、信贷、网上证券和投资理财等全方位的服务。

网上银行也可以理解为传统银行柜台的网络化。网上银行不用像传统银行柜台那样设置众多的分支机构，只要建立一个统一的网上银行网站，就能通过互联网在任何地点、任何时刻获得银行提供的个性化的全方位服务。网上银行的快速发展和推广应用，极大地降低了银行的经营成本，提高了资金的周转速度，网上银行支付是目前主流的电子支付方式。

二、网上银行的特点

与传统银行柜台相比，网上银行具有以下特点。

1. 个性化

网上银行是银行根据自身市场定位和用户需求，为用户量身打造的具有自身特色的银行，以增加银行在各大商业银行中的竞争力，提高银行效益。

2. 智能化

第一，网上银行借助互联网和数字技术，用户无须银行工作人员的帮助就能在短时间内完成各项金融业务，如资金转账、账户查询等。第二，网上银行还提供了和用户的交互沟通渠道，用户可以在访问网上银行时根据需要提出具体的服务要求，网上银行将给出对应的解决方案，这一过程完全通过互联网来实现，充分实现了银行业务的智能化。

3. 多样化

网上银行在传统柜台业务的基础上进行延伸和创新，不断设计出新的业务品种和新的业务方式，以满足用户多元化的需求；同时，网上银行不断扩充银行的业务范围，增加银行的竞争力。

4. 简单化

网上银行的使用十分简单，只要在互联网环境下根据网上银行网页的提示即可选择自己需要的各项业务。网上银行的操作界面一般都十分简单、清晰，方便用户查看和操作，任何具有互联网基础知识的用户都能够很快掌握网上银行的操作方法。

随着互联网的快速普及，网上银行的使用范围更加广泛，越来越多的银行业务被整合到网上银行中，以便为用户提供更加快捷、高效和可靠的全方位服务，同时也促进了银行在服务质量、用户满意度等方面的提高，增强了银行的核心竞争力，最终使银行向业务综合化、国际化和高科技化的方向发展。

三、网上银行的分类

按照不同的标准，可以将网上银行分为不同的类型，下面分别进行介绍。

1. 按照服务对象进行分类

按照服务对象进行分类，可以将网上银行分为个人网上银行和企业网上银行：

(1) 个人网上银行主要用于为个人提供网上银行服务，如账户查询、投资理财和在线支付等，使个人用户足不出户就能安全、便捷地完成各项金融服务的操作。

(2) 企业网上银行主要用于为企业、政府部门等企事业单位服务。企事业单位通过企业网上银行可以了解自身的财务运作情况，进行内部资金调配、账户管理、收付款、贷款和投资理财等金融服务。

2. 按照经营组织形式分类

按照经营组织形式进行分类，可以将网上银行分为分支型网上银行和纯网上银行：

(1) 分支型网上银行。分支型网上银行是指现有的传统银行利用互联网作为新的服务手段，建立银行站点、提供在线服务而设立的网上银行。这种类型的网上银行可以看作传统银行的一个特殊分支机构或营业点，又称为网上分行、网上柜台或网上分理处等。

分支型网上银行不仅可以独立开展财务查询、转账和在线支付等金融业务，还能为其他非网上机构提供辅助服务。同时，随着互联网技术和电子商务的快速发展，网上银行和电子支付工具已经逐渐被人们所熟知并熟练使用，分支型网上银行的业务也随之更加丰富，目前除了不能进行现金的存取外，其他的业务基本都能实现，如网上开户、网上贷款、电子支付或资金、证券交易等。分支型网上银行已经成为一种十分常见的网上银行。

(2) 纯网上银行。纯网上银行又称虚拟银行，是指仅以互联网为依托提供服务的网络银行。它本身就是一家银行，除了后台处理中心外，一般只有一个具体的办公场所，没有具体的分支机构、营业柜台和营业人员，所有的业务都通过网络来完成。全球第一家网上银行 SFNB 就是完全依赖互联网发展起来的纯网上银行，用户进入该网站后即可选择所需服务的业务。腾讯的微众银行是中国第一家正式获准开业的网上银行，主要为用户提供消费金融、财富管理和平台金融三大服务。

四、网上银行的功能

网上银行的功能随着互联网技术的发展与用户需求的变化而不断发展与创新，不同银行的网上银行其服务功能有所不同，但综合来看，一般都具有以下功能。

1. 信息类服务功能

网上银行是传统银行的网络化，其表现形式一般为网站、手机 App 等平台。为了让用户了解网上银行的相关业务和服务，网上银行一般会在网站上提供基本的信息，主要包括银行的历史背景、企业文化、经营范围、网点分布、业务品质、经营状况，以及最新的国内外金融新闻和企业资讯。这些信息不仅能够让用户更加了解银行的相关业务和操作方法，还能很好地对银行起到宣传推广的作用，进一步树立银行的形象，加深银行在用户心中的印象。

2. 决策咨询类服务功能

网上银行与传统银行一样可以为用户提供决策咨询类服务。一般情况下，网上银行会以电子邮件或电子公告的形式提供银行业务的疑难咨询及投诉服务。这些都是建立在网上银行的市场动态分析反馈系统基础上的，通过该系统，网上银行可进行信息的收集、整理、归纳和分析，从而及时提供问题的解决方案。同时，它对市场动向进行关注和分析，以便为银行决策层提供新的经营方式和业务品种的决策依据，进一步为用户提供更加完善和周到的服务。

3. 账务管理类服务功能

网上银行能够提供完善的账务管理服务，包括用户的账户状态、账户余额、交易明细等查询服务；账户自主管理，如新账户追加、账户密码修改和账户删除等；账户挂失与申请等服务。通过网上银行，用户可以清楚地了解这些业务的办理手续，通过在线填写信息、提交资料的方式简化了办理手续，免除了去柜台办理的麻烦。

4. 转账汇款类服务功能

转账汇款是用户使用最频繁的网上银行的功能。通过网上银行，用户可以实现多种账户之间的转账汇款，收款人既可以是个人用户，也可以是企业用户。同时，网上银行可记录用户的转账记录，可保存收款人的信息，通过收款人名册可以直接选择收款人信息，避免了信息重复输入造成的失误。

5. 网上支付类服务功能

网上支付功能是随着电子商务的发展应运而生的，是一种向用户提供的互联网上的资金实时结算功能。用户在进行电子商务活动时，需要使用网上支付功能来进行资金的转移，保证交易的完整与正常。除此之外，用户还能通过网上银行进行网上缴费服务，如为本人或他人缴纳水费、电费、煤气费、手机话费等各种日常生活费用，或预先制定缴费的交易时间和交易频率，由系统定时按设置的交易规则自动发起缴费交易。

6. 金融创新类服务功能

网上银行的功能并非一成不变，它随着互联网、科学技术的发展而逐渐向更全面和互动性更强的方向发展，以便为用户提供更加智能化、个性化的服务，如金融产品的网上销售、企业集团客户内部资金的调度与划拨、信贷资产证券化、互联网金融、小微金融和众筹金融等。

互联网金融是指传统金融机构与互联网企业利用互联网技术和信息通信技术实现资金融通、支付、投资和信息中介服务的新型金融业务模式。小微金融主要是指专门向小型和微型企业及中低收入阶层提供小额度的可持续的金融产品和服务的活动。众筹金融则是通过在互联网上发布筹资项目来吸引资金支持，它需要筹资项目有足够的吸引力。需要注意的是，众筹不等于捐款，如果项目失败，众筹的资金需要退还给支持者；如果项目成功，支持者则会获得相应的回报。

第四节　第三方支付

第三方支付是马云在 2005 年瑞士达沃斯世界经济论坛上首先提出来的。他在会上表示，电子商务首先应该是安全的电子商务，一个没有安全保证的电子商务环境是没有真正的诚信和公平可言的。

要解决安全问题，必须先从交易环节入手，彻底解决支付问题。尤其是在 C2C 交易中，需要解决的核心问题就是支付问题。第三方支付已经成为网上支付的主要方式，是近年来发展最快的支付方式，已成为移动支付新的增长点。

一、第三方支付简介

第三方支付，是指具备一定实力和信誉保障的独立机构采用与银行签约的方式，提供与银行支付结算系统接口的交易支持平台的网上支付模式。

相比网上银行和传统的汇款方式，第三方支付有延期付款功能，买家可在收到货物后才确认付费，规避了部分网购欺诈风险；卖家开通第三方支付账户后，可对接买家几乎所有的银行卡，免去了传统支付中买家要办理多家银行卡的烦恼，同时也免去了传统支付方式(如去银行、邮局汇款等)烦琐的业务流程。

截至 2018 年 7 月，获得第三方支付牌照的公司已有 270 家，但是被央行注销 32 家后，还剩余 238 家。第三方支付机构或公司可以分为中国银联(China Union Pay)、互联网公司推出的支付产品、独立第三方支付机构三大类别：

(1) 中国银联。中国银联提供的第三方支付服务有银联商务 POS 刷卡、银联在线支付、银联钱包、云闪付 App 等。中国银联成立于 2002 年 3 月，是经国务院同意、中国人民银行批准设立的银行卡联合组织，处于我国银行卡产业的核心地位。

(2) 互联网公司推出的支付产品。支付宝、微信支付、QQ 钱包等都是互联网公司推出的支付产品，它们依托互联网公司庞大的用户群体，交易形式多样。

(3) 独立第三方支付机构。独立第三方支付机构是指不依托于金融机构或大型电商平台的独立第三方支付企业，如快钱、易宝支付和汇付天下等。

二、第三方支付平台的交易流程

在第三方支付下，商家看不到客户的银行账户信息，避免了因为银行账户信息在网络上公开传输而导致的银行账户信息被窃的现象。假设商家和消费者均已拥有第三方支付平台账号，下面以 B2C 交易为例说明第三方支付平台的交易流程，如图 6-3 所示。

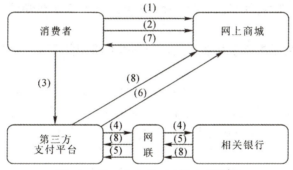

图 6-3　第三方支付平台的交易流程

(1) 消费者浏览检索网上商城并选择商品。

(2) 消费者在网上商城下订单。

(3) 消费者选择第三方支付平台，直接连接到其支付平台上，在支付页面上选择自己需要的支付方式之后，在支付页面进行支付操作。

(4) 第三方支付平台将消费者的支付信息按照网联支付网关的技术要求传递至网联，再由网联向银行发起支付请求。

(5) 相关银行(银联)检查消费者的支付能力，实行冻结、扣账或划账，并将结果信息传至网联，再由网联传至第三方支付平台。

(6) 第三方支付平台通知商家，消费者已经付款。

(7) 商家向消费者发货或提供服务。

(8) 各银行和第三方支付平台通过网联完成资金清算。

三、典型的第三方支付平台

(一) 支付宝

支付宝最初由阿里巴巴公司创办，2004 年 12 月独立为浙江支付宝网络技术有限公司，成为阿里巴巴集团的子公司,其定位为电子商务支付领域。支付宝官网数据显示,截至 2018 年年底,支付宝国内用户已达 7.4 亿。

1. 支付宝的支付方式

(1) 支付宝账户余额。当客户的支付宝账户中有余额时,客户输入支付密码后可用余额进行支付。

(2) 网上银行。客户不用前往银行柜台,就可以享受全天候、跨地域的银行服务。

(3) 银行卡快捷支付。客户无须开通网银即可绑定银行卡,且支付时不受支付额度的限制,与手机绑定验证是一种安全、便捷的支付方式。银行卡快捷支付包括信用卡和借记卡(储蓄卡)快捷支付。

(4) 余额宝。余额宝是余额理财工具,其中的资金可随时转出或用于消费,客户转入余额宝的资金可以获得收益。

(5) 蚂蚁花呗。蚂蚁花呗是由蚂蚁金服提供给消费者"这月买,下月还"的网购借款服务。消费者可以免费使用消费额度购物,还款方便并可使用支付宝自动还款。

(6) 指纹支付。一般在计算机端会关闭此功能,客户在手机端开启指纹支付后即可使用该功能。

(7) 手表支付。将手机绑定智能手表,在支付时将智能手表上的付款码给收银员扫一扫就可完成付款。

(8) 刷脸支付。刷脸支付无须使用手机,消费者通过商家支付宝设备屏幕上的摄像头即可在 10 秒内完成刷脸支付。也就是说,支付时消费者只需要面对商家 POS 机屏幕上的摄像头,系统会自动将消费者面部信息与个人支付宝账户相关联,整个交易过程十分便捷。

除了以上支付方式外,支付宝还可以通过话费充值卡、支付宝卡、货到付款等方式完成支付。目前,支付宝已发展成为融合了支付、生活服务、政务服务、社交、理财、保险、公益等多个场景与行业的开放性平台。

2. 蚂蚁金服

2014 年 10 月,蚂蚁金服成立。蚂蚁金服起步于支付宝,以让信用等于财富为愿景,致力于打造开放的生态系统,通过互联网推进器计划助力金融机构和合作伙伴加速迈向互联网+,为小微企业和个人消费者提供普惠金融服务。蚂蚁金服旗下有支付宝、余额宝、蚂蚁财富、网商银行、蚂蚁花呗、芝麻信用、招财宝、蚂蚁达客等子业务。

2017 年,蚂蚁金服为全国 795 个国家级贫困县和连片特困地区提供了支付、信贷等服务。移动支付可为用户积累信用,让消费者能借此获得信贷、保险等金融服务。截至 2017 年年底,芝麻信用已累计为 4150 万用户免押金消费超过 400 亿元。

3. 网商银行

网商银行是以蚂蚁金服为大股东发起设立的商业银行。作为我国首批民营银行之一,网商银行于 2015 年 6 月 25 日正式开业。网商银行为小微企业、大众消费者、农村经营者与农户、中小金融机构提供贷款等金融服务。

2017 年 6 月,网商银行依托支付宝移动支付,从服务线上"网商"延伸到了服务线下"码商",推出了专为线下小微经营者提供的多收多贷贷款服务,让小摊主、个体户也能通过手机快速贷款。截至 2018 年 12 月，网商银行及蚂蚁小贷已累计服务超过 1300 万家小微企业，累计发放贷款 1 万亿元。

(二) 财付通

财付通是腾讯公司于 2005 年 9 月正式推出的专业在线支付平台，致力于为互联网用户和企业提供安全、便捷、专业的在线支付服务。财付通作为综合支付平台，业务覆盖 B2B、B2C 和 C2C 各领域，提供网上支付及清算服务。它可为个人用户提供在线充值、提现、支付、交易管理等服务，为企业用户提供安全、可靠的支付清算服务和极富特色的 QQ 营销资源支持。

经过多年的发展，截至 2018 年年底，国内财付通的用户规模达到 9.1 亿，其中企业客户覆盖的行业包括游戏、航旅、电子商务、保险、电信、物流、钢铁、基金等。结合这些行业的特性，财付通提供了快捷支付、财付通余额支付、分期支付、委托代扣、EPOS 支付、QQ 支付、微信支付等多种支付形式。

1. 财付通的支付方式

(1) 快捷支付，在这种方式下，交易双方互相信任，一方自愿付款给另一方。一旦付款，款项马上进入对方财付通账户。

(2) 财付通余额支付，这是指使用财付通账户的余额进行支付。财付通账户充值后，在网上购物时即可使用财付通余额支付功能。

(3) 手机支付，财付通账户开通手机支付功能后，在手机联网环境下，在财付通指定的 WAP 网站下订单，财付通账户绑定的手机会收到一个验证码，在绑定的手机上输入验证码即可进行支付。目前，手机支付方式支持财付通余额支付、一点通支付和手机银行支付。

(4) B2B 在线支付，这是银行专门为电子商务活动中的卖方和买方(针对企业)提供的安全、快捷、方便的在线支付方式。简单来说，就是在企业对企业进行支付时，一方企业将货款支付给财付通，由财付通暂时保管，待交易成功完成后，再由财付通公司负责将款项支付给另一方企业。

(5) 企业付款功能，该功能可实现财付通账户之间的大额交易付款。付款方只需要安装数字证书即可向已经开通企业收款权限的财付通账户进行大额付款，不受财付通个人转账额度的限制。企业付款功能的特点是支持大额付款、资金即时到账、无须手续费等。

2. 微信支付

2013 年 8 月，财付通联合微信发布微信支付，强势布局移动端支付。2018 年，微信月活跃用户达 10.8 亿，微信支付用户超过 8 亿。商户平台接入微信进行支付的方式有公众号支付、App 支付、扫码支付、刷卡支付、微信买单等。商户平台接入微信进行支付时需要把微信号与商户号绑定。

自 2018 年 4 月 1 日起实施的《条码支付业务规范(试行)》(银发〔2017〕296 号)对条码支付做出了限额规定，如使用静态条码时，同一客户单个银行账户或所有支付账户单日累计交易金额应不超过 500 元。我们经常在支付宝或者微信平台上使用的二维码收付款就属于条码支付。

第五节 移动支付

移动支付是电子支付方式的另一种表现形式，由于具有携带方便、操作简单等特点，受到了广大消费者的青睐。下面我们将对移动支付的相关知识进行介绍，主要包括移动支付的定义、移动支付的发展现状、移动支付的交易过程和移动支付的方式。

一、移动支付的定义

关于移动支付，国内外移动支付相关组织都给出了自己的定义，主要包括以下 3 种：

(1) 国外调研机构 Gartner 认为：移动支付是在移动终端上使用银行账户、银行卡和预付费账号等支付工具完成交易的一种支付方式，但其中不包括基于话费账户的手机支付、IVR 支付(电话银行语音系统支付)及智能手机外接插件实现 POS 功能这 3 种方式。

(2) 国外调研机构 Forrester 认为：移动支付是通过移动终端进行资金划转来完成交易的一种支付方式，但其中不包括移动终端语音支付方式。

(3) 国外学者德勤认为：移动支付是指用户使用移动终端，接入通信网络或使用近距离通信技术完成信息交互，资金从支付方向受付方转移从而实现支付目的的一种方式。这种看法比较全面，可以作为目前对移动支付较为正式的定义。

移动支付的形式非常多，不同的形式所采用的分类方式也不相同。一般来说，移动支付有以下 3 种分类方式：

(1) 按照是否先指定收付方，可以将移动支付分为定向支付(如公用事业缴费)和非定向支付(如商场购物缴费)。

(2) 按照支付金额的大小，可以将移动支付分为大额支付和小额支付。

(3) 按照通信方式，可以将移动支付分为远程支付和近场支付。远程支付也叫线上支付，是指利用移动终端通过移动通信网络接入移动支付后台系统，完成支付行为的方式。近场支付是通过移动终端，利用近距离通信技术实现信息交互，从而完成支付的非接触式支付方式。

二、移动支付的发展现状

随着电子商务与智能手机的广泛普及，手机网民快速增长并促进了移动支付的发展。移动支付提供了更加简单、快捷的支付方式，更加符合消费者需求。由于具有方便、快捷、安全和价格低廉等特点，其发展非常迅速。移动支付业务的应用范围非常广，包括缴费、购物、娱乐、信息、教育、旅游、通信、金融等多种行业及场景。中国人民银行《2017 年支付体系运行总体情况》数据显示，2017 年，我国移动支付规模达人民币 202.93 万亿元，为全球第一。《2018 年支付体系运行总体情况》的数据显示，2018 年，我国移动支付金额达人民币 277.39 万亿元，同比增长 36.69%。

我国移动支付的发展呈现以下态势：

(1) 移动支付的业务规模保持着高速增长的势头，支付机构处理的移动支付业务笔数多、金额小。

(2) 移动支付在网上支付中所占的比重逐渐上升，远程支付业务发展逐渐成熟，受众规模较大。

(3) 移动电话用户规模的提高和 4G 移动电话的普及，为移动支付用户数量的稳步增长奠定了基础。

(4) 移动支付的监管制度越来越完善，市场发展越来越规范、合理。

三、移动支付的交易过程

移动支付与普通支付最大的不同在于，交易资格审查的处理过程需要涉及移动网络运营商及其所使用的浏览协议。移动支付的具体交易过程如下：

(1) 消费者通过互联网在商家提供的消费平台上选择商品，然后将购买指令发送到商家管理系统。

(2) 商家管理系统将购买指令发送到无线运营商综合管理系统，再通过该系统将信息发送至消费平台或消费者手机上请求确认。

(3) 消费者通过手机或消费平台将确认购买指令发送到商家管理系统。

(4) 商家管理系统将消费者确认购买指令转交给无线运营商综合管理系统，请求缴费操作。

(5) 无线运营商综合管理系统在消费者缴费后将信息发送至商家管理系统，告知商家可以交付商品或服务，并保留记录。

(6) 商家管理系统交付商品或服务给消费者，并保留交易记录。

四、移动支付的方式

移动支付的方式主要包括运营商计费、近距离无线通信(Near Field Communication，NFC)支付、扫码支付和刷脸支付 4 种。

1. 运营商计费

运营商计费的支付方式由运营商来包办整个支付过程，用户一般通过短信支付来完成交易。运营商计费方式非常方便，使用门槛较低，对于没有银行卡或信用卡的用户，也可通过发送短信授权来进行支付，但采用该方式支付时运营商会抽取一部分利润。运营商计费是早期较为流行的移动支付方式，随着移动支付的发展与支付技术的更新，这一方式可能将逐渐淡出市场。

2. NFC 支付

NFC 支付是指消费者在支付时采用近距离无线通信技术在手机等手持设备中完成支付行为。NFC 支付需要在线下面对面支付，但不需要使用无线网络。使用 NFC 支付需要支付设备支持 NFC 技术，目前市面上支持该功能的支付设备主要有 NFC 手机(如小米 9SE、OPPO、Reno2、华为 Mate30Pro、荣耀 9 等机型)、NFC 支付终端(如 NFC 收款机、NFC 自动售货机和 NFC 读卡设备等)。

3. 扫码支付

扫码支付是一种基于账户体系搭建的无线支付方式，通过把账号、商品价格等交易信息汇集到一个二维码中，然后用手机扫描二维码来完成交易。扫码支付是目前国内主流的移动支付方式,其中又以支付宝扫码和微信扫码最为典型。扫码支付主要有两种支付方式:一种是消费者让商家扫描付款码进行付款;另一种是由消费者扫描商家给出的二维码进行转账付款。不管采用哪种方式付款,扫码支付都需要二维码、扫码设备和网络3个要素。

4. 刷脸支付

刷脸支付是一种新兴的移动支付方式,使用这种支付方式,消费者不用打开手机 App,商家通过刷脸收款设备扫描消费者的面部信息即可完成支付。2018 年 12 月,支付宝推出刷脸支付产品"蜻蜓"。2019 年 3 月,微信刷脸支付产品"青蛙"正式上线。随着支付宝和微信对刷脸支付的大力推广,目前刷脸支付进入大规模应用阶段,很多大型超市、连锁餐厅都提供了刷脸支付的服务。随着刷脸收款设备技术的逐步完善,未来,刷脸支付方式将逐渐流行。

第六节　互联网金融

一、互联网金融的含义与特征

金融是指货币的发行、流通和回笼,贷款的发放和收回,存款的存入和提取,汇兑的往来等经济活动。

互联网金融(ITFIN)是指传统金融机构与互联网企业利用互联网技术和信息通信技术实现资金融通、支付、投资和信息中介服务的新型金融业务模式。广义的互联网金融既包括作为非金融机构的互联网企业从事的金融业务,也包括金融机构通过互联网开展的业务。狭义的互联网金融仅指互联网企业开展的、基于互联网技术的金融业务。

相对于传统金融,互联网金融主要有以下特征:

(1) 金融服务基于大数据的运用。金融业一方面是大数据的重要生产者,另一方面也是典型的数据驱动行业。在互联网金融环境中,数据作为金融核心资产,将撼动传统客户关系在金融业务中的地位。大数据可以促进高频交易、社交情绪分析和信贷风险分析三大金融创新。

(2) 金融服务趋向长尾化。互联网金融争取的是更多的 80%的长尾小微客户。这些小微客户的金融需求额度较小且个性化强,在传统金融体系中往往得不到满足,而互联网金融在服务小微客户方面有着先天的优势,可以高效率地解决用户的个性化需求。大数据金融、互联网金融模式都在一定程度上解决了小微企业及个体工商户的融资需求,其中互联网金融还满足了一部分客户的投资理财需求。

(3) 金融服务便捷高效。互联网金融带来了全新的渠道,可为客户提供便捷高效的金融服务,极大地提高了现有金融体系的效率。与传统银行相比,"小贷"(小额贷款公司)的优势是申请贷款流程简单,从申请贷款到贷前调查、审核、放款和还款采用全流程网络化、无纸化操作,客户只要是小贷平台诚信会员,便可利用计算机或手机轻松完成贷款或还款手续;第三方支付的快捷支付业务使生活消费和企业信贷等支付行为更加方便、省时。

(4) 金融服务低成本化。互联网金融的低成本化特点体现在交易成本上,依托电子商务公开、透明、数据完整等优势,互联网金融降低了小微企业的融资成本,例如,第三方支付使结算成本大大降低,新融资模式开拓了低成本的融资渠道,互联网金融门户网站可让客户以更低成本搜索更加优质的金融服务产品。

二、互联网金融产品

一般来说，互联网金融产品大体上可以分为五类：

(1) 第三方支付类，如支付宝、财付通、京东支付等；

(2) 贷款类，如蚂蚁借呗、蚂蚁花呗、京东白条、平安易贷等；

(3) 理财类，如余额宝、理财通、京东金融等；

(4) 网络证券类，如平安证券等；

(5) 众筹类，如京东众筹、淘宝众筹、众筹家等。

三、互联网金融的应用

理论上，任何涉及广义金融的互联网应用都应该是互联网金融，包括第三方支付、在线理财产品销售、互联网信贷、供应链金融、预售订单融资、跨界合作金融、货币汇兑、账户预存款、支付工具、移动支付等金融业务。下面以京东供应链金融、联动优势互联网金融为例介绍互联网金融的应用。

1. 京东供应链金融

供应链金融是围绕供应链上的核心企业，为上下游企业提供融资服务，把单个企业的不可控风险转变为供应链整体可控风险，并依托核心企业信用支持的金融服务模式。

京东供应链金融利用大数据体系和供应链优势在交易的各个环节为供应商提供融资、贷款服务，具体可以分为六种类型：采购订单融资、入库环节的入库单融资、结算前的应收账款融资、委托贷款模式、京保贝模式、京小贷模式。

其中京保贝是一种新型的业务模式，其资金来自京东自有资金，可以实现随借随贷，无须抵押担保，贷款额度是基于长期贸易往来及物流活动产生的大数据来确定的。

京东的供应商凭采购、销售等数据，利用京保贝几分钟内即可完成从申请到放款的全过程，可有效地提高企业资金周转能力。京保贝的贷款流程如图6-4所示。

图6-4　京保贝的贷款流程

2. 联动优势互联网金融

联动优势科技有限公司(联动优势)是一家专业为产业升级提供金融科技服务的互联网高新技术企业,2003 年由中国移动和中国银联联合发起成立。2019 年一季度,根据艾瑞网和易观数据网统计数据显示,联动优势在移动支付领域全国排名第四。

联动优势以全场景支付服务为基础,满足产业链中移动、互联网、面对面多种业务场景下的支付需求,并以产业链各个交易场景为核心,协助核心平台解决产业链交易管理和资金流管理需求。联动优势的链金产品为产业链电商平台企业提供服务的流程如图 6-5 所示。

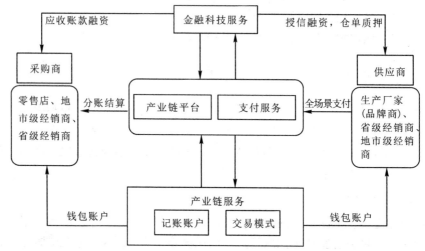

图 6-5 联动优势的"链金"产品为产业链电商平台提供服务的流程

联动优势的"链金"产品已经在快销、新零售、批发市场、家居建材、长租公寓、物流、教育等行业为平台企业客户提供服务。联动优势以产业链平台企业为核心,以支付服务为基础、以产业链服务为重点、以金融科技服务为特点的全链条服务模式,可助力产业链电商平台企业合规高效发展。相对而言,"链金"有以下优势:

(1) 移动支付、网上支付和现场收款等支付方式能够与商家的账户实现无缝衔接。

(2) "链金"平台提供担保交易服务。买方支付货款后资金实时进入卖方的担保账户,卖方可以实时查看自己账户中处于担保期内的到账金额和对应的交易明细信息,只要买方确认收货后,该笔交易的担保资金便可自动转为卖方的可用资金。

(3) 联动优势可向平台企业提供金融科技服务,包括风控模型、大数据风控、授信支付、贷款管理等。

"链金"产品为电商平台企业提供了全套产品服务,有效解决了这类企业在整合快销产业链中涉及各环节的支付、融资等问题,提升了平台在线交易和金融资金处理效率,降低了平台交易成本,提升了平台企业的业务运营能力。

巩固与练习

一、单项选择题

1. 目前电子支付的几种方式中,使用频率最高的是(   )。

A. 电子现金　　　　　B. 电子钱包　　　　　C. 银行卡　　　　　D. 电子支票

2. 电子支付最基本、最关键的要求是(　　)。

A. 技术　　　　　　　B. 安全　　　　　　　C. 成本　　　　　　　D. 交互

3. 基于移动终端，通过接入通信网络或使用近距离通信技术完成电子支付的方式是(　　)。

A. 网上支付　　　　　B. 手机支付　　　　　C. 移动支付　　　　　D. 电子支付

4. 电子商务的快速发展促进了网上银行的产生，世界上第一家纯网上银行是(　　)。

A. SFNB　　　　　　　B. 微众银行　　　　　C. 花旗银行　　　　　D. 中国银行

5. 下面属于第三方支付平台的是(　　)。

A. 淘宝　　　　　　　B. 京东　　　　　　　C. 微信　　　　　　　D. 支付宝

二、多项选择题

1. 与传统支付方式相比，电子支付的特点是(　　)。

A. 电子支付通过数字化方式来完成，其技术手段更加先进

B. 电子支付的环境是一种封闭的环境，更加安全

C. 电子支付对软、硬件设施的要求更高

D. 电子支付的使用条件比较简单，并且支付费用低廉

2. 网上银行的特点有(　　)。

A. 个性化　　　　　　B. 智能化　　　　　　C. 多样化　　　　　　D. 简单化

3. 按照经营组织的形式，可以将网上银行分为(　　)。

A. 分支型网上银行　　　　　　　　　　　B. 个人网上银行

C. 企业网上银行　　　　　　　　　　　　D. 纯网上银行

4. 按照银行卡的结算方式，可以将银行卡分为(　　)。

A. 信用卡　　　　　　B. 借记卡　　　　　　C. 复合卡　　　　　　D. 储值卡

5. 下面对于第三方支付和移动支付的说法中错误的是(　　)。

A. 第三方支付就是移动支付

B. 第三方支付和移动支付的交易流程相同

C. 第三方支付是一种结算方式，移动支付是一种支付方式

D. 第三方支付与移动支付毫不相干

三、实训题

登录支付宝或淘宝网进行支付宝账户的注册及收付款操作，要求如下。

1. 登录支付宝账户余额付款界面，会使用支付宝付款。

2. 在支付宝账户内充值，并使用支付宝账户余额或网上银行等方式完成缴费及支付。

3. 理解支付宝的余额宝与招财宝业务，试着把自己银行卡里的钱转入余额宝理财，查看余额宝余额等信息。

4. 下载手机支付宝 App，熟悉其功能并应用支付宝 App 完成资金转账、缴费、理财及资金账务查询等相关业务。

第七章 电子商务物流及供应链管理

1. 熟悉物流的基本功能。
2. 了解电子商务配送的基本流程。
3. 熟悉供应链管理方法。
4. 了解智能物流技术。

京东的自建物流体系

京东集团自 2007 年开始自建物流，并于 2017 年 4 月正式成立京东物流集团，是我国电子商务企业自建物流模式的典型代表。京东物流集团以"技术驱动，引领全球高效流通和可持续发展"为使命，在智慧物流方面大力投入，打造了一个智能物流系统。该系统覆盖了从产品销量分析、预测，到入库出库，再到运输配送的各个环节，实现了综合效率的大幅提高。

目前，京东物流集团提供的服务包括京东快递、京东冷链、京东云仓和国际供应链等。

京东快递：京东物流网络几乎全面覆盖到了全国的县，其中 90% 的区县已经实现 24 小时达，甚至超过 90% 的自营订单可以在 24 小时内完成。同时，京东物流还为消费者提供了代收货款、鸡毛信(通过快件实时定位与追踪，实现全程可视化的物流服务)和京尊达服务，为消费者提供更便利、更人性化的服务，赢得了消费者的广泛好评。

京东冷链：京东冷链于 2018 年正式推出，专注于生鲜食品、医药物流，凭借着社会化冷链协同网络，提供了全流程、全场景的一站式冷链服务。

京东云仓：京东云仓是一个物流和商流相融合的云物流基础设施平台，以整合共享为基础，以系统和数据产品服务为核心，服务对象包括区域化的中小物流企业商家等。

国际供应链：京东物流通过在全球构建"双 48 小时"通路，帮助我国制造的产品通向全球，同时让全球产品进入我国。

第一节　电子商务物流

随着电子商务和移动电商的普及，众多的电商企业声名鹊起，如京东、唯品会、淘宝等；传统企业也开始进入电子商务领域，如苏宁；还有一些新型企业从诞生之日起就重视线上与线下的深度融合，如盒马鲜生。只要涉足电子商务的企业都会面临共性的问题：如果没有高效、合理、畅通的物流系统的支持，网购产品就难以到达消费者手中，订单履行就难以顺利进行，电子商务所具有的优势就难以有效发挥。由此可见，现代化的物流是电子商务的重要组成部分。

一、物流的含义

物流的产生可以追溯到 20 世纪初美国经济学家提出的"物的流通"的概念，但完整的物流概念和理论是在第二次世界大战中形成的。

随着物流实践和理论研究的深入，人们从不同层面和角度对物流的概念进行了界定。国家标准《物流术语》中对物流的定义为：物流是物品从供应地向接收地的实体流动过程，根据实际需要，将运输、储存、装卸搬运、包装、流通加工、配送、信息处理等基本功能实施有机结合。物流的内涵主要体现在以下方面：

(1) 物流的研究对象是物。物流中的物是指一切具有经济意义的物质实体，既包括生产过程中的物质，又包括流通过程中的商品，还包括消费过程中的废弃物。

(2) 物流是物的物理性运动。物流是指物品从供应地向接收地的实体运动，在运动过程中创造了空间价值。它不同于其他形式的运动，如化学的、机械的、生物的、社会的运动等。

(3) 物流是一种经济活动。物流是一种为满足社会需求而进行的原材料、中间库存、最终产品从供应地向接收地的转移，是一种经济活动。不是经济活动的物质实体流动不属于物流范畴。

二、物流的特点

电子商务时代的来临为全球物流带来了新的发展，使物流具备了一系列新特点。

1. 信息化

物流信息化是电子商务的必然要求，表现为物流信息的商品化、物流信息收集的数据化和代码化、物流信息处理的电子化和计算机化、物流信息传递的标准化和实时化、物流信息存储的数字化等。信息技术及计算机技术在物流中的应用彻底改变了世界物流业的面貌。

2. 自动化

物流自动化设施包括条码/语音/射频自动识别系统、自动分拣系统、自动存取系统、自动导向车、货物自动跟踪系统等。

3. 网络化

物流的网络化有两层含义：一是物流配送系统信息网络化；二是组织的网络化，即建立企业内部网。比如，中国台湾地区的计算机行业在 20 世纪 90 年代创造出了全球运筹式产销模式。这种模式的基本特点是按照客户订单组织生产，生产采取分散形式，即将全世界能用于制造计算机的资源都利用起来，采取外包的形式将计算机的所有零部件、元器件外包给世界各地的制造商去生产，然后通过全球的物流网络将这些外包的零部件、元器件发往同一个物流配送中心进行组装，该物流配送中心将组装后的计算机再发给客户。这一过程需要高效的物流网络的支持，物流网络的基础是信息技术和计算机网络。

4. 智能化

智能化是物流自动化、信息化的一种高层次应用。物流作业过程中大量的运筹和决策(如库存水平的确定、运输和搬运路径的选择、自动导向车的运行轨迹和作业控制、自动分拣机的运行、物流配送中心经营管理的决策支持等问题)都需要借助大量的知识才能解决。为了提高物流的现代化水平，物流的智能化已成为电子商务环境下物流发展的一种新趋势。

5. 柔性化

柔性化本来是为实现以顾客为中心、敏捷制造(Agile Manufacturing，AM)等理念而在生产领域中提出的。20 世纪 90 年代以来，国际生产领域纷纷推出弹性制造系统(Flexible Manufacturing System，FMS)、计算机集成制造系统(Computer Integrated Manufacturing System，CIMS)、企业资源计划及供应链管理的概念和技术。这些概念和技术的实质是将生产、流通集成，根据需求端的需求组织生产、安排物流活动。因此，柔性化的物流正是为了适应生产、流通与消费的需求而发展起来的一种新型物流模式。

6. 集成化

电子商务环境下的物流系统，在物流基础设施、信息基础设施、商品包装的标准化和物流运作模式等各个方面都日益社会化和一体化，在数据与功能、技术与设备、人员和组织等各个层次上都在向集成化的方向发展。

三、物流的分类

在社会经济领域中，物流活动无处不在。各个领域的物流，虽然其基本要素都存在，但由于物流对象不同、物流目的不同、物流范畴不同，形成了不同的物流类型。在物流分类标准方面目前国内还没有统一的方法，主要的分类方法有以下几种。

1. 按照活动的空间分类

物流按照活动的空间可分为以下三类：

(1) 地区物流，是指存在于某一地区内的物流活动。地区物流可以按地理区域划分，如华北地区、华南地区、东北地区等；也可以按经济区域划分，如苏(州)、(无)锡、常(州)

经济区和云南边境贸易区等；还可以按地理位置划分，如珠江三角洲地区、长江三角洲地区等。

(2) 国家物流，是指在一个国家内部进行的物流活动。这种物流活动主要用于保证国内商品的流通，促进本国流通业的发展。

(3) 国际物流，是指不同国家和地区之间的物流。它是国内物流的延伸和进一步发展，是跨国界的、流通范围扩大的物流。

现在，国家与国家之间的贸易活动日益频繁。为了促进本国经济的发展，许多国家积极投入到国际经济协作中来，推动国际贸易，发展跨境电商。

为了更好地实现经济交流，许多国家注重更新自身的物流观念，升级物流设施，按国际物流标准来改造原来的物流体系。随着国际合作的日渐加深及跨国企业的发展，国与国之间的生产协作关系更加紧密，多国制造的商品越来越多，生产环节的衔接也需要依靠国际物流。因此，随着国际分工的发展和国际贸易的加强，国际物流将成为重要的发展方向。

2. 按照物流的作用分类

物流按照其作用可分为以下五类：

(1) 供应物流。供应物流是指企业提供原材料、零部件或其他物品时，物品在供给者与需求者之间的实体流动。供应物流不仅要保证供应目标的实现，还要在最低成本、最小消耗、最大保证等限定条件下组织物流活动，因此有很大的难度。企业之间竞争的关键之一在于如何降低物流成本，这可以说是企业物流发展的最大难点。为此，供应物流必须有效地解决供应网络、供应方式和库存等问题。

(2) 生产物流。生产物流是指在生产工艺中的物流活动。企业生产过程中的物流顺序为：原料、零部件、燃料等从企业仓库或企业的"门口"开始，进入到生产线的开始端，然后随生产加工过程的推进，一个环节一个环节地流动。在物流过程中，原料等被加工，同时产生一些废料、余料，直到生产加工终结，再流至成品仓库，完成企业生产物流过程。

(3) 销售物流。销售物流是指企业为保证自身的经营效益，伴随着销售活动，不断将商品所有权转让给用户的物流活动。销售往往在将商品送达用户并经过售后服务才算完成。在这种前提下，销售物流的特点便是通过包装、送货、配送等一系列物流活动来实现销售的。这就需要物流企业研究送货方式、包装水平、运输路线等，并采取小批量、多批次，定时、定量配送等特殊的物流方式达到目的，因而，其研究内容较为广泛。

(4) 回收物流。回收物流是指不合格物品的返修、退货及周转使用的包装容器从需方返回到供方所形成的物品实体流动。在生产、供应、销售活动中总会产生各种边角余料和废料，对这些物品的回收是需要物流活动参与的，而且在一个企业中，如果回收物品处理不当，往往会影响整个生产环境甚至商品的质量，同时占用空间，造成浪费。

(5) 废弃物物流。废弃物物流是指对企业产生的无用物进行运输、装卸、处理等的物流活动。废弃物物流应从环境保护的角度出发，将废弃物妥善处理，防止造成环境污染。

按照物流的作用分类的物流详见图7-1。

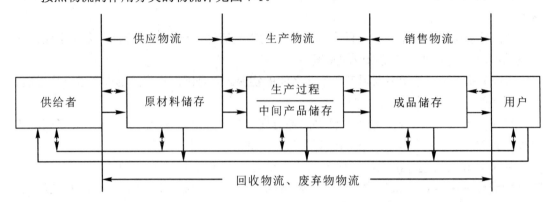

图 7-1　按照物流的作用分类

总之，根据不同的分类标准，物流可以有不同的分类方式。但是，每一种分类方式都不是孤立存在的，一种物流活动可以有多种不同的物流类型，因此各个物流类型是相互联系的。

四、电子商务物流的实现模式

不同的电子商务用户可根据自身条件选用不同的物流方式。总体来说，目前电子商务物流主要包括企业自营物流、第三方物流和物流联盟等模式。

1. 自营物流

自营物流是指市场中自营型的企业集团组织，根据企业自身的发展经验及各方面所具备的独特优势，独立组建物流中心。这类电子商务企业的主要经济来源不是物流，只是有能力承担自身物流业务并且从中获利。

目前，我国采用自营物流模式的电子商务企业主要有两类。一类是资金实力雄厚且业务规模较大的电子商务企业(如京东)，这类企业有足够的资金自建物流体系，以提供比国内第三方物流更优质的物流服务。另一类是传统的大型制造业企业或批发企业经营的电子商务网站(如海尔)，由于企业自身在长期的传统商务中已经建立起初具规模的营销网络和物流配送体系，在开展电子商务时只需将其加以改进、完善，即可满足电子商务模式下对物流配送的要求。

自营物流模式下，企业可以监控物流运营过程，企业可以利用原有的资源降低交易成本，提高企业品牌价值，推进客户关系管理，为客户提供个性化、优质的物流配送体验，如京东的自营物流就以配送效率高获得了客户的好评。但自营物流仍旧存在缺陷：首先，投资成本大，自营物流需要先建设物流系统，包括物流固定设施的建设、物流场地的选择等，这一系列活动的开销并不小；其次，自营物流会分散企业主业，需要很大一部分员工来进行物流操作，需要企业把大量资金投入物流操作，不利于企业集中经营主业；最后，在自营物流模式下，企业虽然有一整套自己的物流设施及物流技术，但也有可能造成资源闲置。

2. 第三方物流

第三方物流一般被称为合约物流，是指从生产到销售的整个流通过程中，进行服务的第三方本身不生产和拥有产品，而是通过合作协议或结成合作联盟，在特定的时间段内按照特定的价格向商家提供个性化的物流代理服务。由于技术先进、配送体系较为完备，第三方物流成为电子商务物流配送的理想方案之一，是社会分工日益明确的产物。除了有实力自建物流体系的大企业之外，更多的中小企业倾向于采用这种外包方式进行物流管理。第三方物流的特点如下：

(1) 提供合同导向的一系列服务。第三方物流有别于传统的外协公司，传统的外协公司只限于提供一项或一系列分散的物流功能，如运输公司提供运输服务、仓储公司提供仓储服务，而第三方物流则根据合同条款规定的要求，为企业提供多功能、全方位的物流服务。

(2) 建立在现代电子信息技术基础上。第三方物流采用现代化信息技术，提高了仓库管理、装卸运输、采购、订货、配送、订单处理的自动化水平，实现了订货、包装、保管、运输、流通、加工的一体化。同时，计算机软件技术的飞速发展，使混杂在其他业务中的物流活动的成本能被精确计算出来，帮助第三方物流有效管理物流渠道中的商流，使企业可能把原来在内部完成的作业交由物流公司运作。

(3) 在第三方物流模式下，企业将自己不擅长的物流业务交给能提供专业物流服务的第三方物流公司，不仅可以减少固定资产投资，还能整合各项物流资源、降低物流成本、提高物流效率。但相应地，企业对物流的控制能力会大大降低，一旦第三方物流公司在运送环节出现问题，就可能造成较大的物流风险。

3. 物流联盟

物流联盟是指两个或两个以上的经济组织为实现特定的物流目标而采取的长期联合与合作，其目的是实现联盟参与方的共赢，如菜鸟。物流联盟具有相互依赖、强调合作的特点，是一种介于自营和外包之间的物流模式。物流联盟是为了达到比单独从事物流活动更好的效果，使企业间形成相互信任、共担风险和共享收益的物流伙伴关系而出现的物流模式。在物流联盟中，企业可以汇集、交换或统一物流资源以谋取共同利益；同时，各合作企业仍保持着各自的独立性。中小企业可以通过物流联盟模式解决自身能力不足的问题，提高物流服务水平。大型企业可以通过物流联盟模式把物流外包给一个或几个第三方物流公司，保持其核心竞争力。

对于电子商务企业而言，物流联盟的建立减少了物流合作伙伴之间相关交易的费用，有效维持了物流的稳定性，有助于企业学习并建立自身完善的物流服务体系。我国企业目前的物流管理水平总体还处于初级阶段，组建物流联盟可以让企业在投入相对较少资金的前提下提高物流服务质量，因此，组建物流联盟对企业的物流战略来说是十分重要的。

五、物流的功能

(一) 物流的基本功能

物流的基本功能是指物流系统所具有的基本能力。把这些基本能力有效地进行组合便能合理地实现物流系统的总目标。物流的基本功能包括包装、装卸搬运、运输、储存、流通加工、配送及物流信息管理等，分别对应物流活动中的七个实际工作环节。

1. 包装功能

包装功能是指商品的出厂包装，包括生产过程中制成品和半成品的包装以及物流过程中换装、分装和再包装等功能。

2. 装卸搬运功能

装卸搬运功能是为了加快物品在物流过程中的流通速度而必须具备的功能。装卸搬运是运输、储存、包装、流通加工等物流活动间的衔接活动，以及在储存等活动中为进行检验、维护和保养所进行的装卸及搬运活动。

3. 运输功能

运输功能主要是指物流企业选择运输方式，然后具体组织运输作业，在规定时间内将客户购买(或退换)的商品运抵目的地的功能。

4. 储存功能

储存功能包括堆存、保管、保养和维护等功能。图 7-2 所示为自动化仓库储存单元货物的立体货架。

图 7-2　自动化仓库储存单元货物的立体货架

5. 流通加工功能

流通加工功能又称为流通过程中的加工功能，其不仅存在于社会流通过程中，还存在于企业内部的流通过程中。它表现为物流过程中进行的辅助加工活动。

6. 配送功能

配送功能是指物流进入最终阶段时，以配货、送发形式完成社会物流，最终实现资源配置的功能。

7. 物流信息管理功能

物流信息管理功能包括进行与上述各项活动有关的计划和预测，对物流动态信息及其有关费用、生产、市场信息进行收集、加工、整理和分析的功能。

(二) 物流的增值服务功能

除了传统的物流服务外，电子商务还需要增值物流服务。所谓增值物流服务，是指在完成物流基本功能的基础上，根据客户需求提供的各种延伸业务活动。《中华人民共和国国家标准：物流术语(GB/T 1834-2006)》对增值物流服务的界定包括以下几层含义和内容。

1. 增加便利性的服务——使人变懒的服务

一切简化手续、操作的服务都是增值服务。在提供电子商务的物流服务时，推行一条龙、门到门的服务，提供完备的操作或作业提示，免培训、免维护、省力化设计或安装、代办业务、一张面孔接待客户、24 小时营业、自动订货、传递信息和转账、以及物流全过程追踪等服务，都是对物流的增值服务。

2. 加快反应速度的服务——使流通过程变快的服务

快速反应已经成为物流发展的方向之一。传统的观点和做法是将加快反应速度变成快速运输，具有重大推广价值的增值性物流服务方案应该是优化电子商务系统的配送中心和物流中心网络，重新设计适合电子商务的流通渠道，以此来减少物流环节，优化物流过程，提高物流系统的反应速度。

3. 降低成本的服务——发掘第三利润源泉的服务

在电子商务发展的初期，因电子商务规模尚小而使物流成本居高不下，不少电商企业将物流业务外包给第三方物流企业以降低成本。当电子商务规模达到一定程度后，自营物流会更具成本优势，如京东商城借力于自营物流实现了快速发展。而第三方物流企业也通过互相联合以提高效率、降低成本(如菜鸟物流)，为没有自营物流的电商企业提供更优质、价格更有吸引力的物流服务。无论自营物流企业还是第三方物流企业，都采用了智能化信息系统、智能化设备以提高物流效率和效益，降低物流成本。

4. 延伸服务——将供应链集成在一起的服务

在电子商务中，新型物流强调物流服务功能的恰当定位与完善化、系列化。除了传统的储存、运输、包装、流通加工等服务外，物流服务向上可以延伸到市场调查与预测、采购及订单处理，向下可以延伸到配送、物流咨询、物流方案的选择与规划、库存控制决策建议、货款回收与结算、教育与培训、物流系统设计与规划方案的制订等。

在物流基本功能中，配送和储存解决了电子商务过程中供给者与需求者之间场所和时间分离的问题，是物流创造场所效用及时间效用的主要功能要素，因而在物流系统中处于主要功能要素的地位。增值服务需要智慧和远见，能否提供此类增值服务现在已成为衡量一个物流企业是否真正具有竞争力的标准。

第二节 电子商务配送

在电子商务交易过程中，无论由谁来承担物流任务，都必须以最快的速度把货物送到客户手中，图 7-3 所示为电子商务配送的操作流程。

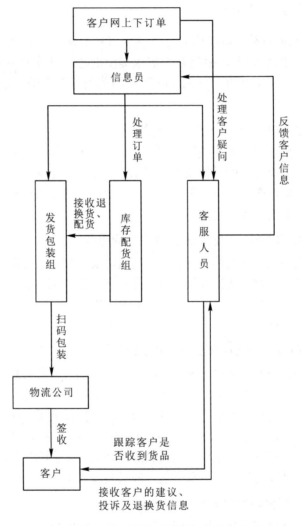

图 7-3 电子商务配送的操作流程

电子商务配送是信息化、现代化和社会化的物流配送，它是指物流配送企业采用网络化的计算机技术和现代化的硬件设备、软件系统及先进的管理手段，针对社会需求，严格、守信地按用户的送货要求开展一系列分类、编配、整理、分工、配货等工作，定时、定点、定量地将商品交给用户，满足其对商品的需求。电子商务配送这种新型的物流配送代表了现代市场的发展方向。

一、电子商务的物流配送流程

电子商务环境下的物流配送流程主要包括采购作业流程、仓储作业流程、配送作业流程、退货及后续处理作业流程。物流配送流程的优化不仅是企业降低成本的要求，而且是整个物流产业发展的关键。

1. 采购作业流程

采购作业流程处于准备配送商品阶段，是配送中心运转的基础环节。物流业务管理部门根据用户的要求及库存情况通过电子商务中心向供应商发出采购订单，供应商收到采购订单并加以确认后向业务部门发出供货通知，业务部门再向仓储中心发出接货的信息，仓储中心则根据货物情况准备合适的仓库，最后供应商将发货单通过互联网向仓储中心发送，货物则通过各种运输手段送至仓储中心，具体如图7-4所示。

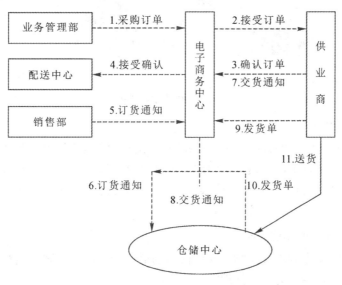

图7-4　采购作业流程

在物流专业化情况下，采购作业流程基本上有两种模式：第一种模式是由提供配送服务的第三方物流企业承担采购任务，直接向生产和经销企业订货或购货；第二种模式是物流、商流两者相分离的模式，由货主进行订货和购货，配送中心负责进货和理货等工作，货物所有权属于货主。

2. 仓储作业流程

仓储作业流程是采购作业流程的延续。仓储中心接受业务管理部门的统一管理，它的主要作业区是收货区、拣货区和发货区。当仓储中心收到供应商的送货单和货物后，在进货区对新进货物通过条码扫描仪进行验收，确认发货单与货物一致后，对货物做进一步处理(如验收不合格则退货)。一部分货物直接放入发货区，进行暂时储存，属直通型货物。这仅仅适用于周转率大的商品，今天进仓明天出货的商品最适合利用仓库首层暂存区放置。另一部分货物属于存放型货物，要进行入库储备处理，即进入拣货区。这是出于安全库存的考虑，按照一定时期配送活动的要求和到货周期，有计划地确定能够使配送活动持续进行的库存数量和形式，适用于在仓库存放一段时间的商品。拣货是通过自动分拣输送系统、自动导向系统完成的。货物进入自动化仓库后，当需要发货时，根据发货单上的显示，通过自动分拣输送系统将货物送至相应的装车线，对货物进行包装处理后装车送货。仓储作业流程如图 7-5 所示。

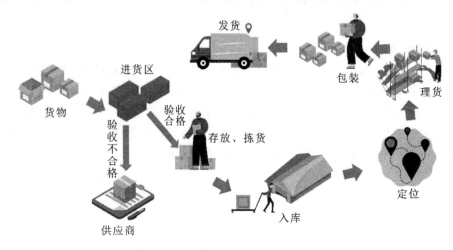

图 7-5 仓储作业流程

3. 配送作业流程

配送作业是物流配送的核心环节。配送部门由业务管理部门统一调度，根据客户的具体要求打印相应的送货单，在运输途中通过地理信息系统(Geographic Information System，GIS)、定位系统进行实时监控，及时沟通和反馈配送信息，并在货物到达目的地，经客户确认无误后，凭回单向业务管理部门确认。

4. 退货及后续处理作业流程

退货及后续处理作业流程是物流配送流程的最后一个环节。客户因种种原因可能会请求退货，企业应制定相应的退货处理机制。

退货可集中由配送企业送回原仓储地点，由专人清理、登记、查明原因。如是产品质量问题，应进行抽样检验，达不到相应质量标准则应及时通知采购作业流程停止订货，并通知网站管理部门将网页上有关货物的信息及时删除。如退货还可继续使用，则可重新进入库存系统。

除此之外，企业还应建立客户满意度调查和投诉反馈系统，对物流配送系统进行监督和考核。电商企业将物流配送业务外包给专业物流配送企业时，如果缺少必要的监督和约束手段，物流配送环节往往会成为电子商务顺利运行的障碍。

二、电子商务物流配送中心

电子商务物流配送中心是指从事配送业务的物流场所或组织。电子商务物流配送中心应符合下列基本要求：主要为特定的客户服务；配送功能健全；有完善的信息网络；辐射范围小；多品种，小批量；以配送为主，储存为辅。图 7-6 所示为某电子商务物流配送中心的效果图。

图 7-6　某电子商务物流配送中心的效果图

确定电子商务物流配送中心的运作类型，对设计新型物流配送中心具有重要的作用。按不同的标准，电子商务物流配送中心可以有以下分类。

1. 按运营主体划分

物流配送中心按运营主体可划分为以下几类：

(1) 以制造商为主体的物流配送中心，其中的商品由制造商生产制造，物流配送中心用以降低流通费用、提高售后服务质量、及时将预先配齐的成组元器件运送到规定的加工和装配工位。这种配送中心从商品制造到生产出来后条码和包装的配合等多方面都较易控制，比较容易实现现代化、自动化。

(2) 以批发商为主体的物流配送中心，其中的商品来自各个制造商，物流配送中心所进行的一项重要的活动是对商品进行汇总和再销售，它的全部进货和出货活动都是由社会各部门完成的，社会化程度高。

(3) 以零售业为主体的物流配送中心。零售商发展到一定规模后，就可以考虑建立以零售业为主体的物流配送中心，为专业商品零售店、超级市场、百货商店、建材商场、粮油食品商店、宾馆饭店等提供配送服务，其社会化程度介于上述两者之间。

(4) 以仓储运输业者为主体的物流配送中心，它具有很强的运输配送能力，且所处地理位置优越，如港湾、铁路和公路枢纽，可迅速将到达的货物配送给用户。该类型的配送中心可提供仓储储位给制造商或供应商，货物仍属于制造商或供应商所有，配送中心只是提供仓储管理和运输配送服务，这种配送中心的现代化程度较高。

2. 按内部特性不同划分

物流配送中心按内部特性不同可划分为以下几类：

(1) 储存型配送中心。一般来讲，在买方市场中，企业成品销售需要有较大库存的支持，其配送中心可能有较强的储存功能；在卖方市场中，企业原材料、零部件供应需要有较大库存的支持，这种配送中心也应有较强的储存功能。大范围配送的配送中心需要有较大库存的支持，也可能是储存型配送中心。我国一些配送中心采用集中库存形式，库存量较大，多为储存型。

(2) 流通型配送中心。流通型配送中心没有长期储存功能，是以暂存或随进随出方式配货、送货的配送中心，其典型模式是：大量货物整批进入，按一定批量零出。流通型配送中心一般采用大型分货机，进货直接进入分货机传送带，被分送到各用户货位或直接分送到配送汽车上，货物在配送中心仅做短时间停留。

(3) 加工配送中心。加工配送中心是以流通加工为主要业务的配送中心。加工配送中心具有加工职能，是根据用户的需要或者市场竞争的需要，对配送物进行加工之后再进行配送的配送中心，这种配送中心内存在分装、包装、初级加工、集中下料、组装产品等加工活动。世界著名连锁店肯德基和麦当劳的配送中心就属于这种类型。在建筑领域，混凝土搅拌配送中心也属于这种类型。

3. 按配送货物的属性划分

根据配送货物的属性，配送中心可以分为生鲜品配送中心、书籍产品配送中心、服饰产品配送中心、日用品配送中心、医药品配送中心、化妆品配送中心、家电产品配送中心、电子产品配送中心及汽车零件配送中心等。由于配送的产品不同，各配送中心的规划方向也不同。下面介绍三种配送中心：

(1) 生鲜品配送中心。其主要处理的物品为蔬菜、水果与鱼、肉等生鲜产品，属于低温型的配送中心。生鲜品配送中心由冷冻库、冷藏库、鱼虾包装处理场、肉品包装处理场、蔬菜包装处理场及进出货暂存区等组成，冷冻库的温度为 -25℃，而冷藏库的温度为 0℃～5℃。

(2) 书籍产品配送中心。书籍有新出版、再版等特性。一本新出版的书籍，80%的数量不上架，直接理货配送到各书店，剩下 20%的书籍存放在配送中心等待客户的再订货。另外，书籍产品的退货率非常高，有时达三四成。因此，在规划书籍产品的配送中心时，不能与食品与日用品的配送中心做相同的规划。

(3) 服饰产品配送中心。服饰产品有淡旺季及流行性等特性，而且较高级的服饰必须使用衣架悬挂，其配送中心的规划也有特殊性要求。

第三节　供应链管理

在电子商务交易中，为了订单的顺利履行，有些企业先根据订单预测进行生产制造，然后再从成品库中发货；有些公司先完成组件和半成品的生产，当接到订单后再根据订货量进行成品组装或生产，最后才向客户发货；也有一部分公司是等到订单确认后再开始生产活动；还有一部分公司只是为客户提供产品特定部分的个性化设计。实际上，企业往往需要同时处理多种类型的订单，因而需要提前为订单履行进行合理规划和预算，对参与制造、物流等活动的各成员实行集成化的管理，即对供应链上的各类资源进行统筹管理。

一、供应链与供应链管理

(一) 供应链简介

供应链是生产及流通过程中，涉及将产品或服务提供给最终用户活动的上游与下游企业所形成的网链结构。

在信息时代，供应链从原有的区域性概念发展到一种全球性概念，原有的线性结构转变成围绕核心企业的网状结构。表 7-1 所示为线性供应链结构和网状供应链结构的对比。

表 7-1 线性供应链结构和网状供应链结构的对比

对比点	线性供应链结构	网状供应链结构
业务核心	垂直型	矩阵型
竞争	企业对企业	供应链对供应链
竞争优势	有形资产	速度+知识
市场范围	国内或区域内	全球
供应链管理的范围	企业内部	多个企业
供应链核心	成本和资产利用	客户
伙伴定义	供应链	供应网
执行过程	没有分工	有明确分工
客户满足	按库存	按订单
客户服务	低客户期望	高客户期望
信息交换	沟通	协同
库存	高	低
计划制订	依靠管理者和分析师	整个贸易社区

从价值链的角度看，价值链上的各项增值活动所产生的信息流、物流或服务流、资金流就形成了供应链，它将供应商、制造商、运输商、经销商和客户等价值链中的各种角色连成一个链状或网状的整体，而供应链的信息流、物流或服务流，以及资金流是由用户需求所驱动的。

(二) 供应链管理简介

1. 供应链管理的概念

供应链管理(Supply Chain Management，SCM)是在最大满足客户需求的条件下，为了把供应商、制造商、运输商、经销商和客户等有效地组织成为一个协调发展的整体，从而使成本降低，并使供应链每个成员企业自身效率与效益大幅提高。

供应链管理的目的就是要从系统的角度出发，对具有密切联系的不同环节进行统筹管理，全面提高整条供应链的运营效率，特别是连接处的效率，形成共赢的合作关系，以降低总体运营成本，提高总体竞争能力。

供应链管理的本质就是对供应链上相关成员的各种活动，以及这些活动所形成的信息流、物流、资金流进行集成管理，从而以最快的速度、最低的成本为客户提供最大的价值，改善或维持整个供应链的竞争力。

要理解供应链管理的概念，我们需要掌握以下几点内容：

(1) 供应链管理的主要任务有需求分析与预测、生产计划与排程、补货、物流管理。

(2) 供应链管理涉及的关系有客户关系、供应商关系、伙伴关系(如第三方物流、咨询机构等)、员工关系等。

(3) 需求分析与预测是供应链管理工作的基础，供应链中成员之间的协同工作是保障需求预测准确的关键。

2. 供应链管理中常见的问题

以下几个问题在供应链管理中较为常见，需要管理者注意：

(1) 牛鞭效应。牛鞭效应是指供应链上的一个需求变异放大现象，当最终客户的需求信息向原始供应商端逐级传递时，由于缺少信息共享和协调，导致需求信息的扭曲而出现越来越大的波动。导致这种情况发生的原因有需求预测不准、批量订货、价格变动、短缺等，其中需求预测不准是最主要的原因。图 7-7 所示为牛鞭效应示意图。

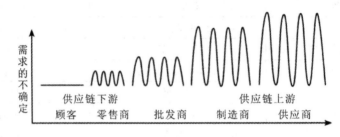

图 7-7　牛鞭效应示意图

牛鞭效应常导致两方面的后果：① 因超量库存降低供应链的敏捷性；② 因库存不足无法满足市场需求，导致供应延迟，引起客户不满或使客户转移到竞争者那里而失去市场份额。

(2) 质量问题。当上下游企业间的信息沟通不畅通时，将引起信息传递的不准确，也会使交易成本增加，在此情况下供应商就可能提供不符合规格的原料或产品，也可能以次充好以降低成本，使得下游企业无法及时供应满足客户需求的高质量商品，降低了整个供应链的竞争力。

(3) 供应链的复杂性、动态性和交叉性问题。结构复杂是指供应链成员企业组成的跨度、层次不同，供应链成员往往由多个类型，甚至多国企业构成，信息流和物流在多个组织间相互流动，使得供应链结构可能非常复杂，从而导致业务处理效率低下，容易产生差错。动态性和交叉性是指供应链因企业战略和适应市场需求变化的需要，其中某些成员企业可能需要动态更新；一些成员企业参与多个供应链，众多的供应链形成交叉结构等。动态性、交叉性使得整个供应链协调困难。

因此，要使整个供应链具有市场竞争优势，必须进行有效的供应链管理，要借助信息技术和电子商务的支持，实现供应链成员之间的信息共享，提高整个供应链的协同能力，形成电子化供应链。

二、供应链管理方法

供应链管理的具体方法包括以下几个方面。

1. 供应商管理库存

供应商管理库存(Vendor Managed Inventory，VMI)是指供应商根据需求方的库存水平、周转率、需求信息，以及交易成本产生自己的生产订单并及时将产品或物料送达到需求方指定的库存位置，它采用的是一种连续补货策略，由供应商决定什么时候补货，补多少货。需求方与供应商共享需求预测、库存、销售报告等信息是供应商管理库存成功的关键。供应商管理库存是体现供应链集成化思想的一种库存管理方式。图 7-8 所示为供应商管理库存供应链集成化管理方式示意图。

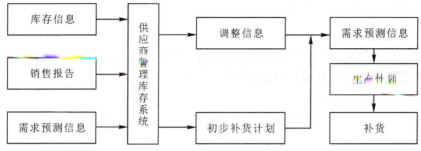

图 7-8 供应商管理库存供应链集成化管理方式示意图

2. 快速响应

快速响应(Quick Response，QR)是由美国纺织服装业发展起来的一种供应链管理方法，其目的是通过供应链企业间的信息共享、协同运行、优化流程，对最终消费者需求迅速地做出反应，减少原材料到销售点的时间和整个供应链上的库存，最大限度地提高供应链管理的运作效率，从而达到提高客户服务质量、降低供应链总成本的目标。

快速响应的发展经历了三个阶段：第一个阶段为商品条码化；第二个阶段是内部业务处理自动化；第三个阶段是实现更有效的企业间合作，要求供应链伙伴间协同工作，通过共享信息来预测商品的未来补货需求，并不断地预测市场未来的发展趋势，探索和开发新产品以适应消费者的需求变化。

3. 有效客户响应

有效客户响应(Efficient Consumer Response，ECR)是指以满足客户要求、最大限度地降低物流过程费用为原则，能及时作出迅速、准确的反应，使提供的物品供应或服务流程最佳化而组成的协作系统，其核心理念是基于消费者的需求致力于创造价值最大化的活动和摒弃没有附加价值的活动，力求降低成本，从而使客户享受到顾客让渡价值最大的服务或产品。

有效客户响应是以消费者的观点去执行企业的策略目标。有效客户响应是将供应链从以往的"推"转变为"拉"，根据有关消费者购买行为的数据构建新的补货系统及物流上的合作伙伴关系。图 7-9 所示为有效客户响应"拉"式思想的形成过程。

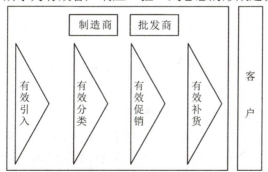

图 7-9 有效客户响应管理思想示意图

1) 有效客户响应主要解决供应链上的以下四个问题

(1) 以最合理的价格、最恰当的时间，向消费者提供需要的产品。

(2) 维持一个合理库存，既不会占用过多资源，又不会导致供货中断。

(3) 有效地向消费者传递商品的价值。

(4) 有效地引入与开发新产品。

2) 有效客户响应的实施原则

(1) 以较低的成本，不断致力于向供应链客户提供产品性能更好、质量更优、品种更多、现货服务更好，以及更加便利的服务。

(2) 必须由相关的核心企业启动。

(3) 必须利用准确、适时的信息支持有效的市场、生产及物流决策。

(4) 产品必须在不断的增值过程中，从供应商、生产商、分销商、零售商流通到最终客户手中，以确保客户能在恰当的时间、恰当的地点，获得所需要的商品。

(5) 必须采用通用一致的工作措施和回报系统。

3) 有效客户响应策略的实施内容

整合和改善整个供应链的业务流程，使其最合理、有效实现业务流程自动化，以进一步降低供应链的成本。

三、电子商务环境下的供应链

(一) 电子商务环境下供应链的发展背景

1. 供应链上升为国家战略

2014 年 11 月 11 日，APEC 工商领导人峰会提出实施全球价值链、供应链领域的合作倡议，明确提出了供应链战略，这也是供应链首次在国际会议上被各国(地区)领导人明确提出。2018 年 11 月 17 日，APEC 工商领导人峰会，供应链一词再一次出现在国家(地区)领导人的演讲中。

2017 年 10 月，国务院办公厅发布了《关于积极推进供应链创新与应用的指导意见》(国办发〔2017〕84 号)，将供应链创新与应用上升为国家战略。

2018 年 4 月，商务部等 8 部门联合发布了《关于开展供应链创新与应用试点的通知》(商建函〔2018〕142 号)，入围的共有 55 个试点城市、269 家企业，涵盖了电商平台、物流公司、供应链公司、银行、制造企业、商贸流通企业等全领域企业，其中京东、阿里巴巴等行业巨头赫然在列。

随着经济增长由高增速转向高质量，由粗放型转向集约型，供应链战略必须不断优化，以产生更大的经济效益和更少的资源浪费。

2. 未来电商平台的竞争将是供应链的比拼

目前，线上企业感觉流量越来越贵，甚至可以说流量时代已经过去。当线上流量中心的格局趋于稳定，线下流量获取和迁移就成了各类玩家和资本博弈的焦点，互联网企业开始进入深挖用户和服务实体的阶段。

当流量竞争已经达到了极致，未来电商平台的竞争将是供应链的比拼，原来简单的供应链也将变得更加系统化和复杂化。汉森供应链集团董事长总结说："未来的供应链将会是定制化、数据化、可视化、扁平化的。"雄牛资本创始合伙人在演讲中表示："消费品产业链的变化，要求供应链必须适应渠道的无处不在，供应链必须进行全方位的变革。变革的结果就是全域、全链路、全渠道、全品类供应链管理平台的崛起"。

(二) 电商新零售时代供应链的特征

电商新零售时代的供应链不再是人、流程、硬件设施等要素的简单堆砌和叠加，而是要实现供应链的数字化和技术化的变革，让供应链变得更加智慧和全能。新零售时代下的供应链是由消费者驱动的，其具体特征如下。

1. 供应链可视化

供应链可视化就是利用信息技术，采集、传递、存储、分析、处理供应链中的订单、物流以及库存等相关指标信息，按照供应链的需求，以图形化的方式展现出来。供应链可视化可以有效提高整条供应链的透明度和可控性，从而大大降低供应链风险。

新零售时代下的供应链可视化未来将持续向消费者、SKU、店员延伸，并且由传统网络向云计算系统转进。通过可视化集成平台，战略计划与业务紧密连接，需求与供应的平衡、订单履行策略的实施、库存与服务水平的调整等具体策略将得到高效地执行。

2. 供应链人工智能化

在新零售业态中，包括消费者、商品、销售、库存、订单等大量零售运营数据在不同的应用场景中产生，结合不同的业务场景和业务目标，如商品品类管理、销售预测、动态定价、促销安排、自动补货、安全库存设定、供应计划排程、物流计划制订等，再匹配上合适的算法，即可对这些应用场景进行数字建模，简单来说，其逻辑就是获取数据→分析数据→建立模型→预测未来→支持决策。

本质上说，人工智能是一种预测科技，而预测的目的不是为预测而预测，而是用来指导人们的各项行为决策，以免人们在决策时因为未知和不确定而焦虑。就人工智能在新零售业态中的供应链应用而言，其有两大类核心模型，一是预测模型，二是决策模型。

3. 供应链指挥智慧化

新零售企业的运营指挥控制系统是企业的"大脑"和"中枢"，新零售企业需建立起由不同业务应用模块所组成的运营指挥系统，这些应用模块各自具有管理一个领域的功能，可显示实时的运营动态(如货龄、售罄率、缺货率、退货率、订单满足率、库存周转、目标完成比率等)，同时又相互链接和协同，最终拟合形成通用运营决策建议(如智能选品、智能定价、自动预测、自动促销、自动补货和下单等)。相信在未来的新零售中，可以做到各种决策自动化的 SKU 将超过 90%。

在此基础之上，供应链管理人员所做的工作就是搜集信息、判断需求、和客户沟通、协同各种资源、寻找创新机会等。

(三) 电商企业的物流与供应链布局案例

1. 京东物流的供应链一体化解决方案

2018 年 10 月，京东物流正式发布了由京东供应链、京东快递、京东冷链、京东速运、京东跨境、京东云仓组成的全新产品体系，引发了社会的广泛关注。然而，这六大产品只是实现京东物流战略的依托,其目标是搭建全球智能供应链基础网络(GSSC)。

京东物流拥有包括上游销售预测、补货预测等在内的供应链能力。据京东2018年年底披露的信息,其自主研发的供应链管理决策与优化平台——智能供应链技术服务平台,作为一个以智能选品、智能库存、智能定价功能为核心的智能供应链技术服务平台,其核心能力已实现从单一库存管理优化功能到全局、全网、全流程、智能化的突破。

2019年开始,京东物流着力将智能供应链的能力全面开放,针对服饰、消费品、3C、家电、家居、图书、母婴等不同行业的不同特点,打造从仓储到配送,从线上到线下,从硬件到软件的供应链一体化解决方案。截至2019年初,京东物流已上线包括快速入库、库存共享、智能调拨在内的33种标准化创新服务。

无论是基础设施还是技术能力,无论是商流数据与控制力,抑或是品类和渠道覆盖程度,京东物流几乎具备了成为超级供应链平台的全部要素,而且作为自建自营的物流企业,京东物流上下一体,控制与协同能力更强。

未来的京东物流,不仅是京东商城的渠道商,还要和上下游形成深度的合作关系,与品牌商、零售商、行业内部进行深度融合,共建价值网络。

2. 菜鸟网络的线上线下一盘货解决方案

菜鸟网络科技有限公司成立于2013年,是由阿里巴巴集团(阿里)、中国银泰投资有限公司(银泰集团)、联合复星集团、富春控股集团、顺丰速运、三通一达(申通、圆通、中通、韵达快递)、宅急送、汇通,以及相关金融机构共建的“中国智能物流骨干网”(CSN)项目。

阿里早期没有自营物流系统,依靠的是第三方快递企业,物流体系的缺失成为阿里的短板。但阿里掌管电商商流,有分配物流订单的权力,这让菜鸟网络天然上具有商流的优势和协同相关资源的需求,电子面单的推广让菜鸟网络的数据分析能力更上一层楼。

菜鸟网络整合了大数据、仓储和供应链、地产、物流配送等多方面资源。如今,菜鸟网络通过对技术的研发与输出,对相关企业的数字化改造,尤其是通过规则的建立与投资,也在业内占据了一定的优势地位。

物流全链路上,菜鸟网络从源头生产环节,到存储环节,再到区域仓储的环节,以及末端各个渠道进行了全链路数字化协同升级、B2C和B2B的融合,这使菜鸟网络履行订单的速度大大提升。新物流不仅是从端到端的供应链,还可以往上延伸到生产制造,从而改变整个物流链路。

2018年菜鸟网络的线上线下一盘货解决方案,为快消、家电、服饰等行业定制解决方案,降低了库存,带来了人员、时效、周转等多方面效率的提升。

(1) 在快消领域,菜鸟网络线上线下一盘货解决方案,将线上线下库存全面打通、实现库存共享,通过B2B、B2C融合直达消费者。数据显示,有商家使用菜鸟仓后,跨区发货可以减少60%,库存周转可以加快25%。

(2) 在家电领域,菜鸟网络的供应链方案通过智能分仓,满足线上渠道销售、门店配送,在供应链金融托底下,整个链路也更加高效。

未来的竞争,本质上是用社会化协同的网络取代传统的供应链管理,这是一场深刻的革命。所以，新物流就是智能物流，智能物流的核心就是物流协同网络。

第四节　智　慧　物　流

随着我国电子商务交易额逐渐增多，电子商务行业对物流的需求和要求也越来越高。智慧物流的出现则可以为消费者提供更优质、更人性化的服务，为电子商务行业、物流行业的发展开拓了全新的局面。

一、智慧物流的产生与发展

物流是一个历史悠久的行业，而智慧物流是一个新生事物，在国内的发展才刚刚起步。

1. 智慧物流的产生

近年来，电子商务行业快速发展，不仅助推了我国消费的快速增长，还派生了数量巨大的包裹，直接刺激了物流行业的发展。但从整体上看，我国物流发展速度还远远不能满足电子商务发展的需求，物流标准化程度低、缺乏拥有自主知识产权的信息系统、提供基础信息和公共服务的平台发展缓慢等成为现阶段物流行业发展的制约因素。尤其在电子商务企业集中促销的"6·18"、"双十一"期间，物流公司频频出现爆仓现象，再加上物流管理水平不高，导致到货慢、丢件、货品破损、送货不及时等问题层出不穷，对消费者的消费体验造成了严重的负面影响。由此可见，电子商务的发展既为物流行业带来了巨大的发展空间，同时也使物流行业面临着升级的挑战，如何以更低廉的价格提供更优质的服务成为物流行业关注的重点。

同时，随着科学技术的不断进步，各种高新技术的应用不断成熟，如智能标签、RFID技术、EDI技术、全球定位系统(Global Positioning System，GPS)、地理定位系统(Geographic Information System，GIS)、智能交通系统(Intelligent Traffic System，ITS)等，国内很多行业开始将这些新技术用于新业务中。在物流行业中，以这些技术为基础的物联网正在成为新热点，而物联网的发展为探索物流新模式奠定了基础。

在上述背景下，2009 年 12 月，中国物流技术协会信息中心、华夏物联网、《物流技术与应用》编辑部联合提出智慧物流的概念。智慧物流这一概念的提出，不仅顺应了物联网发展的潮流，也符合现代物流行业的发展趋势，有利于物流行业实现自动化、透明化管理。

2. 智慧物流的发展

近年来，国家政策利好因素刺激着物流行业的发展。2016 年，中华人民共和国交通运输部(简称交通运输部)印发《关于推进供给侧结构性改革促进物流业"降本增效"的若干意见》(交规划发〔2016〕14 号)，着力推进物流行业集约化、智能化、标准化发展，促进物流行业降本增效，为我国经济转型升级和高效运行注入新活力。2018 年 12 月 25 日，中华人民共和国国家发展和改革委员会、交通运输部印发《国家物流枢纽布局和建设规划》，提出加快现代信息技术和先进设施设备应用，构建开放共享、智慧高效的国家物流枢纽网络。同时，以物联网、云计算、大数据等为代表的新技术已经在我国有了广泛的应用，这些技术的发展也有力地推动了智慧物流的发展。在这样的背景下，我国智慧物流的发展取得一系列成果。

(1) 2018年3月28日，顺丰宣布旗下子公司已获得国内首张无人机航空运营(试点)许可证。根据许可证的规定，顺丰物流无人机可在民航局批准的试点区域内使用无人机开展物流配送。这意味着我国的无人机技术已经比较成熟，可以正式投入物流应用。

(2) 2019年1月9日，百度Apollo自动驾驶车队实现了跨洋物流运输，其采用接力的方式，从长沙出发，乘坐飞机跨越太平洋后将一个包裹由无人货运车成功送到美国拉斯维加斯，展示了无人驾驶技术的新成果。2019年2月28日，菜鸟宣布建设的国内首个无人车未来园区在成都启用，这是菜鸟无人车首次从末端配送进入园区调拨运输环节。这两个事件标志着无人驾驶技术取得了新的突破，其应用场景也得到了进一步拓展。

(3) 2019年1月24日，京东物流与中国联合网络通信有限公司网络技术研究院(简称中国联通网研院)正式达成合作，共同探索5G在物流领域的落地应用，合作领域包括5G关键技术开发、物流场景技术应用等；同年3月18日，京东宣布建设国内首个5G智慧物流示范园区，尝试构建5G在智慧物流方面的典型应用场景。这标志着我国开始尝试将5G应用于智慧物流领域。

二、智慧物流的定义

我国最早的智慧物流概念于2009年由中国物流技术协会信息中心、华夏物联网和《物流技术与应用》编辑部共同提出，他们对智慧物流的定义是：智慧物流就是指在原有的物流的基础上，利用智能化的技术，使得物流系统在某种程度上拥有人类智慧，从而自主处理相关物流事件或是突发状况。

此后，不同的学者对智慧物流也给出了不同的定义。虽然智慧物流的定义多种多样，但可以简单地将其理解为通过采用大数据、物联网、人工智能以及云计算等先进技术，使得整个物流系统的运行如同人体的运作一般智能，即能够在一个中枢的控制下实时收集并处理信息，并快速做出最优决策，同时物流系统中各组成单元也能在低成本的前提下进行高质量、高效率的分工与协同。

本书采用的智慧物流的定义是：智慧物流是以信息化为依托并广泛应用物联网、人工智能、大数据、云计算等技术工具，在物流价值链上的六个基本环节(运输、仓储、包装、装卸搬运、流通加工、配送)实现系统感知和数据采集的现代综合智能型物流系统。

三、智慧物流的技术

智慧物流的技术可以分为仓内技术、干线技术、最后一公里技术、末端技术以及智慧数据底盘技术五大类。

1. 仓内技术

智慧物流的仓内技术主要包括仓内机器人和可穿戴设备。

1) 仓内机器人

仓内机器人包括自动引导运输车(Automated Guided Vehicle，AGV)、分拣机器人以及无人叉车等，主要应用在搬运、上架、分拣等环节。

(1) AGV。AGV 是指装备有电磁或光学等自动导引装置，能够沿规定的导引路径行驶，具有安全保护以及各种移载功能的运输车，如图 7-10 所示。在工业应用中，AGV 不需驾驶员，只需定期充电。

图 7-10 AGV

(2) 分拣机器人。随着物流行业的发展，物流系统对分拣工作的要求越来越高，要想高效、准确地完成分拣工作，分拣机器人不可或缺。通过分拣机器人系统与工业相机的快速读码及智能分拣系统的结合，物流系统可实现包裹称重或读码后的快速分拣及信息记录交互。分拣机器人系统可以大幅度地减少分拣环节中的人工成本，提高分拣工作的效率、准确性以及自动化程度。

(3) 无人叉车。无人叉车通过中央控制系统进行数据分析和远程控制，可以完善物流管理，使货物存放更有序、更规范整齐。同时，相对于传统叉车，无人叉车对车道宽度的要求也要低得多，改变运动路径的能力也大幅增强，无人叉车在遇到障碍物时会自动停止，安全性更有保障。无人叉车可以节省大量人力，减少员工机械搬运的时间。

2) 可穿戴设备

目前，可穿戴设备技术仍属于科技前沿领域，应用在物流行业的产品主要包括免持扫描设备、AR 眼镜等。可穿戴设备的发展还不够成熟，离大规模应用还需要一段时间，其中具有实时识别物品、阅读条码和库内导航等功能的 AR 眼镜，是最有发展潜力的可穿戴设备。

2. 干线技术

干线技术主要是指无人驾驶卡车技术。无人驾驶的概念已经出现多年，无人驾驶虽然尚处于研发阶段，但已取得较为喜人的成果，无人驾驶卡车在提升驾驶安全性、降低人力和燃料成本方面具有不小的优势。一旦大规模商用，无人驾驶卡车将改变干线物流现有格局。

目前，无人驾驶卡车的研发主要由整车厂商主导，但部分物流、电商企业也涉足其中，如京东就全自主研发了无人重型卡车(简称无人重卡)，京东无人重卡如图 7-11 所示。

图 7-11　京东无人重卡

3. 最后一公里技术

最后一公里技术主要包括 3D 打印技术与无人机技术。目前，无人机技术已相对成熟，京东、顺丰等国内物流企业已经开始进行商业化测试。而 3D 打印技术仍处在研发阶段，目前仅有美国联合包裹运送服务公司(UPS)等少数企业拥有相关的技术储备。

1) 3D 打印技术

3D 打印技术是一种快速成型技术，又称增材制造，它是一种以数字模型文件为基础，运用粉末状的金属或塑料等可黏合材料，通过逐层打印的方式构造物体的技术。该技术常被应用于模具制造、工业设计等领域的模型制造环节，以及用于直接制造产品，如应用陶瓷 3D 打印技术生产制造燃料电池。3D 打印技术不需要传统生产模式中的专用性设备，能对生产、消费方式产生巨大影响，使未来的产品生产及消费模式转变为城市内 3D 打印+同城配送，甚至社区 3D 打印+社区配送模式，给物流行业带来颠覆性的改变，即物流企业需要铺设 3D 打印网络，为消费者提供定制化生产产品的服务，并实现近距离生产、组装与配送。

2) 无人机技术

无人机技术已经相对成熟，具有成本相对较低、人员伤亡风险较低、机动性能好、使用便捷等优势，其在航空、摄影、农业、交通、消防救援、医疗等民用领域的应用前景极为广阔。就物流行业而言，无人机比较适用在人口密度相对较小的区域，如用于农村配送。我国企业在无人机技术上具有一定优势，且我国相关政策相对完善，可以预见的是，无人机技术将进入大规模商业应用阶段。就目前来看，无人机的感知、规避和防撞能力还有待提升，在载重、续航等方面预计还会有进一步的突破，随着软件系统的升级，无人机的数据收集与处理能力也将不断提升。图 7-12 所示为无人机运送包裹的场景。

图 7-12　无人机运送包裹的场景

4．末端技术

智慧物流的末端技术主要是指智能快递柜，如图 7-13 所示。该技术较为成熟，目前已经在一、二线城市中广泛应用，是各大物流企业的重点布局。对消费者而言，智能快递柜具有安全可靠、随时取件、有效保护个人隐私等优点；对快递员和物流企业而言，智能快递柜可以缩短投递时间，提高投递效率。但当前，智能快递柜仍存在使用率偏低、成本高、智能化不足、不便于当面验货、盈利模式过于单一等问题。

图 7-13　智能快递柜

5. 智慧数据底盘技术

智慧数据底盘技术主要包括物联网、大数据以及人工智能。这三大技术是智慧物流未来发展的重要方向，对智慧物流的进一步升级迭代有很大影响。目前，这三大技术已有一定的研发成果，在物流行业中也有一定范围的应用。

1) 物联网

目前，在智慧物流领域中，物联网的应用场景主要有以下 4 种：

(1) 产品溯源。产品溯源主要是通过传感器追溯农产品生产、流通环节的相关信息，包括从种植、运输到交付的所有环节，以确保信息的可追溯性，提升产品信息的透明度，让消费者买得更放心。图 7-14 所示为使用手机扫描产品包装上的二维码查看农产品溯源信息的场景。

图 7-14   手机查看农产品溯源信息

(2) 冷链控制。冷链控制是指通过在车辆内安装温控装置，实时监控车内的温度、湿度情况，确保物流全程处于冷链控制。

(3) 安全运输。安全运输是指通过安装相关设备，收集司机、车辆状态数据，及时发现司机疲劳驾驶、车辆超载超速等问题，做到及时预警，减小事故发生的概率。

(4) 车辆调度优化。车辆调度优化是指通过在运输车辆上安装信息采集设备，采集车况、路况、天气状况等信息，并将这些信息上传至信息中心，经信息中心分析后实现对车辆的实时智能调度优化。

2) 大数据

在物流领域内，大数据的应用场景主要有以下 4 种：

(1) 需求预测。需求预测是指通过收集消费者的消费喜好、商家前期销售情况等大数据，利用算法帮助企业判断其目标人群的消费行为和消费需求，反映市场需求的变化情况，对产品的市场生命周期做出预测，进而对库存和运输环节进行合理安排。目前需求预测的预测精度还不够，需要进一步增加数据量，优化算法大数据。

(2) 设备维护预测。设备维护预测是指通过在设备上安装芯片，收集设备实时运行数据，经过大数据分析后得出设备使用情况，实现预先保养、维修，从而延长设备使用寿命。未来，如果工业机器人被广泛应用，那么大数据在这方面的应用将有巨大的发展空间。

(3) 供应链风险预测。供应链风险预测是指通过收集异常数据，对贸易风险、货物损坏等方面的风险进行预测，帮助企业提前做好预防措施。

(4) 物流网络规划。物流网络规划是指通过分析历史数据，优化仓储运输、配送网络，如通过分析消费者的消费喜好数据提前在消费者附近仓库备货。

3) 人工智能

在物流领域中，人工智能应用场景主要有以下 5 种：

(1) 智能运营规划管理。未来人工智能将具备自学习、自适应的能力，可以自主决策并根据实际情况灵活调整，如根据对比分析"双十一"与平常的自主设置不同销售期间产品的发货时间、异常订单处理等运营规则实现人工智能管理。

(2) 仓库选址。人工智能可以在考察消费者、供应商的地理位置、运输成本、人力资源分布、建设工程成本、税收政策等各种现实因素后，自动给出一个最优的仓库选址方案。

(3) 决策辅助。人工智能会自动识别周边人、物、设备的状态，吸收优秀的管理经验，辅助管理者做决策。

(4) 图像识别。人工智能可以通过计算机图像识别、地址库、神经网络等技术提高手写运单的识别率，大幅度减少人工输单的工作量，提升信息录入的准确性。

(5) 智能调度。人工智能通过分析产品数量、体积等数据，可以更加合理地规划、安排包装、运输等环节的工作，如通过测算大批量产品的体积数据和包装箱尺寸，规划耗材量和打包顺序，从而选择最合适的包装箱，合理安排产品摆放方案。

四、智慧物流在电子商务领域的应用

智慧物流已经取得了很多技术研发成果，部分已经可以实际应用于电子商务物流领域。下面具体介绍智慧物流在电子商务领域的应用。

1. 智慧物流园区

智慧物流园区是在物流作业集中的地区或不同类型的物流企业在空间上集中布局的场所，也是一个有一定规模的、具有多种服务功能的物流企业的集结点。为了应对电子商务行业对物流提出的新要求，京东、菜鸟等企业纷纷引进智慧物流技术，建设智慧物流园区，提升电子商务物流的服务质量。相对于传统的物流园区，智慧物流园区的特点主要体现在智能视频监控、智能装车、智能分拣以及智能视觉 4 个方面。

1) 智能视频监控

传统视频监控存在诸多不足：视频不联网，只能存储到本地，查找时非常麻烦；需要人员盯屏效率较低，容易遗漏部分视频，无法准确、实时发现问题；难以实时监控众多车位的装卸货情况，需要现场工作人员巡视检查各车位是否及时完成装卸货、车辆是否晚到晚发等，无法直观、高效地了解装卸货效率。

智能视频监控采用云端的分布式云计算架构，负责云端视频采集、云端视频智能分析以及视频识别结果通知推送等一系列工作。智能视频监控可以在收集库房验收、上架、拣货、复核、打包等各环节的海量视频数据后开展视觉算法学习，然后分析整个环节的车、人、场、货等，识别操作不规范等异常情况并实时预警，助力相关管理人员进行决策分析、处理突发事件，从而有效提高物流工作的整体效率，使整个园区内的物流工作更加透明，优化园区管理。

2) 智能装车

在传统装车模式下，司机完全按照经验，无序地往车上摆放产品，这不仅费时且空间利用率不高。智能装车则根据需要装车的订单和可用的车辆，通过码放位置算法自动生成匹配关系以及实操顺序，指导司机装车及码放，灵活安排产品码放，实现装车有序化，这可以有效提高装车工作效率和装载率。同时，智能装车还可以根据路径规划算法快速释放月台，提高月台周转率。

3) 智能分拣

在传统分拣模式下，工作人员手持设备操作，凭借经验完成分拣，分拣效率不高，容易出错，而且相关工作人员的流动性较高，需要持续投入人员更替的培训成本。

而智能分拣实现了各项技术在物流场景中的应用，集成了人工智能、AGV、分拣机器人、无人叉车等技术，在入库、拣选、打包、分拨等物流全链路都用自动化代替人工操作，改变了大量人力集中操作的模式，大大提高了分拣操作效率。图 7-15 所示为菜鸟某园区内智能分拣的场景。

图 7-15　菜鸟某园区为智能分拣场景

在实际操作中，智能分拣首先通过多种方式并行拣选，将产品分为冷品(低流动量的产品)和爆品(高流动量的产品)。冷品由 A 区分拣机器人从货架开始拣选，爆品由 B 区分拣机器人从运输车开始拣选，两种方式都是模块化的，互不影响；另外，采用柔性分拨，将包裹按照不同流向和目的地进行分拣，由分拣机器人按照固定的运动轨迹，点对点搬运。

4) 智能视觉

智能视觉可识别指定区域的人、车、货，判断是否有车辆停靠、通道占用、人员检测和货物堆积情况。具体而言，智能视觉有以下功能：

(1) 检测识别区域内是否有车辆停靠和离开。在园区内，如果禁停车辆区域出现车辆停靠，系统会及时报告给园区运营管理人员。

(2) 检测识别区域内是否有人员在进行装卸货操作。

(3) 检测识别区域内是否有通道被占用的情况，如果被占用及时警告。

(4) 检测识别区域内是否有货物堆积和堆积度检测。如果堆积度大于预设值，及时预警。

2. 智慧物流配送网络

在电子商务中，产品到达消费者所在城市后需要运送到站点，再由站点的快递员进行"最后一公里"配送，传统的电子商务物流在这些环节中需要大量人工操作，不仅效率低，而且需要花费大量人工成本，而智慧物流的出现则有望解决这些问题。

1) 智能调度

智能调度可以将订单信息和可用车辆信息进行智能匹配，通过合理调配系统资源结合实际道路拥堵情况以及特定区域的货车限行和限号等数据，根据实际场景预计订单履约到达时间，给出每辆车的最优订单配送顺序和路径。智能调度不仅提升了车辆利用率、降低了成本，还能使配送时间更加准确，提升了消费者的消费体验。

2) 智能站点选址

传统的站点选址缺乏科学性指导，主要依赖人为经验，在成本管理方面没有清晰的思路和有效的方法，往往容易导致同城中转成本较高。而智能站点选址能通过对配送成本、固定成本以及时效要求等的深度挖掘，运用大数据技术和运筹学算法，结合实际场景，在数据分析结果的基础上科学、合理地推荐站点位置。这能够提高站点中转时效，降低站点中转成本、配送成本。

3) 无人配送

无人配送主要包括无人机配送和无人车配送两类。

(1) 无人机配送。无人机配送可以解决医疗冷链、偏远物流、特色生鲜等特殊场景下的末端配送问题，目前主要为交通不便的广大偏远地区提供时效性较强的物流配送服务。无人机配送除了需要不同机型的无人机外，还需要配备相关的软硬件，包括运营管控系统、通信系统、无人机快递接驳柜等。

(2) 无人车配送。传统配送中由于时效、路况、天气等因素，配送员的安全不容易得到保障，而无人车可以 360 度无死角监测环境，自动避让路障和行人，遇到红绿灯时还能及时做出反应，同时自主停靠配送点，将取货信息发给消费者，消费者可以选择通过人脸识别或输入取货码等方式完成取货，不仅能够节约时间成本和人力成本，还能够提升消费者的体验。图 7-16 所示为京东无人车配送场景。

图 7-16　京东无人车配送场景

巩固与练习

一、单项选择题

1. 物流的基本功能不包括(　　)。

A. 仓储　　　　　B. 增值服务　　　　　C. 运输　　　　　D. 配送

2. (　　)是从环境保护的角度出发，将其妥善处理，以免造成环境污染。

A. 生产物流　　　B. 回收物流　　　　　C. 废弃物物流　　　D. 国家物流

3. 物流按作用的不同，可分为生产物流、供应物流、销售物流和(　　)等。

A. 回收与废弃物物流　　　　　　C. 地区物流

B. 行业物流　　　　　　　　　　D. 社会物流

4. 自动搬运车属于(　　)工具。

A. 生产　　　　　B. 运输　　　　　　C. 仓储　　　　　D. 搬运

5. (　　)作业流程是采购作业流程的延续。

A. 仓储　　　　　B. 运输　　　　　　C. 分拣　　　　　D. 搬运

二、多项选择题

1. 按照作业模式，配送中心可分为(　　)两种。

A. 集货型　　　　B. 散货型　　　　　C. 零售型　　　　D. 批发型

2. 按照物流活动的空间分类，物流可分为(　　)。

A. 地区物流　　　B. 国家物流　　　　C. 国际物流　　　D. 供应物流

3. 在电子商务环境下，物流的新特点包括(　　)。

A. 信息化　　　　B. 快速化　　　　　C. 自动化　　　　D. 网络化

4. 我国在 2006 年最终选定(　　)和(　　)两种规格作为我国托盘的国家标准。

A. 1000 mm × 1200 mm　　　　　B. 1100 mm × 1100 mm

C. 800 mm × 1200 mm　　　　　D. 1026 mm × 1219 mm

5. 按内部特性不同，电子商务的物流配送中心可以划分为(　　)。

A. 储存型　　　B. 流通型　　　　C. 加工型　　　　　D. 零售型

6. 订单履行的内容可分解成三个部分，即(　　)。

A. 商品的生产与组织　　　　B. 运输配送

C. 包装管理　　　　　　　　D. 客户服务

三、实训题

分别在京东自营店和淘宝网上购买产品，分析京东和第三方物流的服务，填写表 7-2 所示的内容。

表 7-2　京东与第三方物流的服务比较

项　目	京　东	第三方物流
物流时效性		
配送服务准时度和个性化程度		
取货的便捷性		

第八章 电子商务法及电子商务安全

学习目标

1. 了解电子商务法的特征与作用。
2. 掌握与电子商务平台经营者相关的法律规范。
3. 掌握电子合同的订立方法和法律效力。
4. 熟悉电子商务所面临的安全威胁的种类和电子商务安全技术。

引导案例

电子商务法律法规案例

2020年初，北京市民张女士在"天猫"上的一次购物遭遇令她十分气愤。"我老公想买一款酒，他看到的价格是66元，因为我是88VIP会员，他就把链接发给我让我买。"张女士点开链接，准备购买时却发现，同款商品她看到的价格是69元。张女士的经历并非个例，在微博、豆瓣等社交平台上，有多位网友反映"付费VIP购买价格更高"。

一般来说，大数据杀熟通常有三种套路：一是，根据不同设备进行差别定价，比如针对苹果用户与安卓用户制定的价格不同；二是，根据用户消费时所处的不同场所进行差别定价，比如对距离商场远的用户制定的价格更高；三是，根据用户的消费频率差异进行差别定价，一般来说，消费频率越高的用户对价格承受的能力也越强。

针对上述问题，新颁布的《电子商务法》第十八条第一款作出规定：电子商务经营者根据消费者的兴趣爱好、消费习惯等特征向其提供商品或者服务的搜索结果的，应当同时向该消费者提供不针对其个人特征的选项，以尊重和平等保护消费者合法权益。

第一节 《电子商务法》概述

《中华人民共和国电子商务法》(简称《电子商务法》)中所规范的电子商务活动，主要指通过互联网等信息网络销售商品或者提供服务的经营活动，涉及的主体主要有平台内经营者、电子商务平台经营者和消费者。

电子商务的快速发展带来了许多新的法律问题，如网络支付、电子合同、网络知识产权和网络隐私权等，这就使得以往的法律、法规不能完全适应网络环境，新的适合于电子商务的法律、法规需求迫在眉睫。

2018 年 8 月 31 日，《电子商务法》经第十三届全国人民代表大会常务委员会第五次会议通过，于 2019 年 1 月 1 日正式实施。《电子商务法》对电子商务经营者乃至仓储、物流、支付结算等诸多电子商务环节的问题给予法律层面的界定，保障了电子商务各方主体的合法权益、规范了电子商务行为。了解《电子商务法》的立法情况和规则，对于电子商务活动参与者更好地保护自身权益有很大的意义。

作为我国网络与信息领域立法的里程碑性成果，《电子商务法》不仅对中国未来的网络与信息立法有着重要的示范作用，而且为世界范围内网络与信息领域立法的开展提供了借鉴样本。下面将对《电子商务法》的基础知识进行介绍，包括《电子商务法》的概念和特征、《电子商务法》的调整对象和范围及《电子商务法》的作用等。

一、《电子商务法》的概念

《电子商务法》是政府调整、企业和个人以数据电文(经由电子手段、光学手段或者类似手段生成、储存或者传递的信息，这些手段包括但不限于电子数据交换、电子邮件、电报、电传或者传真)为交易手段，通过信息网络所产生的，因交易形式所引起的各种商事交易关系，以及与这种商事交易关系密切相关的社会关系、政府管理关系的法律规范的总称。

就电子商务而言，《电子商务法》的调整对象是电子商务交易中发生的各种社会关系，这些社会关系是在广泛采用新型信息技术并将这些技术应用于商业领域后，才形成的特殊的社会关系(因在线商业行为而发生的关系)；这些社会关系交叉存在于虚拟社会和实体社会之间，有别于实体社会中的各种社会关系，且完全独立于现行法律的调整范围。

二、《电子商务法》的特征

《电子商务法》涉及众多领域，法律体系非常庞杂，既包括传统的民法领域，如合同法、对外贸易法、著作权法、消费者权益保护法等，又有新的领域，如电子签名法、数字认证法等，这些法律规范在总体上属于商法范畴。商法是公法干预下的私法，它以任意性规范为基础，同时存在强制性规范，甚至在有些规范中更多的是强制性规范而不是任意性规范。

网络没有中心或国界，在网络环境下的商务活动不受国界的限制，这就决定了电子商务法具有全球性的特征。同时，网络是现代信息技术的代表，以互联网为手段的电子商务活动规则也必然带有一定的技术特征。因此，《电子商务法》具有商法性、全球性、技术性、开放性和兼容性等方面的显著特征。

1. 商法性

商法是规范商事主体和商事行为的法律规范。电子商务法主要属于行为法，如数据电文制度、电子签名及其认证制度、电子合同制度、电子信息交易制度及电子支付制度等。

同时,《电子商务法》也含有组织法的内容,如认证机构的设立条件、管理和责任等,具有组织法的特点。

2. 全球性

电子商务具有开放性、跨国性。电子商务许多领域的问题只有国际社会采取一致规则才能解决,也只有进行广泛的国际合作才能有成效。在《电子商务法》的立法过程中,国际社会特别是联合国国际贸易法委员会的《电子商务示范法》为这种协调性奠定了基础,它较早地制定了供各国参照模仿及补充适用的示范法,起到了统一观念和原则的作用。

3. 技术性

在《电子商务法》中,许多法律规范都是直接或间接地由技术规范演变而成的。特别是在电子签名和数字认证中使用的密钥技术、数字证书等均是一些技术规则的应用。实际上,网络本身的运作也需要一定的技术标准,当事人若不遵守,就无法在网络环境下进行电子商务交易。

4. 开放性和兼容性

开放性是指《电子商务法》对世界各地区、各种技术网络开放;兼容性是指《电子商务法》应适应多种技术手段、多种传输媒介的对接与融合。

三、《电子商务法》的调整对象和范围

1.《电子商务法》的调整对象

《电子商务法》的产生是电子商务发展和自身规范要求的必然结果。《电子商务法》是调整在线商业行为及其引发的相关问题的法律规范的总和。电子商务交易及其形成的商事法律关系就成为《电子商务法》调整的对象。电子商务法律关系的主体即在线的参与主体,主要包括电子商务第三方平台、电子商务平台内经营者、认证机构、物流配送公司、第三方支付企业等。

2.《电子商务法》的调整范围

从字面上理解,电子商务即电子手段+商务活动。电子手段包含了信息通信技术、光学技术及其他能够生成、储存和传递信息的技术手段(电子数据交换、电子邮件、电报、电传或传真等)。电子商务交易的对象不仅包含一些传统的商品和服务,也包括一些新兴的在线商业服务,广义上的电子商务几乎涵盖了利用信息通信技术的所有商业性活动。按照商务活动的内容分类,《电子商务法》主要涵盖两类商业活动:贸易型电子商务和服务型电子商务。

1) 贸易型电子商务

贸易型电子商务是移转财产权利的电子商务,包括有形货物的贸易和无形的信息产品的贸易。有形货物的贸易是在网络上完成合同的签约过程,合同的履行则通过传统物流系统来完成,即信息流、资金流发生在网络虚拟世界中,物流则发生在网络外的现实世界中;即有形货物的电子交易仍需要利用传统物流配送渠道来实现,而无形的信息产品(如软件、影视商品等)的贸易是在网络上完成合同签订、支付、交付产品的全部行为;即将企业的信息流、资金流和物流整合在互联网上。

2) 服务型电子商务

服务型电子商务包括为开展电子商务提供服务的经营活动和通过网络开展各项有偿服务活动的经营活动。区别于贸易型电子商务，服务型电子商务不移转任何财产，而只提供特定的服务，如只提供交易平台服务，网络接入服务，电子邮件服务，与教育、医疗、金融等行业相关的咨询服务，等等。虽然许多主体往往兼顾信息转让和信息服务，二者的界限并不十分清晰，但是在法律上，贸易和服务之间的差别还是存在的。

四、《电子商务法》的作用

《电子商务法》的诞生不仅满足了电子商务发展对于法律制度的需求，同时也通过明确的定义和范围界定消除了市场上关于电子商务领域的一些争议。《电子商务法》作为我国第一部关于电子商务领域的基础性、综合性法律，对于保障电子商务各方主体权益、规范电子商务行为、维护市场秩序、促进电子商务行业持续健康发展具有极其重大的意义。

1. 为电子商务的发展创造良好的法律环境

电子商务属于新兴产业。《电子商务法》把支持和促进电子商务持续健康发展放在首位，提出拓展电子商务发展空间，推进电子商务与实体经济深度融合，在发展中规范、在规范中发展。

随着电子商务的迅速普及，各类现代化通信手段在电子商务交易中的使用急剧增多。然而，以非书面电文形式传递具有法律意义的信息时，可能会因使用这种非书面电文遇到法律障碍，或使此类电文的法律效力及其有效性受到影响。起草《电子商务法》的目的，就是对电子商务引发的庞杂的法律问题进行清理，为电子商务的各类参与主体制定一套虚拟环境下进行交易的规则，消除电子商务应用中的法律障碍，明确交易各方的法律义务和责任，保障电子商务交易的正常进行，为电子商务创造一个良好的法律环境。

2. 弥补现有法律的缺陷和不足

《电子商务法》不能包罗万象，而是针对电子领域特有的矛盾，提供解决特殊性问题的办法，在整体上要处理好与已有法律之间的关系，重点规定其他法律没有涉及的问题，弥补现有法律制度的不足。电子商务单独立法，是因为国家有关传递和存储信息的现行法律不够完备，因为之前的这些文件在起草时，还没有预见到电子商务的兴起。在某些情况下，现行法规通过规定要使用"书面"、"经签字的"或"原始"文件等，对现代通信手段的使用施加了某些限制或包含有限制的含义。尽管国家就信息的某些方面颁布了具体规定，但仍然没有全面涉及电子商务的立法，这种情况可能使人们无法准确地把握并非以传统的书面文件形式提供的信息的法律性质和有效性，也无法完全相信电子支付的安全性。此外，在日益广泛地使用电子邮件和电子数据交换的同时，也有必要对新型通信技术制定相应的法律和规范。

3. 保障网络交易安全

电子商务交易是通过计算机及其网络实现的，其安全与否依赖于计算机及其网络自身的安全程度。现代社会互联网应用更新换代快，各种网络安全问题接踵而至，包括网络入侵、网络攻击、非法获取公民信息、侵犯知识产权等，这些非法活动严重干扰了电子商务的交易活动。可以说，没有网络安全就没有电子商务安全。

由于网络交易涉及众多的技术领域，安全技术与管理不可能面面俱到。因此，网络交易不可避免地存在一定的安全隐患。只能依靠法律防范违法行为，或对已发生的违法行为进行惩处来保障电子商务交易安全。

4. 提高电子商务交易的效率

《电子商务法》的目标包括促进电子商务的使用或为此创造方便条件，平等对待基于书面文件的用户和基于电文数据的用户，充分发挥高科技手段在电子商务活动中的作用。这些目标都是促进经济增长和提高国际、国内贸易效率的关键所在。从这一点上讲，电子商务立法的目的不是要从技术角度来处理电子商务关系，而是创造尽可能安全的法律环境，以便交易各方高效率地使用电子商务。

五、《电子商务法》的立法进程

2013 年 12 月 7 日，全国人民代表大会常务委员会在人民大会堂召开了《电子商务法》第一次起草组的会议，正式开启了《电子商务法》的立法进程。

2013 年 12 月 27 日，全国人民代表大会财政经济委员会在人民大会堂召开了《电子商务法》起草组成立暨第一次全体会议，正式启动《电子商务法》立法工作，划定中国电子商务立法的时间表。

2014 年 11 月 24 日，全国人民代表大会常务委员会于全国人民代表大会会议中心召开了《电子商务法》起草组第二次全体会议，就电子商务重大问题和立法大纲进行研讨。起草组明确提出，《电子商务法》要以促进发展、规范秩序、维护权益为立法的指导思想。

2015 年 1 月至 2016 年 6 月，开展并完成《电子商务法(草案)》的起草。

2016 年 3 月 10 日，两会期间，电子商务立法列入第十二届全国人民代表大会常务委员会五年立法规划，已经形成法律草案稿，将尽早提请审议。

2016 年 12 月 19 日，第十二届全国人民代表大会常务委员会第二十五次会议初次审议了全国人民代表大会财政经济委员会提请的《电子商务法(草案)》。

2017 年 10 月，第十三届全国人大常委会第三十次会议，对《电子商务法(草案)》二审稿进行了审议。

2018 年 6 月，第十三届全国人大常委会第三次会议，对《电子商务法(草案)》三审稿进行了审议。

2018 年 8 月 31 日《电子商务法》由第十三届全国人民代表大会常务委员会第五次会议通过，自 2019 年 1 月 1 日起施行。

六、《电子商务法》对促进电子商务发展的规定

为了支持和促进电子商务持续健康发展，我国《电子商务法》作了以下规定：

(1) 国务院和省、自治区、直辖市人民政府应当将电子商务发展纳入国民经济和社会发展规划，制定科学合理的产业政策，促进电子商务创新发展。

(2) 国务院和县级以上地方人民政府及其有关部门应当采取措施，支持、推动绿色包

装、仓储、运输，促进电子商务绿色发展。

(3) 国家推动电子商务基础设施和物流网络建设，完善电子商务统计制度，加强电子商务标准体系建设。

(4) 国家推动电子商务在国民经济各个领域的应用，支持电子商务与各产业融合发展。

(5) 国家促进农业生产、加工、流通等环节的互联网技术应用，鼓励各类社会资源加强合作，促进农村电子商务发展，发挥电子商务在精准扶贫中的作用。

(6) 国家维护电子商务交易安全，保护电子商务用户信息，鼓励电子商务数据开发及应用，保障电子商务数据依法有序自由流动。国家采取措施推动建立公共数据共享机制，促进电子商务经营者依法利用公共数据。

(7) 国家支持依法设立的信用评价机构开展电子商务信用评价，向社会提供电子商务信用评价服务。

(8) 国家促进跨境电子商务发展，建立健全适应跨境电子商务特点的海关、税收、进出境检验检疫、支付结算等管理制度，提高跨境电子商务各环节便利化水平，支持跨境电子商务平台经营者等为跨境电子商务提供仓储物流、报关、报检等服务。国家支持小型、微型企业从事跨境电子商务。

(9) 国家进出口管理部门应当推进跨境电子商务海关申报、纳税、检验检疫等环节的综合服务和监管体系建设，优化监管流程，推动实现信息共享、监管互认、执法互助，提高跨境电子商务服务和监管效率。跨境电子商务经营者可以凭电子单证向国家进出口管理部门办理有关手续。

(10) 国家推动建立与不同国家、地区之间跨境电子商务的交流合作，参与电子商务国际规则的制定，促进电子签名、电子身份等国际互认。国家推动建立与不同国家、地区之间的跨境电子商务争议解决机制。

第二节　与电子商务经营者相关的法律规范

电子商务属于新经济范畴。相对于传统经济，新经济的新体现在其有一个传统经济没有的平台。就我国目前电子商务的现状而言，平台是电子商务的先行者、推动者、实践者、提供者、受益者。因此，强化电子商务平台经营者和平台内经营者的责任是电子商务法律规范的重点。下面将对《电子商务法》中与电子商务经营者相关的法律规范进行解读。

一、《电子商务法》对电子商务经营者的界定

《电子商务法》是我国电子商务领域的基本法律，强化电子商务平台和经营者责任的指导思想贯穿了其立法的全过程。

近年来，微商、网络直播随着分享经济、O2O、社交媒体平台的快速发展而产生，其经营形态与传统电商不同，是否应归属电商经营者范畴也自始存在争议，《电子商务法》从一审稿的"电子商务第三方平台和电子商务经营者"到二审稿的"自建网站经营的电子商务经营者、电子商务平台经营者、平台内电子商务经营者"再到三审稿加入"通过自建网站、其他网络服务销售商品或者提供服务的电子商务经营者"，其中的电子商务经营者的

内涵和外延不断扩张，除了第二条第三款明确排除的主体外，已基本涵盖了通过互联网进行营销活动的所有经营主体。

根据我国《电子商务法》，电子商务经营者是指通过互联网等信息网络从事销售商品或者提供服务的经营活动的自然人、法人和非法人组织，包括电子商务平台经营者、平台内经营者及通过自建网站、其他网络服务销售商品或者提供服务的电子商务经营者。对电子商务经营者的界定之所以重要是因为关系到主体对应的权利义务。

二、电子商务经营者的基本义务

消费者作为电子商务经营活动中的重要主体，既是商品或服务的实际承受者，又是生产、经营、消费等环节中的弱势方，所以实践中存在大量针对消费者的网络售假、信息泄露等侵权行为，是电子商务纠纷中的重点问题。故《电子商务法》基于保障消费者权益这一立法背景，在第二章第一节为电子商务经营者设置了相应的基本义务，以规范电子商务行为。

1. 保障商品及服务质量

消费者权益中最重要的是安全权，为应对实践中屡见不鲜的假货、坏货问题，《电子商务法》第十三条规定，电子商务经营者销售的商品或者提供的服务应当符合保障人身、财产安全的要求和环境保护要求，不得销售或者提供法律、行政法规禁止交易的商品或者服务。这是对电子商务经营者销售的商品或者提供的服务的最低要求，如果电子商务经营者违背此条款规定的义务，应按照有关法律、行政法规的规定处罚。

2. 真实公示商品或服务信息

实践中电子商务经营者经常通过刷单等虚假宣传方式，误导消费者对其提供的商品或服务产生错误评价，以此增加销量。《电子商务法》第十七条规定，电子商务经营者应当全面、真实、准确、及时地披露商品或者服务信息，保障消费者的知情权和选择权。电子商务经营者不得以虚构交易、编造用户评价等方式进行虚假或者引人误解的商业宣传，欺骗、误导消费者。

《电子商务法》第八十一条规定，电子商务平台经营者违反本法规定，有下列行为之一的，由市场监督管理部门责令限期改正，可以处 2 万元以上 10 万元以下的罚款；情节严重的，处 10 万元以上 50 万元以下的罚款：

(1) 未在首页显著位置持续公示平台服务协议、交易规则信息或者上述信息的链接标识的；

(2) 修改交易规则未在首页显著位置公开征求意见，未按照规定的时间提前公示修改内容，或者阻止平台内经营者退出的；

(3) 未以显著方式区分标记自营业务和平台内经营者开展的业务的；

(4) 未为消费者提供对平台内销售的商品或者提供的服务进行评价的途径，或者擅自删除消费者的评价的。

电子商务平台经营者违反本法第四十条规定，对竞价排名的商品或者服务未显著标明"广告"的，依照《中华人民共和国广告法》的规定处罚。

《电子商务法》第八十五条规定，电子商务经营者违反本法规定，销售的商品或者提供的服务不符合保障人身、财产安全的要求，实施虚假或者引人误解的商业宣传等不正当竞争行为，滥用市场支配地位，或者实施侵犯知识产权、侵害消费者权益等行为的，依照有关法律的规定处罚。如根据 2018 年 1 月 1 日生效的修订后的《反不正当竞争法》，刷单炒信即虚假交易，对此，《反不正当竞争法》第二十条规定了两档行政处罚，一般情节处 20 万元以上 100 万元以下的罚款，情节严重的，处 100 万元以上 200 万元以下的罚款，甚至可以吊销营业执照。而该法第三十一条又规定，违反本决规定，构成犯罪的，依法追究刑事责任。

另外，《电子商务法》还规定了电子商务经营者及时公示营业信息的义务。

《电子商务法》第十五条规定，电子商务经营者应当在其首页显著位置，持续公示营业执照信息、与其经营业务有关的行政许可信息、属于依照本法第十条规定的不需要办理市场主体登记情形等信息，或者上述信息的链接标识。前款规定的信息发生变更的，电子商务经营者应当及时更新公示信息。

《电子商务法》第十六条规定，电子商务经营者自行终止从事电子商务的，应当提前 30 日在首页显著位置持续公示有关信息。

3. 搭售商品提示

买机票默认搭售接机服务，订酒店默认购买健身服务……平台设置成默认搭售的服务让消费者在不知情的情况下购买了其他可能并不需要的服务等类似做法一直以来备受诟病。针对电子商务的搭售行为，为了保障消费者的知情权与自主选择权，《电子商务法》第十九条规定，电子商务经营者搭售商品或者服务，应当以显著的方式提请消费者注意，不得将搭售商品或者服务作为默认同意的选项。

4. 退还押金

网上订酒店、开通共享单车服务等都需要消费者先交纳押金，但押金交纳往往会出现押金难退还的情形，严重损害了消费者的权益。

《电子商务法》第二十一条规定了电子商务经营者押金退还的义务：电子商务经营者按照约定向消费者收取押金的，应当明示押金退还的方式、程序，不得对押金退还设置不合理条件。消费者申请退还押金，符合押金退还条件的，电子商务经营者应当及时退还。

违反上述规定者，由有关主管部门责令限期改正，可以处 5 万元以上 20 万元以下的罚款；情节严重的，处 20 万元以上 50 万元以下的罚款。

5. 依法收集、使用个人信息

近年来，我国加强了对个人信息保护的立法，但实践中侵犯公民个人信息权利的案件屡见不鲜，在电子商务领域尤为突出。为细化公民个人信息权利，加强可执行性，以保障消费者的个人信息权利，《电子商务法》第二十三条规定，电子商务经营者收集、使用其用户的个人信息，应当遵守法律、行政法规有关个人信息保护的规定。本条规定表明对消费者个人信息可以收集、可以使用，但必须依法保护、依法限制使用方法、传播范围等。

《电子商务法》第二十四条规定，电子商务经营者应当明示用户信息查询、更正、删除及用户注销的方式、程序，不得对用户信息查询、更正、删除及用户注销设置不合理条件。电子商务经营者收到用户信息查询或者更正、删除的申请的，应当在核实身份后及时提供查询或者更正、删除用户信息；用户注销的，电子商务经营者应当立即删除该用户的信息；依照法律、行政法规的规定或者双方约定保存的，依照其规定。本条规定明示了电子商务经营者的信息管理义务及消费者的信息管理权利。

6. 依法纳税

《电子商务法》第十一条规定，电子商务经营者应当依法履行纳税义务，并依法享受税收优惠。依照前条规定不需要办理市场主体登记的电子商务经营者在首次纳税义务发生后，应当依照税收征收管理法律、行政法规的规定申请办理税务登记，并如实申报纳税。

本条规定明确了电子商务经营者的纳税义务及完税条件。根据本条规定，所有电子商务经营者包括不需要办理市场主体登记的微商、自然人等都被纳入纳税范畴。

根据 2018 年 8 月 31 日第十三届全国人民代表大会常务委员会第五次会议《关于修改〈中华人民共和国个人所得税法〉的决定》第六条的规定，应纳税所得额的计算以经营所得为基础，每一纳税年度的收入总额减除成本、费用及损失后的余额，为应纳税所得额。

7. 使用电子发票

《电子商务法》第十四条规定，电子商务经营者销售商品或者提供服务应当依法出具纸质发票或者电子发票等购货凭证或者服务单据。电子发票与纸质发票具有同等法律效力。

本条规定明确了电子商务经营者使用电子发票的义务与线下经营的规定一致，也就是说，电子发票也将成为报销的凭证，从而为电子发票的大规模推广铺平了道路。

三、电子商务平台经营者的法律规范

对电子商务平台经营者的规范是《电子商务法》中非常重要的内容。《电子商务法》中第二章的内容直接涉及电子商务平台经营者。下面列举部分条款进行介绍。

1. 对平台内经营者的真实信息进行把关

《电子商务法》第二十七条规定，电子商务平台经营者应当要求申请进入平台销售商品或者提供服务的经营者提交其身份、地址、联系方式、行政许可等真实信息，进行核验、登记，建立登记档案，并定期核验更新。电子商务平台经营者为进入平台销售商品或者提供服务的非经营用户提供服务，应当遵守本节有关规定。

电子商务平台经营者应当监督平台内经营者合法经营，对于违反法律、行政法规的经营行为，电子商务平台经营者有权要求平台内经营者改正或依法采取必要的处置措施，并向有关主管部门报告。电子商务平台经营者应规制经营者获得行政许可，并敦促其履行保障人身财产安全及环境保护义务，电子商务平台经营者将成为工商、税务稽查和相关行政监管部门的前哨，为行政执法部门提供一手信息。

2. 对平台内经营者商品或服务的查验

《电子商务法》第三十八条规定，电子商务平台经营者知道或者应当知道平台内经营者销售的商品或者提供的服务不符合保障人身、财产安全的要求，或者有其他侵害消费者合法权益行为，未采取必要措施的，依法与该平台内经营者承担连带责任。对关系消费者生命健康的商品或者服务，电子商务平台经营者对平台内经营者的资质资格未尽到审核义务，或者对消费者未尽到安全保障义务，造成消费者损害的，依法承担相应的责任。

平台承担相应责任的前提是，对资质、资格未尽到审核义务，如允许不符合资质、资格、条件的经营者进入平台，或者在警方调查时不积极配合。

同时，《电子商务法》第八十三条规定，电子商务平台经营者违反本法第三十八条规定，对平台内经营者侵害消费者合法权益行为未采取必要措施，或者对平台内经营者未尽到资质资格审核义务，或者对消费者未尽到安全保障义务的，由市场监督管理部门责令限期改正，可以处 5 万元以上 50 万元以下的罚款；情节严重的，责令停业整顿，并处 50 万元以上 200 万元以下的罚款。

3. 禁止滥用平台优势地位

《电子商务法》第三十五条规定，电子商务平台经营者不得利用服务协议、交易规则以及技术等手段，对平台内经营者在平台内的交易、交易价格以及与其他经营者的交易等进行不合理限制或者附加不合理条件，或者向平台内经营者收取不合理费用。

该条规定建立在电子商务平台经营者和平台内经营者的基础之上，其规制的是平台利用优势地位而滥用服务协议和交易规则损害商家合法权益的行为，如强迫商家在两个平台之间二选一。平台滥用优势地位，违反第三十五条规定，损害平台内经营者合法权益的，最高可处以 200 万元罚款。

4. 建立健全信用评价制度

《电子商务法》第三十九条规定，电子商务平台经营者应当建立健全信用评价制度，公示信用评价规则，为消费者提供对平台内销售的商品或提供的服务进行评价的途径。电子商务平台经营者不得删除消费者对其平台内销售的商品或者提供的服务的评价。

该条款规定了电子商务平台对常见的刷单行为、删差评行为应持有的态度。首先，电子商务平台必须建立信用评价制度；其次，电子商务平台不得删除消费者的评价内容。最后，电子商务平台没有为消费者提供评价途径或擅自删除评价的最高可面临 50 万元的罚款。

5. 竞价排名和广告标注义务

竞价排名是电子商务平台经营者主要的盈利方式之一，是电子商务平台经营者和平台内经营者关注的重点内容，同时也将影响消费者的合法权益。

《电子商务法》第四十条规定，电子商务平台经营者应当根据商品或者服务的价格、销量、信用等以多种方式向消费者显示商品或者服务的搜索结果；对于竞价排名的商品或者服务，应当显著标明"广告"字样。

本条规定是对电子商务平台竞价排名和广告标注义务的要求，建立在保护消费者合法权益和平衡三方利益的基础上。竞价排名和广告标注义务主要包括两个方面：一是电子商务平台可以开展竞价排名业务，但至少应该向消费者提供价格、销量、信用三种搜索排序方式，电子商务平台可以提供更多的排序方式，但不能不提供或者少提供；二是对于采取竞价排名的商品或者服务，电子商务平台需要进行明确标识将其记为"广告"。

6. 平台经营规则修改的公示义务

《电子商务法》第三十四条规定，电子商务平台经营者要修改平台服务协议和交易规则时，应当在其首页显著位置公开征求意见，采取合理措施确保有关各方能够及时充分表达意见。修改内容应当至少在实施前七日予以公示。平台内经营者不接受修改内容，要求退出平台的,电子商务平台经营者不得阻止,并按照修改前的服务协议和交易规则承担相关责任。

此条规定专门就电子商务平台服务协议和交易规则的修改作出明示,意在敦促电子商务平台加快规范其经营行为。

7. 平台经营者在争议解决方面的权利和义务

在交易安全担保方面,《电子商务法》第五十八条规定,国家鼓励电子商务平台经营者建立有利于电子商务发展和消费者权益保护的商品、服务质量担保机制。电子商务平台经营者与平台内经营者协议设立消费者权益保证金的,双方应当就消费者权益保证金的提取数额、管理、使用和退还办法等作出明确约定。消费者要求电子商务平台经营者承担先行赔偿责任以及电子商务平台经营者赔偿后向平台内经营者的追偿,适用《中华人民共和国消费者权益保护法》的有关规定。

在投诉、举报、调解争议解决方面,《电子商务法》第五十九条规定,电子商务经营者应当建立便捷、有效的投诉、举报机制,公开投诉、举报方式等信息,及时受理并处理投诉、举报。

《电子商务法》第六十条规定,电子商务争议可以通过协商和解,请求消费者组织、行业协会或者其他依法成立的调解组织调解,向有关部门投诉,提请仲裁,或者提起诉讼等方式解决。

《电子商务法》第六十一条规定,消费者在电子商务平台购买商品或者接受服务,与平台内经营者发生争议时,电子商务平台经营者应当积极协助消费者维护合法权益。

第三节 电子合同的订立与履行的法律规范

当今,电子商务的快速发展也随之推动了相关法律的演进,如电子商务格式合同的广泛运用。合同是交易的桥梁,电子合同是电子商务的核心。在网络环境下,使用电子签名和自动信息体系订立的电子合同都具有法律效力。下面通过案例导入,对电子合同的定义与特点、订立方法及电子合同的法律效力等内容进行介绍。

一、电子合同的定义与特点

电子合同,又称电子商务合同。根据《联合国国际贸易法委员会电子商务示范法》(简称《电子商务示范法》)第六条第一款规定:"如法律要求信息须采用书面形式,则假若一项数据电文所含信息能够调取以备日后查用,即满足了该项要求。"该法规虽未对电子合同进行明确的定义,但从该条规定来看,《电子商务示范法》允许贸易双方通过电子手段传递信息、签订买卖合同和进行货物所有权的转让。这样,以往不具有法律效力的数据电文将和书面文件一样得到法律的承认。该法律为实现国际贸易的无纸操作提供了法律保障。

同时结合《中华人民共和国合同法》第二条规定,"本法所称合同是平等主体的自然人、法人、其他组织之间设立、变更、终止民事权利义务关系的协议。"由此,电子合同可以界定为:电子合同是双方或多方当事人之间通过电子信息网络以电子的形式达成的设立、变更、终止财产性民事权利义务关系的协议。从此定义可以看出，电子合同是以电子的方式订立的合同，其主要是指在网络条件下当事人为了实现一定的目的，通过数据电文、电子邮件等形式签订的明确双方权利义务关系的一种电子协议。当事人可应用电子签名等电子核证技术签署合同，以增强电子合同的证据效力。

电子合同虽然也是对合同当事人权利和义务做出约定的文件，但是因为其载体和操作过程不同于传统书面合同，所以具有以下特点：

(1) 订立合同的双方或多方在网络上运作，可以互不见面。合同内容等信息记录在计算机或磁盘等中介载体中，其修改、流转、储存等过程均在计算机内进行。

(2) 表示合同生效的传统签字、盖章方式被数字签名(即电子签名)所代替。

(3) 传统合同的生效地点一般为合同订立的地点，而采用数据电文形式订立的合同，收件人的主营业地为合同订立的地点，没有主营业地的，其经常居住地为合同订立的地点。

(4) 电子合同所依赖的电子数据具有易消失性和易改动性。电子数据以磁性介质保存，是无形物，改动、伪造不易留痕迹。其作为证据具有一定的局限性。

二、电子合同的订立方法

订立电子合同，首先要求实名认证，实名认证是对用户资料的真实性进行的一种验证审核。实名认证是电子合同生效的首要条件。电子合同可以通过在线交易系统生成，通过第三方电子合同签约平台、电子邮件等方式订立。

需要注意的是，选择不同的电子合同形式，将具有完全不同的法律效力、举证程度和证明力。一般系统生成的电子合同和电子邮件签署的电子合同证明力较低，且需花费时间和精力去证明电子签名的真实性和完整性，举证复杂。

商务部颁布的《电子合同在线流程规范》，鼓励采用第三方电子合同平台签订电子合同，使用电子签名技术保证合同签订、传输、存储的安全性、完整性和有效性，合同一旦签署，就不能再进行更改，签订后存储于安全的云存储系统中，将证据固化，发生纠纷时举证便捷。最为关键的是，第三方电子合同平台提供的证据证明力较强，容易被采纳。

另外，电子商务经营者在网上发布的商品或服务信息符合要约条件的，消费者选择该商品或服务并提交订单后，合同成立。对于较大金额的电子交易，电子商务经营者应当提示当事人使用电子签名或其他可靠手段确保电子合同数据不被篡改。

三、电子合同的法律效力

在电子合同订立中，双方当事人只有具有相应的民事行为能力才能与他人签订合同，经双方确认后电子合同具有法律效力。但在一方否认或需要将合同出具给第三方等的情况下，未经电子签名等技术予以核证的电子合同，其真实性不易确定，法律效力难以得到确认。因此，电子签名应用到电子合同中以保证其真实性是很有必要的。

1. 使用可靠电子签名的法律效力

随着电子商务的发展，通过互联网在线订立合同的需求也在不断增长。《中华人民共和国电子签名法》(简称《电子签名法》)为电子合同的应用与推广排除了法律障碍。《电子签名法》对电子签名的法律效力有以下规定：

(1) 当事人约定使用电子签名的文书，不得仅因其采用电子签名而否定其法律效力。

(2) 可靠的电子签名与手写签名或者盖章具有同等的法律效力。

(3) 当事人可以选择使用符合其约定的可靠条件的电子签名。

(4) 以目前国际上比较公认的成熟技术为基础，推荐一定的安全条件和标准，作为可靠的电子签名的标准。

《电子签名法》确立了可靠的电子签名的法律效力，即当一个电子签名被认定为是可靠的电子签名时，该电子签名就与手写签名或盖章具有同等的法律效力。

在电子合同中使用可靠的电子签名，意味着在互联网上可以确定电子合同签署各方的身份和意思表达，也确认了使用可靠电子签名形成的电子合同与手写签名或者盖章形成的纸质合同具有同等的法律效力。

2. 使用自动信息系统订立的电子合同的法律效力

《电子商务法》第四十八条规定，电子商务当事人使用自动信息系统订立或者履行合同的行为对使用该系统的当事人具有法律效力，在电子商务中推定当事人具有相应的民事行为能力，但是，有相反证据足以推翻的除外。

该条规定明确了系统自动完成的电子合同的法律效力。换句话说，电子商务经营者普遍采用的由平台自动生成订单、消费者单击确认即代表签署电子合同的操作模式得到法律认可。但本条规定意味着法律推定交易双方是有相应民事行为能力的人。这样的立法实际上充分考虑到互联网经济对于效率的看重，大大降低了交易成本，使不见面的双方所缔结的电子合同也可以获得充分的法律保障。

同时，《电子商务法》第五十条规定，电子商务经营者应当清晰、全面、明确地告知用户订立合同的步骤、注意事项、下载方法等事项，并保证用户能够便利、完整地阅览和下载。

第四节　医药电子商务相关政策和法律规范

医药行业作为与人民生命健康息息相关的特殊行业，受政策的影响极其显著。对于医药电商企业来说，同样也是如此。每次医药政策的调整都会为行业带来极其深远的影响。而一场突如其来的新冠疫情，意外促进了"互联网＋医药"发展，它包括网上看病或复诊、网上购买药品或医用物品、网上在线支付、网上医药监管等。网上医药服务的便利性满足了人们的需求，那么又有哪些法律法规能保障用药安全呢？

本节主要介绍四个部分：第一部分介绍医药电商政策的演变；第二部分介绍互联网药品信息服务管理；第三部分介绍互联网药品交易服务管理；第四部分介绍医药电商政策对医药电商企业的影响。

一、医药电商政策的演变

长期以来，国内医药电商领域始终处于政策不明晰、立法滞后于现状的状态，这导致企业因政策的不确定性而只能试探性前行,在某种程度上延滞了医药电商行业的发展速度。与此同时,由于缺少法律法规的背景,医药电商难以与消费者建立起绝对的信任联系,甚至在偶然性负面事件的影响下被责批为"法外之地"。随着医药电子商务的发展,每个时期的法律有不同的特点。

(一) 探索期的医药电商政策

1. 禁止网上销售药品

早期医药电子商务,大部分网站没有任何资质方面的证明就提供药品信息和销售,药品的真假不能得到保证,患者不需要医生开处方就可以直接购药。在此背景下,国家建立了药品分类管理制度,规定处方药、非处方药不得采用有奖销售、附赠药品或礼品销售等销售方式,暂不允许采用网上销售方式。

2. 符合条件者允许非处方药网上交易

随着互联网的迅速发展,网售非处方药的政策逐渐放开,网上药店开始成为一个潜在市场,大部分连锁药店有意愿开设网上药店,但是,由于当时并没有成形的行业规范,市场中存在大量骗钱的黑户网站。在此背景上,国家食品药品监督管理总局于 2005 年 9 月 29 日出台了《互联网药品交易服务审批暂行规定》(国食药监市〔2005〕480 号),明确只允许药品零售连锁企业开设网上药店,从事非处方药网上交易。

3. 构想放开药品网络销售

2014 年 5 月 28 日,国家食品药品监督管理总局发布《互联网食品药品经营监督管理办法(征求意见稿)》(简称《征求意见稿》),首次提出放开处方药在电商渠道的销售,同时允许医药电商选择第三方物流配送。这也是发挥市场决定性作用的政府主导精神的重要体现。

此次《征求意见稿》引发业界热议。中国非处方药物协会秘书长认为:医药电商是不可逆转的大趋势,为广大消费者获取健康服务提供了便利。原 1 号店旗下 1 药网的一位采购负责人认为,降低转入门槛,许可处方药销售是医药电商大部分人士一直期盼的。反对者认为,这将全面降低网上药店准入门槛,取消处方药销售限制的做法不妥当,可能会因无法实施有效监管而造成严重的药品安全问题。业内人士对此提出三点反对理由:网上售药准入门槛和经营范围简单的放开,将严重威胁到百姓用药安全,容易导致假劣药品泛滥;药品储存、运输条件难以符合要求,危及药品内在质量;网上药店远比实体店情况复杂,现有条件下难以对网上药店实施有效监督。

4. 国务院出台相关指导意见

2015 年 5 月 7 日,国务院发布《国务院关于大力发展电子商务加快培育经济新动力的意见》(国发〔2015〕24 号),明确要大力推动医药电子商务的发展,"支持中小零售企业与电子商务平台优势互补,加强服务资源整合,促进线上交易与线下交易融合互动"。这一政策对实体药店来说也意味着重大利好,部分医药电商企业开始积极探索医药 O2O 模式。

(二) 快速发展期的医药电商政策

2018 年 4 月,国务院办公厅正式发布《关于促进"互联网＋医疗健康"发展的意见》

(国办发〔2018〕26 号)，释放了一系列利好互联网医疗的政策。与医药电商直接相关的，是在完善"互联网＋药品供应保障服务"章节中提及的，要"促进药品网络销售和医疗物流配送等规范发展"，这给医药电商发展"互联网＋医疗"处方药配送业务带来了契机。

2018 年 9 月，国家卫生健康委员会印发了《互联网诊疗管理办法(试行)等 3 个文件的通知》(国卫医发〔2018〕25 号)该办法包含有《互联网诊疗管理办法(试行)》《互联网医院管理办法(试行)》《远程医疗服务管理规范(试行)》三个文件，落实了以实体医院为主体开展线上部分常见病、慢性病患者的复诊，并进一步说明了处方后"医疗机构、药品经营企业可委托符合条件的第三方机构配送"。相关规定使医药电商和互联网医疗的边界进一步模糊、联系进一步加强，为处方药网售勾勒出基础路径。

时至 2019 年，有关医药电商的法律法规密集出台，特别是《电子商务法》和《中华人民共和国药品管理法》(简称《药品管理法》)两部基本法的颁布实施，初步形成了国内医药电商领域的顶层设计。《药品管理法》进一步明确了医药电商的法律地位，其中备受瞩目的关于处方药网售和第三方平台等条文叙述，成为行业未来发展的重要驱动力。比如关于处方药网售，《药品管理法》采取了审慎包容的态度，其中第六十一条规定："疫苗、血液制品、麻醉药品、精神药品、医疗用毒性药品、放射性药品、药品类易制毒化学品等国家实行特殊管理的药品不得在网络上销售"，是通过"负面清单"的形式赋予了医药电商销售处方药的合法主体身份。

除此之外，国家发展改革委员会、国家卫生健康委员会、国家药品监督管理局、国家医疗保障局等 21 个部门于 2019 年 8 月联合印发的《促进健康产业高质量发展行动纲要(2019—2022 年)》明确提出"积极发展'互联网＋药品流通'模式"，要求建立互联网诊疗处方信息与药品零售消费信息互联互通、实时共享的渠道，支持在线开具处方药品的第三方配送。加快医药电商发展，向患者提供网订(药)店取、网订(药)店送等服务。这一规定建立在充分吸收试点实践经验的基础之上，分别明确了处方药网售的电子处方来源、处方流转路径、处方承接主体、药品配送方式等核心问题，在某种意义上构成了处方药网售的基本规则。

二、互联网药品信息服务管理

(一) 互联网药品信息服务的定义

互联网药品信息服务是指通过互联网向上网用户提供药品(含医疗器械)信息的服务活动。

(二) 互联网药品信息服务的分类

互联网药品信息服务分为经营性和非经营性两类：经营性互联网药品信息服务是指通过互联网向上网用户有偿提供药品信息等服务的活动；非经营性互联网药品信息服务是指通过互联网向上网用户无偿提供公开的、共享性药品信息等服务的活动。

(三) 互联网药品信息服务的管理

拟提供互联网药品信息服务的申请应当以一个网站为基本单元，在向国务院信息产业主管部门或者省级电信管理机构申请办理经营许可证或者办理备案手续之前，按照属地监督管理的原则，应当填写国家食品药品监督管理总局统一制发的互联网药品信息服务申请表，并向该网站主办单位所在地省、自治区、直辖市的食品药品监督管理部门提出申请。互联网药品信息服务申请主要涉及以下方面。

1. 提供互联网药品信息服务企业的申请条件

申请提供互联网药品信息服务，除应当符合《互联网信息服务管理办法》规定的要求外，还应当具备下列条件：

(1) 互联网药品信息服务的提供者应当为依法设立的企事业单位或者其他组织。

(2) 具有与开展互联网药品信息服务活动相适应的专业人员、设施及相关制度。

(3) 有两名以上熟悉药品、医疗器械管理法律法规和药品、医疗器械专业知识，或者依法经资格认定的药学、医疗器械技术人员。

2. 提供互联网药品信息服务企业的要求

(1) 提供互联网药品信息服务的网站，应当在其网站主页显著位置标注互联网药品信息服务资格证书的证书编号。

(2) 提供互联网药品信息服务网站所登载的药品信息必须科学、准确，必须符合国家的法律法规和国家有关药品、医疗器械管理的相关规定。

(3) 提供互联网药品信息服务的网站不得发布麻醉药品、精神药品、医疗用毒性药品、放射性药品、戒毒药品和医疗机构制剂的产品信息。

(4) 提供互联网药品信息服务的网站发布的药品(含医疗器械)广告必须经过药品监督管理部门审查批准，同时要注明广告审查批准文号。

3. 互联网药品信息服务的监管

(1) 省、自治区、直辖市食品药品监督管理部门对本辖区内申请提供互联网药品信息服务的互联网站进行审核，符合条件的核发互联网药品信息服务资格证书，同时报国家食品药品监督管理总局备案并发布公告。

(2) 省、自治区、直辖市食品药品监督管理部门对本行政区域内提供互联网药品信息服务活动的网站实施监督管理。国家食品药品监督管理总局对全国提供互联网药品信息服务活动的网站实施监督管理，并将检查情况向社会公告。

4. 提供互联网药品信息服务的企业变更事项

互联网药品信息服务资格证书有效期为 5 年。有效期届满，需要继续提供互联网药品信息服务的，持证单位应当在有效期届满前 6 个月内，向原发证机关申请换发互联网药品信息服务资格证书。互联网药品信息服务提供者变更下列事项之一的，应当向原发证机关申请办理变更手续，填写互联网药品信息服务项目变更申请表，同时提供下列相关证明文件：

(1) 互联网药品信息服务资格证书中审核批准的项目(互联网药品信息服务提供者单位名称、网站名称、IP 地址等)。

(2) 互联网药品信息服务提供者的基本项目(地址、法定代表人、企业负责人等)。

(3) 网站提供互联网药品信息服务的基本情况(服务方式、服务项目等)。

省、自治区、直辖市食品药品监督管理部门受理变更申请，同意变更的，将变更结果予以公告并报国家食品药品监督管理总局备案；不同意变更的，以书面形式通知申请人并说明理由。

5. 提供互联网药品信息服务企业的法律责任

(1) 未取得或者超出有效期使用互联网药品信息服务资格证书从事互联网药品信息服务的，由国家食品药品监督管理总局或者省、自治区、直辖市食品药品监督管理部门给予警告，并责令其停止从事互联网药品信息服务；情节严重的，移送相关部门，依照有关法律法规给予处罚。

(2) 提供互联网药品信息服务的网站不在其网站主页的显著位置标注互联网药品信息服务资格证书的证书编号的，国家食品药品监督管理总局或者省、自治区、直辖市食品药品监督管理部门给予警告，责令限期改正；在限定期限内拒不改正的，对提供非经营性互联网药品信息服务的网站处以 500 元以下罚款，对提供经营性互联网药品信息服务的网站处以 5000 元以上 1 万元以下罚款。

(3) 互联网药品信息服务提供者有下列情形之一的，由国家食品药品监督管理总局或者省、自治区、直辖市食品药品监督管理部门给予警告，责令限期改正；情节严重的，对提供非经营性互联网药品信息服务的网站处以 1000 元以下罚款，对提供经营性互联网药品信息服务的网站处以 1 万元以上 3 万元以下罚款；构成犯罪的，移送司法部门追究刑事责任。

① 已经获得互联网药品信息服务资格证书，但提供的药品信息直接撮合药品网上交易的。

② 已经获得互联网药品信息服务资格证书，但超出审核同意的范围提供互联网药品信息服务的。

③ 提供不真实的互联网药品信息服务并造成不良社会影响的。

④ 擅自变更互联网药品信息服务项目的。

互联网药品信息服务提供者在其业务活动中，违法使用互联网药品信息服务资格证书的，由国家食品药品监督管理局或者省、自治区、直辖市食品药品监督管理部门依照有关法律法规的规定处罚。

三、互联网药品交易服务管理

(一) 互联网药品交易服务的定义

互联网药品交易服务是指通过互联网提供药品(包括医疗器械、直接接触药品的包装材料和容器)交易服务的电子商务活动。

(二) 互联网药品交易服务的分类

互联网药品交易服务包括为药品生产企业、药品经营企业和医疗机构之间的互联网药品交易提供的服务，药品生产企业、药品批发企业通过自身网站与本企业成员之外的其他企业进行的互联网药品交易以及向个人消费者提供的互联网药品交易服务。

(三) 互联网药品交易服务的管理

从事互联网药品交易服务的企业必领经过审查验收并取得互联网药品交易服务机构

资格证书，有效期五年。在依法获得互联网药品交易服务机构资格证书后，申请人应当按照《互联网信息服务管理办法》的规定，依法取得相应的电信业务经营许可证，或者履行相应的备案手续。互联网药品交易服务管理主要涉及以下内容。

1　第三方平台企业

为药品生产企业、药品经营企业和医疗机构之间的互联网药品交易提供服务的企业，应当具备以下条件：

(1) 依法设立的企业法人。

(2) 提供互联网药品交易服务的网站已获得从事互联网药品信息服务的资格。

(3) 拥有与开展业务相适应的场所、设施、设备，并具备自我管理和维护的能力。

(4) 具有健全的网络与交易安全保障措施以及完整的管理制度。

(5) 具有完整保存交易记录的能力、设施和设备。

(6) 具备网上查询、生成订单、电子合同、网上支付等交易服务功能。

(7) 具有保证上网交易资料和信息的合法性、真实性的完善的管理制度、设备与技术措施。

(8) 具有保证网络正常运营和日常维护的计算机专业技术人员，具有健全的企业内部管理机构和技术保障机构。

(9) 具有药学或者相关专业本科学历，熟悉药品、医疗器械相关法规的专职专业人员组成的审核部门负责网上交易的审查工作。

2. B2B 企业

通过自身网站与本企业成员之外的其他企业进行互联网药品交易的药品生产企业和药品批发企业应当具备以下条件：

(1) 提供互联网药品交易服务的网站已获得从事互联网药品信息服务的资格。

(2) 具有与开展业务相适应的场所、设施、设备，并具备自我管理和维护的能力。

(3) 具有健全的管理机构，具备网络与交易安全保障措施以及完整的管理制度。

(4) 具有完整保存交易记录的设施、设备。

(5) 具备网上查询、生成订单、电子合同等基本交易服务功能。

(6) 具有保证网上交易的资料和信息的合法性、真实性的完善管理制度、设施、设备与技术措施。

3. B2C 企业

向个人消费者提供互联网药品交易服务的企业应当具备以下条件：

(1) 依法设立的药品连锁零售企业。

(2) 提供互联网药品交易服务的网站已获得从事互联网药品信息服务的资格。

(3) 具有健全的网络与交易安全保障措施以及完整的管理制度。

(4) 具有完整保存交易记录的能力、设施和设备。

(5) 具备网上咨询、网上查询、生成订单、电子合同等基本交易服务功能。

(6) 对上网交易的品种有完整的管理制度与措施。

(7) 具有与上网交易的品种相适应的药品配送系统。

(8) 具有执业药师负责网上实时咨询，并有保存完整咨询内容的设施、设备及相关管理制度。

(9) 从事医疗器械交易服务，应当配备拥有医疗器械相关专业学历、熟悉医疗器械相关法规的专职专业人员。

4. 提供互联网药品交易服务企业的要求

提供互联网药品交易服务企业的要求如下：

(1) 为药品生产企业、药品经营企业和医疗机构之间的互联网药品交易提供服务的企业不得参与药品生产、经营；不得与行政机关、医疗机构和药品生产经营企业存在隶属关系、产权关系和其他经济利益关系。

(2) 提供互联网药品交易服务的企业必须在其网站首页显著位置标明互联网药品交易服务机构资格证书号码。

(3) 提供互联网药品交易服务的企业必须严格审核参与互联网药品交易的药品生产企业、药品经营企业、医疗机构从事药品交易的资格及其交易药品的合法性。

(4) 对首次上网交易的药品生产企业、药品经营企业、医疗机构以及药品，提供互联网药品交易服务的企业必须索取、审核交易各方的资格证明文件和药品批准证明文件并进行备案。

(5) 通过自身网站与本企业成员之外的其他企业进行互联网药品交易的药品生产企业和药品批发企业只能交易本企业生产或者本企业经营的药品，不得利用自身网站提供其他互联网药品交易服务。

(6) 向个人消费者提供互联网药品交易服务的企业只能在网上销售本企业经营的非处方药，不得向其他企业或者医疗机构销售药品。

(7) 在互联网上进行药品交易的药品生产企业、药品经营企业和医疗机构必须通过经药品监督管理部门和电信业务主管部门审核同意的互联网药品交易服务企业进行交易。参与互联网药品交易的医疗机构只能购买药品，不得上网销售药品。

5. 互联网药品交易服务的监管

互联网药品交易服务的监管具体内容如下：

国家食品药品监督管理总局对为药品生产企业、药品经营企业和医疗机构之间的互联网药品交易提供服务的企业进行审批。省、自治区、直辖市食品药品监督管理部门对本行政区域内通过自身网站与本企业成员之外的其他企业进行互联网药品交易的药品生产企业、药品批发企业和向个人消费者提供互联网药品交易服务的企业进行审批。食品药品监督管理部门对提供互联网药品交易服务的网站进行监督检查，并将检查情况向社会公告。

6. 提供互联网药品交易服务的企业变更事项

提供互联网药品交易服务的企业具体变更事项如下：

(1) 互联网药品交易服务机构资格证书有效期届满，需要继续提供互联网药品交易服务的，应当在有效期届满前6个月内，向原发证机关申请换发互联网药品交易服务机构资格证书。

(2) 提供互联网药品交易服务的企业变更网站网址、企业名称、企业法定代表人、企业地址等事项的，应填写互联网药品交易服务变更申请表，并提前30个工作日向原审批部门申请办理变更手续，变更程序与原申请程序相同。变更服务范围的企业原有资格证书将被收回，需按本规定重新申请，重新审批。

（3）提供互联网药品交易服务的企业需要歇业、停业半年以上的，应在其停止服务前 1 个月向所在地省、自治区、直辖市食品药品监督管理部门提出书面备案申请。在互联网药品交易服务机构资格证书有效期内，歇业、停业的企业需要恢复营业的，应当向其备案的省、自治区、直辖市食品药品监督管理部门申请重新验收，经验收合格，方可恢复营业。

7. 提供互联网药品交易服务企业的法律责任

提供互联网药品交易服务企业的法律责任具体内容如下：

（1）未取得互联网药品交易服务机构资格证书，擅自从事互联网药品交易服务或者互联网药品交易服务机构资格证书超出有效期的，食品药品监督管理部门责令限期改正，给予警告；情节严重的，移交信息产业主管部门等有关部门依照相关法律法规规定予以处罚。

（2）提供互联网药品交易服务的企业有下列情形之一的，食品药品监督管理部门责令限期改正，给予警告；情节严重的，撤销其互联网药品交易服务机构资格，并注销其互联网药品交易服务机构资格证书。

① 未在其网站主页显著位置标明互联网药品交易服务机构资格证书号码的。

② 超出审核同意范围提供互联网药品交易服务的。

③ 为药品生产企业、药品经营企业和医疗机构之间的互联网药品交易提供服务的企业与行政机关、医疗机构和药品生产经营企业存在隶属关系、产权关系或者其他经济利益关系的。

④ 有关变更事项未经审批的。

（3）提供互联网药品交易服务的企业为未经许可的企业或者机构交易未经审批的药品提供服务的，食品药品监督管理部门依照有关法律法规给予处罚，撤销其互联网药品交易服务机构资格，并注销其互联网药品交易服务机构资格证书，同时移交信息产业主管部门等有关部门依照有关法律、法规规定予以处罚。

（4）为药品生产企业、药品经营企业和医疗机构之间的互联网药品交易提供服务的企业直接参与药品经营的，食品药品监督管理部门依照《药品管理法》第七十三条进行处罚，撤销其互联网药品交易服务机构资格，并注销其互联网药品交易服务机构资格证书，同时移交信息产业主管部门等有关部门依照相关法律法规规定予以处罚。

（5）向个人消费者提供互联网药品交易服务的药品连锁零售企业在网上销售处方药或者向其他企业或者医疗机构销售药品的，食品药品监督管理部门依照药品管理法律法规给予处罚，撤销其互联网药品交易服务机构资格，并注销其互联网药品交易服务机构资格证书，同时移交信息产业主管部门等有关部门依照有关法律法规的规定予以处罚。

（6）药品生产企业、药品经营企业和医疗机构通过未经审批同意或者超出审批同意范围的互联网药品交易服务企业进行互联网药品交易的，食品药品监督管理部门责令改正，给予警告。

四、医药电商政策对医药电商企业的影响

政策动向决定市场走向。以 2019—2020 年为例，面对触手可及的处方外流红利，医药电商企业尤其是头部企业都在积极布局，充分整合内外部资源，并在法律允许范围内进行新业务试点。

(一) 医药电商政策对B2C模式的影响

1. 平台型医药 B2C 竞争加剧

随着医药电商 C 证松绑，国内医药 B2C 领域近年迅速进入全网营销时代，诸如苏宁易购、唯品会、国美等综合电商以及各大信用卡商城、移动应用商城等纷纷入围，使流量人口迅速增至三位数。

例如，2018 年底，以"社交 + 电商"模式从下沉市场崛起的拼多多开始加入医药 B2C 领域的角逐，凭借巨大的流量优势和独特的拼单模式，"多多健康"在 2019 年销售额突破百亿，迅速跻身头部企业行列，并引导市场格局从阿里、京东的两强对峙向三足鼎立转化。

2. 自营型医药 B2C 稳步提升

平台型医药 B2C 依然占据国内医药 B2C 市场垄断地位，但自营型医药 B2C 在近年也逐渐自成体系。依从业主体的核心业务进行划分，可分为以下三种。

1) 平台衍生的自营企业

此类企业的典型代表为阿里健康大药房和京东大药房。平台自营是电子商务领域不可逆转的发展趋势。凭借先天优势，由平台衍生的自营企业往往在前期具有较大的发展动能，但平台自营现象的普遍存在，也使得寄生在平台内的商家的处境更加艰难。以流量为典型代表的稀缺资源向自营业务倾斜，可供商家分配的资源会相应减少。

2) 具有互联网基因的自营企业

此类企业的典型代表有 1 药网、康爱多、健客网等。作为自营型医药 B2C 行业的先行者，这些企业较早关注"私域流量"建设，自营官网或自建 App 的销售贡献远远大于平台。近年来这些企业纷纷进入转型期，以 C 端为中心、慢性病为重心、大健康服务为核心开展新业务探索。

3) 具有实体零售基因的自营企业

随着医药政策的变化，实体药品零售连锁企业对于医药电商定位也出现了显著变化。比如甘肃众友、贵州一树、浙江瑞人堂等企业，从可查阅数据反馈来看，部分企业的自营部分占比超过 50%，虽然绝对体量不大，但自营官网产出占比达到 100%。

3. 医药 B2C 的市场体量将进一步扩大

虽然近年来整个互联网的流量见底，但细分至医药领域依然具有较大的挖潜空间，随着消费者购买心智的成熟和购买习惯的养成，自然增量将呈现快速增长。更为重要的是，互联网医疗的快速兴起在事实上为医药 B2C 提供了相对充裕的流量增量，有望形成从医到药的大规模转化。与此同时，互联网医疗有望复制平安好医生闭环式的成功，孵化出新型医药 B2C 企业，或建立起与医药 B2C 更为紧密的联结。

(二) 医药电商政策对O2O模式的影响

医药 O2O 与医药 B2C 有着相似的轨迹，随着大平台的介入引燃了医药 O2O 市场。京东到家被公认为首个成功进入医药 O2O 领域的互联网巨头，其提出的高频打低频战略成为后来者恪守的不二法则。京东到家凭借先发优势，较长时间内在医药 O2O 领域一枝独秀。

随着美团、饿了么、百度外卖的加入，医药 O2O 市场格局开始分化，直至阿里健康、京东健康、多多健康、平安好医生等众多独角兽企业入围，医药 O2O 市场正式进入平台割据的时代。

征集数据、公开数据以及研究数据等大数据显示，2019 年医药 O2O 总体销售规模达到 70 亿元，虽然暂时使医药电商市场占比仅为个位数，但无论增长速率抑或发展势能，都展现出未来发展的无限可能性。2020 年在新型冠状病毒感染疫情的影响下，"宅经济"在医药领域迅速发酵，初步完成消费者教育，业内人士预测这些用户将会产生 30% 以上的留存率，即意味着医药 O2O 市场将迎来至少 30% 以上的增量空间。此外，处方药网售放开的政策红利也将迅速传导至医药领域，目前医药 O2O 平台大都只是试探性开展处方药业务，一旦政策明朗或将迎来井喷式发展。

第五节　电子商务安全概述

随着电子商务的不断普及与发展，电子商务逐渐渗入人们工作、生活的各个领域，成为人们工作、生活中不可缺少的一部分。但随之而来的就是电子商务的安全问题。如何让用户在安全、可靠的环境中进行电子商务活动，保障自身权益不受损害，是目前电子商务需要着重解决的问题。下面将介绍电子商务安全的概念、电子商务面临的安全威胁及电子商务对安全的基本要求几个方面的内容。

一、电子商务安全的概念

传统商务由于面对面进行商务活动，很容易保证交易过程的安全性并建立起信任的关系。而电子商务是基于网络的、不谋面的商务活动，整个过程容易受网络环境、人员素质和数据传输等因素的影响而面临各种各样的安全问题。那么什么是电子商务安全呢？从狭义上讲，电子商务安全是指电子商务信息的安全，即信息的存储和传输安全。从广义上讲，它包含电子商务运行环境中的各种安全问题，如电子商务系统的软硬件安全、运行和管理安全、支付安全和电子商务安全立法等内容。

二、电子商务面临的安全威胁

网络技术的不断发展，使电子商务所面临的安全威胁逐渐变得多样化，主要包括计算机病毒、流氓软件、木马程序、网络钓鱼和系统漏洞等，下面分别进行介绍。

1. 计算机病毒

计算机病毒(Computer Virus)是编制者在计算机程序中插入的破坏计算机功能或者破坏数据，影响计算机正常使用，并能进行自我复制的一组计算机指令或者程序代码。计算机病毒具有传播性、隐蔽性、感染性、潜伏性、可激发性、表现性或破坏性。一旦感染了病毒，计算机中的程序将受到损坏，病毒还能非法盗取用户的信息，使用户自身权益受到损害。可以通过杀毒软件进行清除与查杀病毒，用户应养成定期查杀计算机病毒的习惯，以保证自己的切身利益。

2. 流氓软件

流氓软件(Rogue Software)是介于正规软件与病毒之间的软件，其目的一般是散布广告，进行宣传。流氓软件一般不会影响用户的正常活动，但可能出现以下三种情况：

(1) 上网时会不断有窗口弹出。

(2) 浏览器被莫名修改并增加了许多工作条。

(3) 在浏览器中打开网页时，网页会变成不相干的其他页面。

流氓软件一般是在用户根本没有授权的情况下强制安装的具有安全威胁性的软件，当出现上述情况时用户需要警惕，尽快清除网页中保存的账户信息资料，并通过安全管理软件进行清除。因为流氓软件会恶意收集用户信息，并且不经用户许可卸载系统中的非恶意软件，甚至捆绑一些恶意插件，造成用户资料泄露、文件受损等。

3. 木马程序

木马程序(Trojan Horse Program)通常被称为木马、恶意代码等，是指潜伏在计算机中，可受外部用户控制以窃取本机信息或者控制权的程序。木马程序是比较流行的病毒文件，但不具有自我繁殖性，也不会刻意感染其他文件，一般通过伪装来吸引用户下载运行，木马程序的发起人可以任意毁坏、窃取被感染者的文件，甚至远程操控用户的计算机。

4. 网络钓鱼

网络钓鱼(Phishing)是一种通过欺骗性的电子邮件和伪造的 Web 站点来进行网络诈骗的方式。它一般是通过伪造或发送声称来自银行或其他知名机构的欺骗性信息，以引诱用户泄露自己的信息，如银行卡账号、身份证号码和动态口令等。

网络钓鱼目前十分常见，其实施途径多种多样，可通过假冒网站、手机银行和运营商向用户发送诈骗信息，也可以通过手机短信、电子邮件、微信消息和 QQ 消息等形式实施不法活动，如常见的中奖诈骗、促销诈骗等。用户在进行电子商务活动时要细心留意，不要轻信他人发送的消息，不要打开来路不明的邮件，不要轻易泄露自己的私人资料，尽量减少交易的风险。

5. 系统漏洞

系统漏洞(System Vulnerabilities)是指应用软件或操作系统软件在逻辑设计上的缺陷或错误。不同的软、硬件设备和不同版本的系统都存在不同的安全漏洞，容易被不法分子通过木马、病毒等方式进行控制，窃取用户的重要资料。不管是计算机操作系统、手机运行系统，还是应用软件，都容易因为漏洞问题而遭受攻击，因此，建议用户使用最新版本的应用程序，并及时更新应用商提供的漏洞补丁。

三、电子商务对安全的基本要求

电子商务安全是一个系统的概念，其中最主要的就是电子商务的信息安全。要保证交易安全、可靠地进行，需要实现以下五个方面的安全性：

(1) 机密性。机密性也叫保密性，是指信息在传输或存储时不被他人所窃取。一般可通过密码技术对传输的信息进行加密处理。

(2) 完整性。完整性主要包括两个方面：一是保证信息在传输、使用和存储等过程中不被篡改、不发生丢失和缺损；二是保证信息处理方法正确，不因不正当操作导致内容丢失。

（3）认证性。认证性是指在独立、公正和客观的原则上，采用科学合理的方法，经过权威机构的认证，保证个人或电子商务经营主体的真实性和有效性。在电子商务环境中一般通过 CA 认证中心来进行处理。

（4）不可否认性。不可否认性也叫不可抵赖性，是指电子商务活动的双方不能否认自己的行为与参与活动的内容。在传统方式下，用户可以通过在交易合同、契约或贸易单据等书面文件上手写签名或使用印章来进行鉴别。在电子商务环境下，一般通过数字证书机制的时间签名和时间戳来进行验证。

（5）可靠性。电子商务的可靠性直接关系到活动双方的权益，因此要保证计算机、网络硬件和软件工作的可靠性，尽量排除网络故障、操作错误、应用程序错误和病毒等威胁因素对电子商务的影响，营造一个安全、可靠的交易环境，以保证商务活动的有效性。

第六节　电子商务安全技术

电子商务安全问题一直受到国内外的高度关注，并且随着电子商务的发展出现了相应的多种解决方法。一个完整的电子商务系统的安全应该包括网络安全、信息安全和应用安全三个方面。图 8-1 所示为电子商务系统的安全示意图。下面将对常用的电子商务安全技术进行介绍，包括防火墙技术、加密技术、认证技术和安全协议。

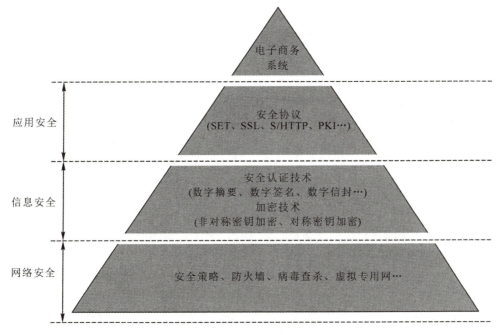

图 8-1　电子商务系统的安全示意图

一、电子商务防火墙技术

防火墙技术是一种针对互联网不安全因素所采取的保护措施，用于在内部网与外部网、专用网与公共网等多个网络系统之间构造一道安全的保护屏障，阻挡外部不安全的因素，防止未授权用户的非法侵入。防火墙主要由服务访问规则、验证工具、包过滤和应用网关 4 个部分组成，任何程序或用户都需要通过层层关卡才能进入网络，过滤不安全的服务从而降低风险。

在实际应用防火墙时可以设置防火墙的保护级别，对不同的用户和数据进行限制。设置的保护级别越高，限制越强，越有可能禁止一些服务，如视频流，并且用户会发现，在受信任的网络上通过防火墙访问互联网时，经常会存在延迟且需要多次登录的情况。

随着现代通信技术与信息安全技术的不断发展，防火墙越来越成熟，功能更加丰富，主要包括以下三个方面：

(1) 模式的变化。传统防火墙一般设置在网络的边界位置，以数据流进行分隔，从而形成了很好的针对外部网络的防御方式。但内部网络同样会遭受恶意攻击，因此现在的防火墙产品开始采用分布式结构，通过网络结点来最大限度地覆盖需要保护的对象，大大提高了防火墙的防护强度。

(2) 功能多样化。防火墙不仅完善了自身已有的功能，如信息记录功能，还进行了功能扩展，如虚拟专用网、认证、授权、记账、公钥基础设施、互联网协议安全性等功能也被集成到防火墙中，有些甚至还添加了防病毒和入侵检测等功能。未来，防火墙的功能将更加多元化，且朝着入侵防御系统的方向发展。但在扩展防火墙功能的同时，要注重不要忽略防火墙本身的性能与安全问题。

(3) 性能的提高。防火墙模式与功能的改变必然会引起性能的提高，因为只有更强的性能处理能力才能保证这些功能的正常运作。在未来，一些经济、实用且经过验证的技术手段，如并行处理技术，将被应用到防火墙中，以提升防火墙的性能，这将影响防火墙的过滤能力。同时，规则处理的方式和算法等软件性能也将得到提升，以衍生出更多的专用平台技术。

二、电子商务加密技术

加密技术是实现电子商务信息保密性、真实性和完整性的前提。它是一种主动的安全防御策略，通过基于数学方法的程序和保密的密钥对信息进行编码，将计算机数据变成一堆杂乱无章、难以理解的字符，即将明文变为密文，从而阻止非法用户对信息的窃取。

加密技术与密码学息息相关，涉及信息(明文、密文)、密钥(加密密钥、解密密钥)和算法(加密算法、解密算法)三种基本术语。明文是指传输的原始信息，对信息进行加密后，明文则变为密文。密钥和算法都是加密的技术，密钥是进行明文与密文转换时算法中的一组参数，可以是数字、字母或词语。算法是明文与密钥的结合，通过加密算法运算使明文成为密文；而密文通过解秘算法运算变为明文。目前主要的电子商务加密技术包括以下几种。

1. 对称加密技术

对称加密技术采用对称密码编辑技术，要求发送方和接收方使用相同的密钥，即文件加密与解密要使用相同的密钥。采用这种方法进行信息加密，需要收发双方都知道这个密钥，并在安全通信前将密钥发送给对方。对称加密技术的工作流程如图 8-2 所示。

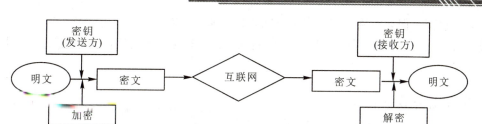

图 8-2　对称加密技术的工作流程

对称加密技术的算法较常用的有数据加密标准(Data Encryption Standard，DES)、高级加密标准(Advanced Encryption Standard，AES)和三重 DES。

(1) 数据加密标准(DES)。DES 是一种使用密钥加密的块算法，于 1997 年被美国联邦政府的国家标准局确定为联邦资料处理标准(Federal Information Processing Standard，FIPS)，并授权在非密级政府通信中使用。DES 的算法是把 64 位的明文输入块变为 64 位的密文输出块，其密钥也是 64 位，但由于密钥表中每个字节的第 8 位(第 8、16、24、32、40、48、56、64 位)都用作奇偶校验，因此，密钥的实际有效长度为 56 位。

(2) 高级加密标准(AES)。AES 是基于比利时密码学家 Joan Daemen 和 Vincent Rijmen 设计的 Rijndael 密钥系统来定义的，目的是取代 DES，解决某些 DES 使用过程中的问题。AES 是一种区块加密标准，其固定区块长度为 128 位，密钥长度则可以是 128、192 或 256 位。

(3) 三重 DES。三重 DES 又称为 3DES，是一种三重数据加密算法块密码的通称。它使用 3 条 56 位的密钥对数据进行 3 次加密，以增加 DES 的有效密钥长度。3DES 的加密过程为：先用密钥 a 对 64 位的信息块加密，再用密钥 b 对加密的结果解密，然后用密钥 c 对解密结果再加密。3DES 比最初的 DES 更加安全，但需要使用更多的处理器资源。

2. 非对称加密技术

与对称加密技术使用相同的密钥进行加密和解密不同的是，非对称加密技术使用公开密钥(简称公钥)和私有密钥(简称私钥)来进行加密和解密。公钥是公开的，私钥则由用户自己保存。非对称加密技术的工作流程如图 8-3 所示，具体介绍如下：

(1) 乙方生成一对密钥(公钥和私钥)并向其他方公开公钥。

(2) 得到公钥的甲方使用该密钥对机密信息进行加密，然后再发送给乙方。

(3) 乙方用自己保存的另一把专用密钥(私钥)对加密后的信息进行解密。

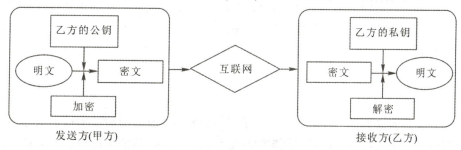

图 8-3　非对称加密技术的工作流程

非对称加密比对称加密的安全性更好，就算攻击者截获了传输的密文并得到乙方的公钥也无法解密。但非对称加密需要的时间更长、速度更慢。因此，非对称加密只适合对少量数据进行加密，目前，在互联网中常用的电子邮件和文件加密软件 PGP 就采用了非对称加密技术。

三、电子商务认证技术

加密技术主要用于网络信息传输的通信保密，不能保证网络通信双方身份的真实性，因此还需要通过认证技术来验证电子商务活动对象是否属实与有效。常见的电子商务认证技术主要包括身份认证技术、数字摘要、数字信封、数字签名和数字时间戳。下面对这些认证技术进行介绍。

1. 身份认证技术

身份认证技术是一种用于鉴别、确认用户身份的技术。通过对用户的身份进行认证，判断用户是否具有对某种资源的访问和使用权限，以保证网络系统的正常运行，防止非法用户冒充并攻击系统。

身份认证技术主要基于加密技术的公钥加密体制，普遍采用 RAS 算法。身份认证的过程只在两个对话者之间进行，它要求被认证对象提供身份凭证信息和与凭证有关的鉴别信息，且鉴别信息要事先告诉对方，以保证身份认证的有效性和真实性。身份认证是网络安全的第一道关口，其认证方法主要包括以下三种：

(1) 根据所知道的信息进行认证。一般以静态密码(登录密码、短信密码)和动态口令等方式进行验证，但静态密码和动态口令容易泄露，安全性不高。

(2) 根据所拥有的信息进行认证。通过用户自身拥有的信息，如网络身份证(Virtual Identity Electronic Identification，VIEID)、密钥盘(Key Disk)、智能卡等进行身份认证，认证的安全性较高，但认证系统较为复杂。

(3) 根据所具有的特征进行认证。通过用户的生物特征，如声音、虹膜和指纹等进行认证，其安全性最高，但实现技术更加复杂。

为了保证身份认证的有效性，常采用两或三种认证方法相结合的方式进行认证。

2. 数字摘要

数字摘要可以用于证实消息来源的有效性，以防止数据的伪造和篡改。它通过采用单向哈希(Hash)函数(单向散列函数)把需要加密的明文摘要生成一串固定长度(128 位)的密文，这个密文就是所谓的数字摘要，并在传输信息时将密文加入文件一并传送给接收方，接收方收到文件后，使用相同的方法进行变换运算，若得到相同的摘要码，则判定文件未被篡改。

3. 数字信封

数字信封又称数字封套，是一种结合了对称加密技术与非对称加密技术来进行信息安全传输的技术。使用数字信封只有规定的特定收信人才能阅读通信的内容，信息发送方采用对称密钥来加密信息内容，然后用接收方的公钥加密，形成数字信封，并将它和加密后的信息一起发送给接收方。接收方先用相应的私钥打开数字信封，得到对称密钥，然后使用对称密钥解开加密信息。数字信封具有算法速度快、安全性高等优点，可以很好地保证数据的机密性。

4. 数字签名

数字签名是基于公开密钥加密技术来实现的，因此又叫公钥数字签名。我们可以将数字签名简单地理解为附加在数据单元上的一些数据，或是对数据单元所做的密码变换。它可以帮助数据单元的接收者判断数据的来源，保证数据的完整性并防止数据被篡改。

数字签名采用双重加密方法，即消息摘要和 RSA 加密来保证信息安全，其工作过程如下：

(1) 报文发送方采用哈希编码加密产生一个 128 位的数字摘要。

(2) 发送方用自己的私钥对报文摘要进行加密，形成发送方的数字签名。

(3) 将数字签名作为报文的附件和报文同时传输给接收方。

(4) 接收方使用发送方的公钥对摘要进行解密，同时在接收到的原始报文中使用同样的哈希算法加密得到一个报文摘要。

(5) 将解密后的摘要和接收方重新加密产生的摘要进行对比，若两者相同，则判断消息在传送过程中没有被破坏、篡改。

5. 数字时间戳

为了保证电子商务活动的参与方与交易方不能否认其行为，避免随意修改交易时间，需要一个权威的第三方来提供可信赖的且不可抵赖的时间戳服务——数字时间戳。数字时间戳(Digital Time Stamp，DTS)是一种对交易日期和时间采取的安全措施，由专门的机构提供。数字时间戳是一个经加密后形成的凭证文档，它包括以下三个部分：

(1) 需加时间戳的文件的摘要。

(2) 数字时间戳发送和接收文件的日期和时间。

(3) 数字时间戳的数字签名。

四、电子商务安全协议

电子商务安全协议是以密码学为基础的消息交换协议，用于保障计算机网络系统信息的安全传递与处理。常见的电子商务安全协议有安全套接层(Secure Sockets Layer，SSL)协议、安全电子交易(Secure Electronic Transaction，SET)协议和公钥基础设施(Public Key Infrastructure，PKI)，下面分别进行介绍。

1. 安全套接层协议

安全套接层(SSL)协议是基于 Web 应用的安全协议，主要用于解决 Web 上信息传输的安全顾虑。它指定了一种在应用程序协议(如 HTTP、Telnet、NNTP 和 FTP 等)和 TCP/IP 之间提供数据安全性分层的机制，为 TCP/IP 连接提供数据加密、服务器认证、消息完整性及可选的客户机认证。

SSL 协议是一个层次化的协议，包括 SSL 记录协议(SSL Record Protocol)和 SSL 握手协议(SSL Handshake Protocol)。SSL 记录协议建立在可靠的传输协议上，用于为上层协议提供数据封装、压缩和加密等支持；SSL 握手协议建立在 SSL 记录协议上，用于完成服务器和客户机之间的相互认证、协商加密算法和加密密钥等发生在应用协议层传输数据之前的事务。

SSL 协议的具体实现过程包括两个方面：一是将传输的信息分成可以控制的数据段，并对这些数据段进行压缩、文摘和加密等操作，然后进行结果的传送；二是对接收的数据进行解密、检验和解压操作，并将数据传送给上层协议。

2. 安全电子交易协议

安全电子交易(SET)协议是电子商务中安全电子交易的一个国际标准。SET 协议是以信用卡为基础的安全电子交易协议，用于实现电子商务交易过程中的加密、认证和密钥管理等，以保证在线支付的安全。

SET 协议在保留对消费者信用卡认证的前提下，增加了对商家身份的认证，保证了消费者、商家、银行之间通过信用卡交易的数据完整性和不可抵赖性。SET 协议支付系统包括六个组成部分，分别是持卡人、商家、发卡行、收单行、支付网关和认证中心。与之对应，基于 SET 协议的网上购物系统至少包括电子钱包软件、商家软件、支付网关软件和签发证书软件四个组成部分。

3. 公钥基础设施

为了解决互联网环境的一系列安全问题，实现密码技术的变革，需要一套完整的互联网安全解决方案来支持，即公钥基础设施(PKI)技术。

公钥基础设施是一组安全服务的集合，采用证书管理公钥，通过第三方权威认证机构(Certificate Authority，CA)将用户的公钥和其他标志信息(如身份证号码、姓名和 E-mail 等)捆绑在一起，用以验证用户在互联网中的身份。

公钥基础设施是利用公钥理论和技术建立的提供安全服务的基础设施，其系统组成部分包括权威认证机构(CA)、数字证书库、密钥备份及恢复系统、证书作废系统和应用程序接口(Application Programming Interface，API)等，具体介绍如下：

(1) 权威认证机构(CA)。认证机构是数字证书的申请及签发机关，也是 PKI 系统最核心的组成部分。CA 用于负责管理 PKI 结构下的所有用户(包括各种应用程序)的证书，并进行用户身份的验证。为了保证认证结果的准确性，要求 CA 必须具备权威性。

(2) 数字证书库。数字证书库用于存储已签发的数字证书及公钥，并为用户提供所需的其他用户的证书及公钥。

(3) 密钥备份及恢复系统。为了避免用户丢失解密数据的密钥，导致数据无法解密，PKI 需要提供备份与恢复密钥的功能。并且，为了保证密钥的唯一性，只能使用解密密钥进行备份与恢复，私钥不能作为其备份与恢复的依据。

(4) 证书作废系统。与纸质证书一样，网络证书也有一定的有效期限，在有效期内，证书能够正常使用并用于用户身份的验证。但若发生密钥介质丢失或用户身份变更等情况，则需要废除原有的证书，重新安装新的证书。

(5) 应用程序接口(API)。应用程序接口为众多应用程序提供了接入 PKI 的接口，使这些应用能够使用 PKI 进行身份的验证，以确保网络环境的安全。

第七节　电子商务安全管理措施

电子商务安全问题是电子商务发展过程中一个不可避免的问题，为了更好地规避风险，保证用户在电子商务活动中的利益，需要对电子商务的安全问题进行处理，采用综合防范的思路，全方位地进行电子商务的安全管理。

一、提高电子商务的安全防范意识

很多用户认为，只要有了完善的技术防范机制就能完全杜绝网络威胁，这种想法是完全错误的。网络威胁存在的方式多种多样，可以通过各种伪装来迷惑用户，使用户不知不觉主动触发安全威胁。同时，由于人们对互联网的依赖性，大部分用户都缺乏网络安全知识且网络法律和道德意识淡薄，因而更容易受到非法用户的攻击。因此，提高电子商务的安全防范意识十分必要。

提高安全防范意识是最基本的电子商务安全管理措施，用户只有在进行网络活动中时刻保持防范意识，才能最大限度地降低风险。以下是一些提高安全防范意识的措施：

(1) 了解必要的电子商务安全知识，做到有备无患。

(2) 养成良好的上网习惯，不要打开陌生的电子邮件、广告网页。

(3) 谨慎保管交易密码并定期进行修改。

(4) 不要浏览非法网站，随意泄露个人信息。

(5) 定期清理计算机垃圾，并查杀病毒。

除此之外，还需要国家对电子商务安全实行政策引导，帮助用户增强网络安全意识。只有树立正确的网络安全观，提高个人的网络安全防范意识，构建防范信息风险的心理屏障，才能增加网络安全的防御能力。

二、建立电子商务安全管理组织体系

电子商务企业应该建立并完善自身的电子商务安全管理组织体系，明确各职能部门的职责，并做好电子商务的风险控制。电子商务安全管理组织体系的日常工作主要包括以下四个方面：

(1) 组织相关人员学习并参加电子商务安全会议，对信息安全问题进行讨论。

(2) 对电子商务信息进行审查与分配，保证信息来源的准确性与真实性。

(3) 识别与评估电子商务信息系统的安全漏洞，保证电子商务系统的正常运行。

(4) 提供电子商务安全的实施方案，并检测信息安全措施的实施及安全事故的处理。

电子商务安全管理组织体系包含信息安全与技术安全等多方面的内容，要求相关人员各司其职、相互帮助，以便更好地营造一个安全的电子商务环境，为企业等组织的信息安全提供指导与支持。

三、建立电子商务安全管理制度

建立科学合理的电子商务安全管理制度，可以帮助企业更好地进行安全管理，提高企业的电子商务安全防范意识，如人员管理制度、保密制度、跟踪审计制度、网络系统的日常维护制度、病毒防范制度、数据备份与恢复制度等，下面具体介绍如下：

(1) 人员管理制度。人员管理制度主要包括人员的选拔、工作责任的落实和安全运作所必须遵循的基本原则等相应的工作制度。

(2) 保密制度。保密制度主要包括电子商务系统涉及企业的市场、生产、财务和供应链等多方面的机密。建议对这些信息进行安全级别划分，并加大对重点防范对象的监督，制定不同的保密措施。

(3) 跟踪审计制度。跟踪审计制度即网络交易日志机制，用来记录网络交易过程。通过对网络交易日志进行检查、审查，发现隐藏的安全隐患，监控各种安全事故，维护和管理系统安全。

(4) 网络系统的日常维护制度。网络系统的日常维护制度主要包括硬件和软件的日常维护。硬件维护主要是指定期巡查、检修相关的网络设备服务器、客户机和通信线路；软件维护主要是定期清理、整理、监测软件，并对过期软件进行卸载，升级软件性能等。

(5) 病毒防范制度。建立完善的防范病毒系统的整体安全规划和安全策略，做好防范病毒系统的安装、调试、检测、监控、维护、版本升级和病毒代码库更新等工作。

(6) 数据备份与恢复制度。为了避免电子商务系统受到意外自然灾害或黑客攻击而遭受重大破坏，需要建立相应的数据备份与恢复制度。数据备份一般包括对信息系统数据的存储，定期为重要信息进行备份，对系统设备信息进行备份，同时要对这些备份信息进行定期更新。数据恢复是在数据遭受破坏时最大限度地保证数据资源的完整性，以降低活动的风险。

每个企业都应该根据自身的特点和人员配置要求来建立相应的制度，明确每个制度的具体实施方法与执行力度。同时，做好制度的维护与更新，要保证制度能够适用于不断发展变化的电子商务环境。

四、电子商务安全的日常防范

对于普通用户来说，做好电子商务安全的日常防范十分重要。它可以帮助用户在一定程度上降低安全风险，保证用户免受非法用户的侵害。常用的电子商务安全的日常防范手段如下：

(1) 安装合适的防火墙与杀毒软件，阻挡来自外界的威胁。

(2) 禁止磁盘或文件自动运行，在网络中下载的文件、程序或手机应用软件，应该经过杀毒软件查杀后再打开。

(3) 重要的文件要加密，并进行备份。

(4) 密码设置尽量复杂，不要使用生日、身份证号码等容易被破解的密码，养成定期修改密码的习惯。

(5) 不要出于好奇心理随意接收和打开陌生文件，最好先进行病毒查杀或拒收。

(6) 使用手机上网时，不要随意连接公众场所的免费 Wi-Fi，避免信息泄露。

(7) 及时更新运行系统，防止因系统流动而造成损失。

巩固与练习

一、单项选择题

1. 根据《中华人民共和国电子商务法》的规定，微商属于( )。

A. 电子商务平台经营者 　　　　　　B. 平台内经营者

C. 其他电子商务经营者 　　　　　　D. 不属于电子商务经营者

2. 下面( )不属于书面形式。

A. 电子邮件 　　　B. 口信 　　　　　C. 电报 　　　　D. 信件

3. 与文本签名具有相同法律效力，但作用于电子商务法律的是( )。

A. 《中华人民共和国电子签名法》 　　B. 《中华人民共和国数据签名法》

C. 《中华人民共和国签名法》 　　　　D. 《中华人民共和国数据电文法》

4. 下列描述中正确的是( )。

A. 电子商务经营者提供服务无须出具纸质发票或者电子发票等服务单据

B. 电子发票和纸质发票不具备同等法律效力

C. 电子商务经营者应当保障消费者的知情权和选择权

D. 第三方支付企业不属于电子商务经营者

5. 电子商务平台经营者没有为消费者提供评价途径或擅自删除评价的最高可面临( )万元的罚款。

A. 10 　　　　　B. 20 　　　　　　C. 50 　　　　　D. 100

6. 下面不属于计算机病毒特点的是( )。

A. 传播性 　　　　B. 隐蔽性 　　　　C. 感染性 　　　D. 自发性

7. 下面对电子商务安全的说法中正确的是( )。

A. 电子商务安全就是指电子商务信息的安全，即信息的存储和传输安全

B. 木马程序是一种特殊的病毒，具有病毒的所有特征，并能远程操控用户的计算机

C. 网络钓鱼是电子商务面临的一种常见安全威胁，常通过假冒网站、手机银行和运营商向用户发送诈骗信息

D. 应用程序和系统漏洞对用户使用的影响不大，因此可以暂不更新

8. 数字摘要主要采用( )方法来进行消息的验证，以证实消息来源的有效性，防止数据被伪造、篡改。

A. Hash 　　　　B. DES 　　　　　C. PKI 　　　　D. RSA

9. 数据加密后称为( )。

A. 密文 　　　　B. 密钥 　　　　　C. 算法 　　　　D. 明文

10. 用户身份认证可以采用的方法是( )。

A. 年龄 　　　　B. 姓名 　　　　　C. 信用卡 　　　D. 指纹

11. 我国颁布的( )提出取消互联网交易服务资格A证审核。

A. 《国务院关于第三批取消中央指定地方实施行政许可事项的决定》

B. 《网络药品经营监督管理办法(征求意见稿)》

C. 《国务院关于取消一批行政许可事项的决定》

D. 《关于加强互联网药品销售管理的通知》

E. 《互联网药品交易服务审批暂行规定》

12. 提供互联网药品信息服务的网站，应当在其网站主页显著位置标注(   )。

A. 互联网药品交易许可证书编号   C. 互联网信息服务对象证书编号

B. 互联网信息证书编号   D. 互联网药品信息服务资格证书编号

13. 《互联网药品信息服务资格证书》的有效期为(   )。

A. 2 年   B. 3 年   C. 5 年   D. 6 年

14. 向个人消费者提供互联网药品交易服务的企业只能在网上销售本企业经营的(   )，不得向其他企业或者医疗机构销售药品。

A. 合法药品   B. 非处方药   C. 处方药   D. 注册药品

15. 向个人消费者提供互联网药品交易服务的企业，应当具备的条件之一是(   )。

A. 药品连锁零售企业   B. 药品生产企业

C. 药品批发企业   D. 医疗机构

16. 我国首部涉及医药电商规定的法律法规是(   )。

A. 《处方药与非处方药流通管理暂行规定》

B. 《互联网药品交易服务审批暂行规定》

C. 《国务院关于大力发展电子商务加快培育经济新动力的意见》

D. 《药品管理法》(2019 年修订)

17. 首次提出加强互联网食品药品市场监测监管体系建设，推动医药电子商务发展的政策是(   )。

A. 《处方药与非处方药分类管理规定》

B. 《互联网药品交易服务审批暂行规定》

C. 《国务院关于大力发展电子商务加快培育经济新动力的意见》

D. 《药品管理法》(2019 年修订)

二、多项选择题

1. 下面属于电子商务法的特征的有(   )。

A. 商法性   B. 全球性

C. 技术性   D. 开放性和兼容性

2. 电子商务法律关系的主体包括(   )等。

A. 买卖双方   B. 电子商务第三方平台

C. 平台内经营者   D. 物流配送公司

3. 电子合同可以通过(   )等方式订立。

A. 在线交易系统生成   B. 第三方电子合同签约平台

C. 电子邮件   D. QQ

4. 下列选项中属于违规行为的是(   )。

A. 任意修改交易规则并不公示相关信息

B. 阻止平台内经营者退出平台

C. 未以显著方式区分标记自营业务和平台内经营者开展的业务

D. 擅自删除消费者的评价信息

5. 下列描述中正确的是(　　)。

A. 当事人可以约定使用电子签名的文书，但不具有法律效力

B. 在任何情况下，电子签名都不具备与手写签名或者盖章同等的法律效力

C. 当事人可以选择使用符合其约定的可靠条件的电子签名

D. 可靠的电子签名与手写签名或者盖章具有同等的法律效力

6. 电子商务安全要满足的基本原则有(　　)。

A. 机密性　　　　　B. 完整性　　　　　C. 认证性　　　　　D. 不可否认性

7. 加密技术主要包含(　　)。

A. 对称加密技术　　　　　　　　　　B. 非对称加密技术

C. 数据保密技术　　　　　　　　　　D. 数字签名技术

8. 电子商务安全协议主要包括(　　)。

A. SSL　　　　　B. SET　　　　　C. HTML　　　　　D. PKI

9. 进行用户身份认证时，可以通过(　　)生物特征进行验证。

A. 声音　　　　　B. 指纹　　　　　C. 虹膜　　　　　D. 签名

10. 数字时间戳是一个权威的第三方，用于对交易日期和时间进行验证。它需要经过加密后形成凭证文档，主要包括(　　)。

A. 数字时间戳的标志机构

B. 需加时间戳的文件的摘要

C. 数字时间戳发送和接收文件的日期和时间

D. 数字时间戳的数字签名

11. 提供互联网药品信息服务的企业变更事项是(　　)。

A. 变更网站名称　　　　　　　　　　B. 变更服务方式

C. 变更法定代表人　　　　　　　　　D. 变更 IP 地址

12. 为药品生产企业、药品经营企业和医疗机构之间的互联网药品交易提供服务的企业，应当具备(　　)条件。

A. 依法设立的企业法人

B. 具有完整保存交易记录的能力、设施和设备

C. 提供互联网药品交易服务的网站已获得从事互联网药品信息服务的资格

D. 具备网上查询、生成订单、电子合同、网上支付等交易服务功能

13. 下列(　　)药品不适合在网上销售。

A. 疫苗和血液制品　　　　　　　　　B. 麻醉和精神药品

C. 放射性药品　　　　　　　　　　　D. 药品类易制毒化学品

14. 互联网药品信息服务的网站不得发布(　　)的产品信息。

A. 麻醉药品　　　　　　　　　　　　B. 精神药品

C. 放射性药品　　　　　　　　　　　D. 医疗用毒性药品

15. 放开处方药网售可能产生的不良后果有(　　)。

A. 可能导致假劣药品泛滥

B. 药品储存、运输条件难以符合要求，危及药品内在质量

C. 现有条件下难以对网上药店实施有效监督

D. 购买药品会更加困难

16. 《促进健康产业高质量发展行动纲要(2019—2022 年)》 提出的内容有(　　)。

A. 建立互联网诊疗处方信息与药品零售消费信息互联互通、实时共享的渠道

B. 支持在线开具处方药品的第三方配送

C. 向患者提供网订(药)店取、网订(药)店送等服务

D. 支持中小零售企业与电子商务平台优势互补

三、实训题

1. 结合自身上网的经历，从《电子商务法》的角度来分析对自己影响较大的一件事。

2. 在中国电子商务法律网中了解《电子商务法》的立法动态及相关案例。

3. 在网络中查询最新的互联网安全事件，并分析其产生的原因和解决措施。

4. 通过 360 安全卫士、金山毒霸等杀毒软件检测计算机，并修复系统漏洞。

5. 登录中国工商银行的官方网站，查看安全专区中的内容，了解最新的网上银行安全知识。

6. 为加强药品网络销售监督管理，规范药品网络销售行为。根据新修订的《药品管理法》，国家药监局对《药品网络销售监督管理办法(征求意见稿)》作了修改。2020 年 11 月，国家药监局就该办法再次公开征求意见。请登录国家药品监督管理局网站下载并阅读，请从我国互联网药品经营活动发展现状、政策法规以及经营监管面临的一些新问题等方面来阐述。

附录 医药电子商务专业术语(英汉对照)

英文术语	英 文 全 称	中 文 全 称
ADX	Ad Exchange	广告交易平台
AES	Advanced Encryption Standard	高级加密标准
AGV	Automated Guided Vehicle	自动引导运输车
AI	Artificial Intelligence	人工智能
AM	Agile Manufacturing	敏捷制造
API	Application Programming Interface	应用接口
MA	Mobile Application	移动应用程序
AR	Augmented Reality	增强现实
ASP	Application Service Provider	应用服务供应商
ATM	Automated Teller Machine	自动出纳(柜员)机
B2B	Business to Business	企业与企业之间的电子商务
B2C	Business to Consumer	企业与消费者之间的电子商务
B2G	Business to Government	企业与政府之间的电子商务
BBS	Bulletin Board System	电子公告板
BCA	Brand CA	品牌认证中心
BGC	Business Generated Content	业务生产内容
C2C	Consumer to Consumer	个人消费者与个人消费者的电子商务
CA	Certificate Authority	认证机构/认证权威机构
CAT	Credit Authorization Terminal	信用卡授权终端
CBEC	Cross-Border Electronic Commerce	跨境电子商务
CH	Card Holder	持卡人
CEO	Chief Executive Officer	首席执行官
CFCA	China Financial Certification Authority	中国金融认证中心
CFO	Chief Financial Officer	首席财务官
CIMS	Computer Integrated Manufacturing System	计算机集成制造系统
CNFN	China National Financial Network	中国国家金融网络
CNNIC	China Internet Network Information Center	中国互联网络信息中心
CP	Certificate Processor	证书操作部门
CRL	Certificate Revocation List	证书作废表
CRM	Customer Relationship Management	客户关系管理

续表一

英文术语	英文全称	中文全称
CTI	Computer and Telephone Integration	计算机电话综合运用
DAU	Daily Active Users	日活跃用户数量
DDN	Digital Data Network	数字数据网
DES	Data Encryption Standard	数据加密标准
DKAU	Daily Kernel Active Users	日核心活跃用户数
DLU	Daily Login Users	日登录用户数
DM	Direct Mail	快讯商品广告
DMP	Data-Management Platform	数据管理平台
DNS	Domain Name Server	域名服务器
DNU	Daily New Users	日新增用户数
DSA	Digital Signature Algorithm	DSA 算法
DSP	Demand Side Platform	需求方平台
DTS	Digital Time-Stamp	数字时间戳
EB	Electronic Business	电子商务(广义)
EC	Electronic Commerce	电子商务(狭义)
E-cash	Electronic Cash	电子现金
ECC	Elliptic Curve Cryptography	椭圆曲线加密算法
E-check	Electronic Check	电子支票
ECR	Effective Customer Response	有效的客户反映
EDI	Electronic Data Interchange	电子数据交换
EDM	Email Direct Marketing	电子邮件营销
EDP	Electronic Data Processing	电子数据处理
EFT	Electronic Fund Transfer	电子资金转账
EM	Electronic Market	电子交易市场
EOS	Electronic Order System	电子订货系统
E-payment	Electronic Payment	电子支付
EPR	Electronic Public Relation	网络公关
EW	Electronic Wallet	电子钱包
ERP	Enterprise Resource Planning	企业资源计划
ET	Electronic Trade	电子贸易
FIPS	Federal Information Processing Standard	联邦资料处理标准
FMS	Flexible Manufacturing System	弹性制造系统
4PL	Fourth Party Logistics	第四方物流
FTP	File Transfer Protocol	文件传输协议
FW	Fire Wall	防火墙

续表二

英文术语	英 文 全 称	中 文 全 称
G2G	Government to Government	政府与政府之间的电子商务
GIS	Geographical Information System	地理信息系统
GMV	Gross Merchandise Volume	商品交易总量
GPS	Global Positioning System	全球卫星定位系统
HRM	Human Resource Management	人力资源管理
HTML	Hypertext Markup Language	超文本标记语言
HTTP	Hyper Text Transfer Protocol	超文本传输协议
HTTPS	HTTP over SSL	安全超文本传输协议
laaS	Infrastructure as a Service	基础设施服务
IAP	Internet Access Provider	互联网接入服务商
IC	Integrated Circuit	集成电路
ICP	Internet Content Provider	互联网内容提供商
ICT	Information and Communications Technology	信息和通信技术
IDC	International Data Company	国际数据公司
IMAP	Internet Message Access Protocol	互联网邮件访问协议
IMC	Integrated Marketing Communication	整合营销传播
IMT	International Mobile Telecommunications	国际移动通信
IP	Internet Protocol	网际协议
IPP	Internet Presence Provider	互联网平台服务商
IQR	Interactive Query Response	交互式应答系统
ISDN	Integrated Services Digital Network	综合业务数字网
ISO	International Standards Organization	国际标准化组织
ISP	Internet Service Provider	互联网服务提供商
ITS	Intelligent Transport System	智能交通系统
ITU	International Telecommunication Union	国际电信联盟(联合国)
ISP	Internet Service Provider	互联网增值服务商
IXD	Interaction design	交互设计
JIT	Just In Time	及时生产
JSP	Java Server Pages	Java 服务器页面
KOL	Key Opinion Leader	关键意见领袖
KPI	Key Performance Indicator	关键绩效指标
LAN	Local Area Network	局域网
LBS	Location Based Services	基于位置服务
MAU	Monthly Active Users	月活跃用户人数
MB	Mobile Business	移动商务

英文术语	英 文 全 称	中 文 全 称
MCA	Merchant CA	商家认证中心
MIS	Management Information System	管理信息系统
MRP	Manufacturing Resource Planning	制造资源系统
MVP	Minimum Viable Product	最小化可行产品
O2O	Online to Offline	线上订购、线下消费
OAS	Office Automation System	办公自动化系统
ODBC	Open Database Connectivity	开放式数据库连接
OTA	Online Travel Agent	在线旅行社
OTC	Over The Counter	非处方药
PaaS	Platform as-a Service	平台即服务
PCA	Payment Gateway CA	支付网关认证中心
PCU	Peak Concurrent Users	最高同时在线用户数
PG	Payment Gateway	支付网关
PGC	Professional Generated Content	专家创造内容
PHP	Hypertext Preprocessor	超文本预处理语言
PKI	Public Key Infrastructure	公钥基础设施
POP	Point Of Purchase advertising	购买点广告
POS	Point Of Sales	销售终端
PPC	Pay Per Click	按点击付费
PPP	Point to Point Protocol	点对点协议
PR	Public Relations	公关关系
PRD	Product Requirement Document	产品需求文档
PSTN	Public Switched Telephone Network	公用电话网
PV	Page View	页面访问量
QR	Quick Response	快速反应
RA	Registration Authority	注册机构
RCA	Root CA	根认证中心
RFID	Radio Frequency Identification	射频识别技术
ROI	Return on investment	投资回报率
RS	Registry Server	注册服务器
RTB	Real Time Bidding	实时竞价
S/MIME	Secure/Multipurpose Internet Mail Extensions	安全多媒体互联网邮件扩展协议
SaaS	Software as a Service	软件即服务
SCM	Supply Chain Management	供应链管理
SEM	Search Engine Marketing	搜索引擎营销

续表四

英文术语	英 文 全 称	中 文 全 称
SEO	Search Engine Optimization	搜索引擎优化
SET	Security Electronic Transaction	安全电子交易
SGML	Standard Generalized Markup Language	标准通用标记语言
SHA	Secure Hash Algorithm	安全 Hash 编码法
S-HTTP	Secure Hyper Text Transfer Protocol	安全超文本传输协议
SMS	Stores Management System	存储管理系统
SMTP	Simple Mail Transfer Protocol	简单邮件传输协议
SSL	Secure Socket Layer	安全套接层
SSP	Sell-Side Platform	供应商平台
STT	Secure Transaction Technology	安全交易技术协议
TCP	Transfer Control Protocol	传输控制协议
TDCC	Transportation Data Coordinating Committee	美国运输数据协调委员会
TDI	Trade Data Interchange	贸易数据互换系统
TPL	Third Party Logistics	第三方物流
TSA	Time Stamp Authority	时间戳权威
UCD	User-Centered Design	以用户为中心的设计
UED	User Experience Design	用户体验设计
UGC	User Generated Content	用户原创内容
UI	User Interface	用户界面
URL	Universal Resource Locator	统一资源定位器
UV	Unique Visitor	独立访客
VAN	Value-Added Network	增值网络
VIEID	Virtual Identity Electronic Identification	网络身份证
VMI	Vendor Managed Inventory	供应商管理库存
VPN	Virtual Private Network	虚拟专用网络
VR	Virtual Reality	虚拟现实
WAN	Wide Area Network	广域网
WAP	Wireless Application Protocol	无线应用协议
WAU	Weekly Active User	周活跃用户
WiMAX	Worldwide Interoperability for Microwave Access	全球微波互联接入
WLAN	Wireless Local Area Network	无线局域网
WWW	Word Wide Web	万维网
XML	Extensible Markup Language	可扩展标记语言

参 考 文 献

[1]　杨兴凯. 电子商务概论[M]. 3 版. 哈尔滨：东北财经大学出版社，2021.

[2]　陈德人. 电子商务概论与案例分析(微课版)[M]. 2 版. 北京：人民邮电出版社，2020.

[3]　王浩. 医药电商：传统模式终结者[M]. 北京：电子工业出版社，2016.

[4]　魏亚萍. 电子商务基础[M]. 3 版. 北京：机械工业出版社，2018.

[5]　顾东蕾，蔡惠明. 医药电子商务[M]. 北京：化学工业出版社，2011.

[6]　白东蕊，岳云康. 电子商务概论[M]. 4 版. 北京：人民邮电出版社，2019.

[7]　邵兵家. 电子商务概论[M]. 4 版. 北京：高等教育出版社，2019.

[8]　王华新，赵雨. 电子商务基础与应用[M]. 北京：人民邮电出版社，2021.

[9]　陈德人，白东蕊，高功步，等. 电子商务案例分析(微课版)[M]. 北京：人民邮电出版社，2019.

[10]　施奈德 G P. 电子商务[M]. 张俊梅，袁勤俭，杨欣悦，等译. 北京：机械工业出版社，2020.

[11]　段文海，孙晓. 医药电子商务[M]. 北京：中国医药科技出版社，2021.

[12]　权金娟. 移动电子商务[M]. 北京：清华大学出版社，2016.

[13]　孟泽云. 新编电子商务概论[M]. 3 版. 北京：电子工业出版社，2019.

[14]　陈玉文. 医药电子商务[M]. 3 版. 北京：中国医药科技出版社，2019.

[15]　宋文官. 电子商务概论[M]. 4 版. 北京：清华大学出版社，2017.